CHINA

ZUG REISEFÜHRER

2025

Insidertipps, malerische Routen, immersive Erlebnisse, kulturelle Einblicke und praktische Ratschläge, um landesweite Eisenbahnabenteuer wie ein erfahrener Entdecker zu meistern

CASSIE TOURS

INHALTSVERZEICHNIS

- Geschichte: Von Dynastien bis zum digitalen Zeitalter
- Sehenswürdigkeiten, die man gesehen haben muss: Verbotene Stadt, Große Mauer, Sommerpalast
- Die besten Viertel zum Übernachten
- Kultige Gerichte und wo man essen kann
- Tipps für den Nahverkehr und die U-Bahn
- Saisonale Veranstaltungen und Tempelfeste

Xi'an: Tor zum alten China

- Geschichte: Die Anfänge der Seidenstraße und das Qin-Reich
- Sehenswürdigkeiten: Terrakotta-Armee, Antike Mauer, Muslimisches Viertel
- Unterkünfte & Budget-Tipps
- Berühmte Snacks und lokale Lebensmittelmärkte
- Beste Reisezeit für kulturelle Veranstaltungen
- Die Stadt mit dem Fahrrad und zu Fuß erkunden

Chengdu: Pandas, Gewürze und Teekultur

- Historischer Überblick und Sichuan-Kulturerbe
- Hauptattraktionen: Panda-Station, Wuhou-Schrein, Teehäuser
- Von Privatunterkünften bis Luxus: Wo man in Chengdu übernachten kann
- Scharfe Küche & Eintopf Kultur
- Feste: Laternenfest, Drachenboot
- Tagesausflüge: Großer Buddha von Leshan, Berg Qingcheng

Guilin: Karst Gipfel und Flussträume

- Natur und Legenden von Guangxi
- Orte, die man unbedingt besuchen muss: Li-Fluss, Yangshuo, Schilfrohrflötenhöhle
- Boutique-Gasthäuser & Hotels am Flussufer
- Küche vom Bauernhof und Speisen auf dem Land
- Erkundung mit Boot, Fahrrad und Bambusfloß

- Fotoguide: Aussichtspunkte für Sonnenauf- und -untergang

Shanghai: Stilvoller Ost-West-Treff

- Historische Entwicklung: Vom Fischerdorf zur Megastadt
- Sehenswürdigkeiten: Bund, Yu-Garten, Shanghai Tower
- Beste Viertel zum Übernachten: French Concession, Pudong
- Was man in Chinas kosmopolitischer Stadt essen kann
- Festivals: Frühlingsfestival, Internationale Filmwoche
- Kunst, Shopping und Nachtleben-Highlights

Praktische Reisetipps

- Kombination von Zügen mit anderen Verkehrsmitteln: Flugzeuge, U-Bahnen, Boote
- Sicherheitstipps und Notfallkontakte
- Gesundheit, sauberes Wasser und lokale Kliniken
- Wie man mit Sprachbarrieren umgeht
- Tipps für umweltfreundliches Reisen und Unterstützung lokaler Gemeinschaften
- Packen für Zwischenstopps in der Stadt und auf dem Land
- Budgetplanung für Ihre Reise: Kostenaufschlüsselung nach Städten

---

Kulturelle Erlebnisse zum Genießen

- Teezeremonien und Kalligraphie Kurse
- Traditionelle Chinesische Medizin & Massage
- Lokale Märkte, Kunsthandwerk und Kunsthandwerk Funde
- Wie man heilige Stätten und lokale Traditionen respektiert

Fotografie & Storytelling

- Die besten Ausblicke aus dem Zugfenster und wie man sie einfängt
- Foto-Spots in jeder Stadt
- Tipps zur ethischen Reisefotografie

Letzte Kapitel

- Gedanken zu Ihrem chinesischen Eisenbahnabenteuer
- Die Reise geht weiter: Wohin geht es als Nächstes?
- Nützliche Sätze auf Mandarin (mit Aussprache)

WILLKOMMEN ZU IHREM CHINESISCHEN EISENBAHNABENTEUER

So verwenden Sie dieses Handbuch

Willkommen zu Ihrem ultimativen Reiseführer für China-Zugreisen! Egal, ob Sie allein auf Entdeckungsreise gehen oder mit Ihren Lieben unterwegs sind – dieser Reiseführer macht Ihre Zugreise durch China zu einem unvergesslichen Erlebnis. So holen Sie das Beste daraus heraus:

1. Planen Sie Ihre Reise

Dieser Reiseführer bietet Ihnen alles Wissenswerte für die Navigation durch Chinas ausgedehntes Schienennetz. Jedes Reiseziel (Peking, Xi'an, Chengdu, Guilin und Shanghai) wird mit einem reichhaltigen historischen Kontext, detaillierten Beschreibungen der wichtigsten Sehenswürdigkeiten, Tipps zu Unterkünften, lokaler Küche und wichtigen Reisehinweisen präsentiert. Egal, ob Sie 7 oder 14 Tage unterwegs sind, Sie finden Reiseroutenvorschläge, die Sie durch Ihre Reise begleiten.

2. Nutzen Sie die Routenübersicht

Am Anfang jedes Abschnitts finden Sie ein Ziel Kapitel mit einer detaillierten Karte der Zugstrecken von Peking → **Xi'an → Chengdu → Guilin → Shanghai Nutzen** Sie dies als Referenz, um sich die bevorstehende Reise vorzustellen. Folgen Sie der Reise Schritt für Schritt oder passen Sie sie Ihrem Tempo und Ihren Vorlieben an.

3. Tauchen Sie ein in die Highlights der Stadt

Im **Teilkapitel erkunden** Sie die Essenz jeder Stadt, von den antiken Wundern in Xi'an zur modernen Lebendigkeit von Shanghai. Jedes Kapitel enthält:

- **Historischer Hintergrund**: Die reiche Kultur und das Erbe der Stadt verstehen.
- **Sehenswürdigkeiten, die man gesehen haben muss**: Detaillierte Beschreibungen berühmter Orte, darunter auch versteckte Juwelen.
- **Wo übernachten**: Von preisgünstigen Optionen bis hin zu Luxus Unterkünften listen wir Unterkünfte auf, die sich in der Nähe wichtiger Verkehrsknotenpunkte befinden, um das Reisen zu erleichtern.
- **Was zu essen**: Lokale Delikatessen, Straßen Imbisse und Restaurantempfehlungen, um einen wahren Eindruck von jedem Reiseziel zu bekommen.
- **Festivals & Kulturveranstaltungen**: Entdecken Sie die beste Reisezeit basierend auf saisonalen Veranstaltungen, Festivals und lokalen Traditionen.

4. Entdecken Sie praktische Reisetipps

Dieser Abschnitt enthält zahlreiche praktische Informationen, die Ihre Reise reibungsloser gestalten:

- **Buchung von Zugtickets**: Erfahren Sie, wie Sie Fahrkarten buchen, sich in chinesischen Bahnhöfen zurechtfinden und welche verschiedenen Zugverbindungen es gibt.
- **Wichtiges zum Packen**: Wir haben eine Liste mit Dingen zusammengestellt, die Sie für eine komfortable Zugreise durch die abwechslungsreichen Landschaften Chinas benötigen.
- **Geld & Budgetierung**: Hier finden Sie Tipps zum Geldwechsel, zum Geldautomaten und zur Verwaltung Ihres Budgets auf Reisen durch mehrere Städte.
- **Sicherheit**: Von Gesundheitstipps bis hin zu Sicherheitsvorkehrungen decken wir alles ab, was Sie für Ihre Seelenruhe benötigen.

5. Nutzen Sie Tipps zum Fotografieren und Geschichtenerzählen

Halten Sie Ihre Reise fest! Wir haben Tipps für die Fotografie, malerische Zugfahrten, Straßen, chinesische Städte und unvergessliche Momente zusammengestellt. Unser Leitfaden zur ethischen **Fotografie stellt** sicher, dass Sie beim Dokumentieren Ihres Abenteuers die örtlichen Gepflogenheiten respektieren.

6. Gestalten Sie Ihre Reise individuell

Nicht jeder hat den gleichen Reisestil, und deshalb haben wir aufgenommen vorgeschlagene **Reiseroute Für** unterschiedliche Reisegeschwindigkeiten:

- **7-tägige Express Reise:** Eine rasante Erkundung für alle, die wenig Zeit haben.
- **10-tägiges klassisches Erlebnis**: Eine ausgewogene Reiseroute, um die wichtigsten Sehenswürdigkeiten in einem angenehmen Tempo zu genießen.
- **14-tägiger Deep Dive**: Für den abenteuerlustigen Reisenden, der verborgene Schätze entdecken, Tagesausflüge unternehmen und vollständig in die lokale Kultur eintauchen möchte.

7. Nutzen Sie den Abschnitt „Glossar und Ausdrücke“

Wenn Sie auf unbekannte chinesische Wörter stoßen, machen Sie sich keine Sorgen – unsere Glossar **der wichtigsten Begriffe** Und **Nützliche Mandarin-Sätze**hilft Ihnen beim Kommunizieren und Verstehen von Schildern und Speisekarten. Der mitgelieferte Aussprachеführer macht das Lernen einfach und unterhaltsam.

Dieser Reiseführer ist Ihr persönlicher Reisebegleiter und wurde sorgfältig zusammengestellt, um Ihre Reise durch China reibungslos, lehrreich und angenehm zu gestalten. Ob Sie ein Zugticket buchen oder die besten Dim Sum in Chengdu entdecken möchten – hier finden Sie alles, was Sie brauchen. Genießen Sie die Reise!

Warum mit dem Zug durch China reisen?

Bahnreisen in China sind nicht nur eine Reise von einem Ort zum anderen – sie sind ein Erlebnis für sich. Die Bahnfahrten bieten eine einzigartige Möglichkeit, die vielfältigen Landschaften des Landes zu erkunden – von den weiten Wüsten des Nordens bis zu den üppigen Reisfeldern des Südens, von den hohen Bergen bis zu den weitläufigen modernen Städten.

1. Malerische Aussichten wie keine andere

Einer der größten Freuden einer Zugreise ist die Aussicht. Während Sie durch Chinas vielfältige Landschaften gleiten, erleben Sie die Schönheit der Natur aus einer einzigartigen Perspektive:

- **Majestätische Berge**: Die berühmten Gipfel des Himalaya und anderer Gebirgsketten entfalten sich vor Ihnen, wenn Sie durch Provinzen wie Sichuan und Yunnan fahren.
- **Weite Wüsten**: Durchqueren Sie die trockenen Weiten der Wüste Gobi auf Ihrem Weg in die Innere Mongolei und nach Nordchina.
- **Üppige Flusstäler**: Vom ruhigen Li-Fluss in Guilin bis zum mächtigen Jangtsekiang verlaufen Zugfahrten oft entlang der Ufer berühmter Flüsse.
- **Reisterrassen und sanfte Hügel**: Genießen Sie auf Ihrer Reise Richtung Süden den Anblick der Terrassenfelder, der gewundenen Bergstraßen und der ländlichen Dörfer.

Mit dem Zug haben Sie einen Platz in der ersten Reihe und können die vielfältige Landschaft Chinas aus nächster Nähe erleben, was mit Bussen, Flugzeugen oder Autos einfach nicht möglich ist.

2. Bequem und praktisch

Chinesische Züge, insbesondere Hochgeschwindigkeitszüge, sind komfortabel und für lange Reisen gut ausgestattet:

- **Hochgeschwindigkeitszüge mit** Geschwindigkeiten von bis zu 350 km/h zählen Chinas Hochgeschwindigkeitsnetz zu den modernsten und effizientesten der Welt. Sie können Großstädte wie Peking, Shanghai und Chengdu in einem Bruchteil der Zeit erreichen, die sie mit dem Auto oder Bus benötigen würden.
- **Mehrere Klassen**: Von luxuriösen Softsleepern bis hin zu Economy-Sitzen gibt es die passende Klasse für jeden Reisenden und jedes Budget. Wählen Sie den Komfort nach Ihren persönlichen Vorlieben und machen Sie lange Reisen angenehmer.
- **Häufige Abfahrten**: Da die Züge den ganzen Tag über regelmäßig verkehren, können Sie Ihre Zeit flexibel planen. Es gibt immer einen Zug, der zu Ihrer Reiseroute passt, egal ob Sie schnell in die nächste Stadt fahren oder eine gemütliche Fahrt genießen.

3. Kulturelles Eintauchen

Wenn Sie mit dem Zug durch China reisen, haben Sie die Möglichkeit, in die lokale Kultur einzutauchen:

- **Lokale Interaktionen**: Im Zug treffen Sie auf Mitreisende und Einheimische. Dies ist die perfekte Gelegenheit, um Ihr Chinesisch zu üben, neue Freunde zu finden oder einfach den Alltag der Einheimischen zu beobachten.
- **Lebendige Bahnhöfe Chinesische** Bahnhöfe sind kulturelle Zentren und bieten Einblicke in das alltägliche Leben. Von den geschäftigen Bahnhöfen Pekings und Shanghai bis hin zu ruhigen, intimen Haltestellen in kleineren Städten erzählt jeder Bahnhof seine eigene Geschichte.
- **Unglaubliche Mahlzeiten**: Anders als auf Flughäfen oder Autobahnen bieten chinesische Züge eine Vielzahl regionaler Gerichte in Speisewagen oder Bahnhofsständen an. In manchen Zügen können Sie lokale Köstlichkeiten probieren und dabei die vorbeiziehende Landschaft genießen.

4. Umweltfreundliches Reisen

Züge sind ein umweltfreundliches Transportmittel und bieten eine umweltbewusste Möglichkeit, China zu erkunden:

- **Geringerer CO_2-Fußabdruck Chinas** Schienennetz zählt zu den energieeffizientesten und umweltfreundlichsten Verkehrsmitteln. Vor allem Hochgeschwindigkeitszüge fahren mit Strom und sind damit im Vergleich zu Autos und Flugzeugen eine nachhaltige Alternative.
- **Unterstützung für lokale Gemeinschaften: Viele** Züge fahren durch kleinere Städte und Dörfer und bieten Ihnen die Möglichkeit, lokale Unternehmen zu unterstützen. Sie haben die Möglichkeit, Kunsthandwerk zu kaufen, regionale Lebensmittel zu genießen und direkt mit der ländlichen Bevölkerung in Kontakt zu treten.

5. Kostengünstig für Fernreisen

Zugtickets sind in China oft viel günstiger als Flugtickets, insbesondere wenn man die Transportkosten zu und von Flughäfen sowie zusätzliche Gepäckgebühren berücksichtigt:

- **Erschwingliche Optionen für preisbewusste Reisende**: Dank verschiedener Preisoptionen finden Sie ein Zugticket, das zu Ihrem Budget passt. Für einen Bruchteil der Flugkosten reisen Sie bequem und genießen die Fahrt.
- **Preis-Leistungs-Verhältnis**: Hochgeschwindigkeitszüge bieten eine schnelle und bequeme Alternative zum Fliegen und sind oft deutlich günstiger als ein Flugticket, wenn man die Kosten für Flughafentransfers und Sicherheitskontrollen mit einbezieht.

6. Eine Reise durch die Zeit

China ist ein geschichtsträchtiges Land. Und wie könnte man sein reiches Erbe besser erleben als bequem vom Zug aus? Auf Ihrer Reise kommen Sie an berühmten Sehenswürdigkeiten vorbei, die mit dem Auto oder Bus nicht immer erreichbar sind:

- **Alte Stadtmauern**: In Städten wie Xi'an können Sie einen Blick auf die alten Stadtmauern erhaschen, die einst das Herz des chinesischen Reiches schützten.
- **Historische Stätten**: Von der Großen Mauer bis zur Terrakotta-Armee bieten Züge die Möglichkeit, in die Vergangenheit zu reisen, während Sie sich einigen der historischsten Schätze Chinas nähern.
- **Lokale Dörfer Unterwegs** stoßen Sie auf traditionelle Dörfer, die seit Jahrhunderten weitgehend unverändert geblieben sind. Diese Stopps bieten Ihnen die Möglichkeit, eine authentische, ungefilterte Seite Chinas kennenzulernen.

7. Nahtloses Reisen zwischen Regionen

China ist riesig und vielfältig, und Bahnreisen bieten eine effiziente Möglichkeit, die Regionen des Landes zu verbinden. Ob Sie von den nördlichen Ebenen Pekings in die südliche Schönheit Guilins reisen oder die westlichen Landschaften Chengdus erleben möchten – der Zug ist die beste Möglichkeit, diese Regionen mühelos zu verbinden. Das Bahnnetz verbindet Großstädte, abgelegene Orte und malerische Landschaften, sodass Sie Ihre Zeit in China optimal nutzen können, ohne etwas zu verpassen.

Kurze Fakten über China für Erstbesucher

China ist ein riesiges Land mit einer reichen Geschichte, vielfältigen Landschaften und einem einzigartigen kulturellen Erbe.

1. Geographie

- **Größe**: China ist das drittgrößte Land der Welt nach Landfläche und umfasst ca.**9,6 Millionen Quadratkilometer**(3,7 Millionen Quadratmeilen).
- **Regionen**: Das Land ist in 23 Provinzen, 5 autonome Regionen, 4 direkt kontrollierte Städte (Peking, Tianjin, Shanghai und Chongqing) und 2 Sonderverwaltungszonen (Hongkong und Macau) unterteilt.
- **Landschaften**: China bietet eine atemberaubende Vielfalt an Landschaften, vom Himalaya-Gebirge im Westen bis zu den ausgedehnten Wüsten im Norden, üppigen Flusstälern im Osten und Küstenstädten im Süden.

2. Bevölkerung

- **Bevölkerung**: China ist das bevölkerungsreichste Land der Welt mit einer Bevölkerung von über 1,4 **Milliarden Menschen**.
- **Großstädte**: Zu den bevölkerungsreichsten Städten gehören Peking,Shanghai,Chengdu,Guangzhou und **Shenzhen. Jede** Stadt hat ihren eigenen, unverwechselbaren Charakter und ihre eigene Kultur.

3. Sprache

- **Amtssprache**: Die offizielle Sprache ist**Mandarin-Chinesisch**(Putonghua), die am weitesten verbreitete Sprache der Welt.
- **Dialekte**: China hat zahlreiche Dialekte und Regionalsprachen, darunter Kantonesisch (gesprochen in Hongkong und Südchina), Shanghai-Dialekt, Hokkien und viele andere.
- **Pinyin**: Pinyin ist das romanisierte Rechtschreibsystem zur Darstellung der Mandarin-Aussprache, das es Ausländern erleichtert, die grundlegende chinesische Aussprache zu erlernen.

4. Währung

- **Die** offizielle Währung ist der Renminbi **(RMB)**, auch bekannt als Yuan **(CNY)**.
- **Münzen & Scheine**: Münzen kommen herein 1, **2 und 5 Jiao**, während Banknoten in 1, **5, 10, 20, 50 und 100 Yuan**.
- **Geldautomaten & Zahlung**: Die wichtigsten internationalen Kreditkarten werden in den meisten Städten akzeptiert. China ist auch führend im mobilen Bezahlen mit Apps wie Sei **glücklich** und **WeChat Pay wird** häufig für Einkäufe verwendet.

5. Zeitzone

- **Zeitzone**: In China gilt die einzige Zeitzone, die chinesische **Standardzeit (CST)**, dass UTC **+8**.
- **Keine Sommerzeit**: In China gibt es keine Sommerzeit, daher bleibt die Uhrzeit das ganze Jahr über gleich.

6. Klima

- **Vielfältiges Klima**: China hat je nach Region ein unterschiedliches Klima:
  - **Norden**: Kalter Winter mit Schnee und heißen Sommer.
  - **Süden**: Feuchtes, subtropisches Klima mit warmen Wintern und heißen Sommern.
  - **Westchina**: Trockene Wüsten und Gebirgszüge mit extremen Temperaturen.
- **Beste Reisezeit**: Die beste Reisezeit sind Frühling **(März-Mai)** und **Herbst (September-November)**, da das Wetter mild und angenehm zum Reisen ist.

7. Transport

- **Züge**: Chinas Hochgeschwindigkeitsnetz ist eines der umfangreichsten der Welt und verbindet Großstädte wie Peking,Shanghai,Xian,Chengdu,Ug **Guilin in nur** wenigen Stunden.
- **Metro**: Viele Großstädte, darunter Peking,Shanghai und **Guangzhou**, verfügen über moderne U-Bahn-Systeme, die erschwinglich und leicht zu navigieren sind.
- **Taxis und Mitfahrgelegenheiten:Didi Chuxiong ist** der dominierende Mitfahrdienst in China, ähnlich wie Uber. In den Städten sind auch Taxis leicht verfügbar.
- **Öffentliche Busse**: Busse sind eine kostengünstige Möglichkeit, innerhalb von Städten oder zwischen kleineren Städten zu reisen.

8. Kulturelle Etikette

- **Grüße**: Ein Händedruck ist die häufigste Begrüßungsform. In formellen Situationen kann auch eine leichte Verbeugung oder ein Nicken mit dem Kopf verwendet werden.
- **Respekt vor Älteren**: In der chinesischen Kultur wird großer Wert auf Respekt gegenüber Älteren gelegt. Begrüßen Sie ältere Menschen immer zuerst und vermeiden Sie es, sie zu unterbrechen oder ihnen ins Wort zu fallen.
- **Geschenke machen**: Es ist üblich, Geschenke zu machen, vermeiden Sie jedoch das Verschenken von Uhren, Regenschirmen oder anderen Geschenken in Vierer-Sets, da die Zahl 4 als Unglückszahl gilt.
- **Tischmanieren**: Warten Sie beim Essen, bis der Gastgeber mit dem Essen beginnt, bevor Sie anfangen. Es ist auch höflich, von allem, was Ihnen angeboten wird, ein bisschen zu probieren.

9. Religion

- **Religion in China**: China ist offiziell ein atheistischer Staat, hat aber eine reiche Geschichte religiöser Vielfalt. Zu den wichtigsten Religionen gehören**Buddhismus,Taoismus**, Und **Konfuzianismus**Es gibt auch Gemeinschaften, die praktizieren**Christentum** Und **Islam**, insbesondere in den westlichen Regionen.
- **Gotteshäuser**: China ist die Heimat vieler berühmter Tempel, Klöster und Moscheen, insbesondere in Städten wie Xi'an(mit seiner Großen Moschee) und Lhasa(mit seinem Jokhang-Tempel in Tibet).

10. Geschichte & Kultur

- **Alte Geschichte**: Chinas Geschichte erstreckt sich über 5.000 **Jahre**. Es ist die Heimat einiger der ältesten Zivilisationen der Welt und bietet ikonische Stätten wie die Große **Mauer,Terrakotta-Krieger und die Verbotene Stadt**.
- **Kulturelles Erbe**: Die chinesische Kultur ist reich an Traditionen, darunter Kalligraphie, Oper, Teezeremonien und Kampfkünste wie Tai **Chi** und **Kung Fu**.

- **Festivals**: Zu den wichtigsten nationalen Festivals gehören das Chinesische **Neujahr (Frühlingsfest),Mittherbstfest und Drachenbootfest.** Zu diesen Festivals gehören Familientreffen, kulturelle Darbietungen und traditionelles Essen.

11. Gesundheit und Sicherheit

- **Gesundheit: Leitungswasser** ist in China im Allgemeinen nicht trinkbar. Trinken Sie am besten Flaschenwasser, das überall erhältlich ist.
- **Impfungen**: Es wird empfohlen, vor der Reise Ihren Arzt über Impfungen zu informieren, insbesondere wenn Sie ländliche Gebiete besuchen möchten.
- **Sicherheit: China** gilt als relativ sicheres Reiseland. Wie in jedem großen Land sollten Sie jedoch auf Ihre Umgebung achten, überfüllte Bereiche in Städten meiden und auf Taschendiebe achten.

12. Technologie und Konnektivität

- **Internetzugang**: China verfügt über eine der umfangreichsten Internet-Infrastrukturen, obwohl viele ausländische Websites (wie Google, Facebook und Instagram) von der Größe **Firewall von China**. Sie können VPNs verwenden, um auf diese Sites zuzugreifen.
- **Mobile Apps**: Apps wie WeChat(für Nachrichten und Zahlungen) und Didi **Chuxiong(zum** Mitfahren) sind für die Bewältigung des täglichen Lebens in China unerlässlich.

Wichtige Reisedokumente und Visa Informationen

Bevor Sie Ihre Reise nach China antreten, ist es wichtig, dass Ihre Reisedokumente in Ordnung sind.

1. Reisepass

- **Gültigkeit**: Ihr Reisepass muss mindestens **sechs Monate gültig über** das Datum Ihrer geplanten Abreise aus China hinaus. Es sollte auch mindestens **eine leere Seite für** Ein-/Ausreisestempel sein.

- **Fotokopien**: Es wird empfohlen,**Fotokopien Ihres Reisepasses im** Falle von Verlust oder Diebstahl. Bewahren Sie die Kopien getrennt vom Original auf.

2. Chinesisches Visum

China verlangt von den meisten Ausländern vor der Einreise ein Visum. Hier erfahren Sie alles Wissenswerte über das chinesische Visumverfahren:

Arten von chinesischen Visa

- **Touristenvisum (L-Visum)**: Dies ist das häufigste Visum für Erstreisende nach China. Es wird für touristische Zwecke ausgestellt und ist in der Regel gültig für 30 **Tage** oder **60 Tage**.
    - **Einzeleintrag**: Eine Einreise nach China. Nach der Ausreise ist eine Rückkehr mit demselben Visum nicht möglich.
    - **Mehrfache Einreise:** Ermöglicht mehrere Besuche in China innerhalb eines bestimmten Zeitraums, der je nach Visum, Typ und Nationalität oft zwischen 6 Monaten und 5 Jahren liegt.
- **Geschäftsvisum (M-Visum)**: Wenn Sie China zu Geschäftszwecken besuchen (z. B. Meetings, Konferenzen, Messen), benötigen Sie ein Geschäftsvisum.
- **Transitvisum (G-Visum)**: Wenn Sie auf dem Weg zu einem anderen Ziel durch China reisen und sich nur für eine begrenzte Zeit (weniger als 72 Stunden) aufhalten, benötigen Sie möglicherweise ein Transitvisum.
- **Studentenvisum (X-Visum)**: Für diejenigen, die länger als 6 Monate in China studieren, ist ein Studentenvisum erforderlich.

Visa Antragsverfahren

- **Online-Bewerbung**: Abhängig von Ihrer Nationalität können Sie den Visumantrag online ausfüllen oder müssen das nächstgelegene chinesische **Konsulat oder Botschaft**.
- **Erforderliche Dokumente**: Typische Dokumente sind:
    - Ein ausgefülltes Visumantragsformular.
    - Passfotos (normalerweise zwei).

    - Eine Kopie Ihres Reisepasses.
    - Reiseverlauf (inkl. Flug- und Hotelbuchungen).
    - Nachweis über die finanzielle Unterstützung (z. B. Kontoauszüge, Steuererklärungen).
    - Einladungsschreiben (bei Besuchen bei Freunden, Familie oder Geschäften).
- **Bearbeitungszeit**: Die Standard Verarbeitungszeit beträgt typischerweise 4-5 **Werktage**, kann aber in der Hauptreisezeit länger dauern. Expressdienste sind gegen eine zusätzliche Gebühr verfügbar.
- **Visagebühren**: Die Gebühren variieren je nach Nationalität und Visaart, liegen aber in der Regel zwischen 40–140 **USD**.

Visafreies Reisen

- **Hongkong und Macau**: Bürger vieler Länder, darunter die Vereinigten Staaten, Großbritannien und die meisten europäischen Länder, benötigen kein Visum für die Einreise nach Hongkong oder **Macau für** bis zu 90 **Tage**.
- **Sonderwirtschaftszonen (SEZ)**: Reisende können in bestimmte Gebiete visumfrei einreisen, wie Hainan(für bis zu 30 Tage), es gelten jedoch Einschränkungen. Prüfen Sie dies daher immer im Voraus.

3. Ein-/Ausreiseformulare

Wenn Sie in China ankommen, müssen Sie einEn-/Ausreiseregistrierungskarteam Einreise Kontrollpunkt. Dieses Formular enthält in der Regel grundlegende Informationen zu Ihrem Aufenthalt, wie zum Beispiel:

- Ihre Passdaten.
- Die Adresse Ihres Aufenthaltsortes in China.
- Der Zweck Ihres Besuchs.

4. Reiseversicherung

Obwohl es keine gesetzliche Voraussetzung für die Einreise nach China ist, wird allen Reisenden dringend empfohlen, umfassende Reiseversicherung. Die Versicherung sollte Folgendes abdecken:

- **Medizinische Notfälle**: Kosten für den Krankenhausaufenthalt, Behandlung und Evakuierung.
- **Reiserücktritt oder -abbruch**: Im Falle unvorhergesehener Umstände.
- **Verlorenes Gepäck oder persönliche Gegenstände**.

5. Gesundheitsanforderungen und Impfungen

Obwohl es in China keine spezifischen Impfvorschriften für Reisende gibt, ist es immer ratsam, über aktuelle allgemeine Reiseimpfungen zu verfügen.

- **Empfohlene Impfungen**: Dazu können Impfstoffe gehören für Hepatitis **A und B,Typhus,Japanische Enzephalitis**, und **Malaria**(für bestimmte Regionen).
- **Gesundheitszeugnis Hinweis:** In seltenen Fällen kann bei Reisenden aus Ländern mit bestimmten Gesundheitsrisiken (z. B. Gelbfieber) ein Impfnachweis verlangt werden.

6. Sondergenehmigungen (für bestimmte Regionen)

- **Tibet**: Reisende besuchen Tibet zusätzlich zu ihrem regulären Visum eine zusätzliche Genehmigung. Die Genehmigung muss über einen registrierten **Reiseveranstalter erfolgen und** sind nicht einzeln erhältlich.
- **Xinjiang-Region**: Einige Teile von Xinjiang-Möglicherweise sind besondere Genehmigungen oder Einschränkungen erforderlich. Erkundigen Sie sich bei Ihrem örtlichen Konsulat nach regionalen Reisegenehmigungen, wenn Sie diese Region besuchen möchten.

7. Nachweis ausreichender Mittel

China kann von Reisenden den Nachweis verlangen, dass sie für die Dauer ihres Aufenthalts über ausreichende finanzielle Mittel verfügen. Dies kann in Form von:

- Aktuelle Kontoauszüge.

- Kreditkarten mit verfügbaren Limits.
- Nachweis über Hotelbuchungen und Hin- und Rückflug Reservierungen.

Tipps für einen reibungslosen Visumsprozess

- **Im Voraus bewerben**: Beantragen Sie Ihr Visum mindestens 4-6 **Wochen vor** Ihrer geplanten Abreise, um Last-Minute-Stress zu vermeiden.
- **Überprüfen Sie die Visabestimmungen**: Die Anforderungen können je nach Nationalität und Reisezweck variieren. Erkundigen Sie sich stets beim nächstgelegenen chinesischen Konsulat nach den neuesten Informationen.
- **Genauigkeit**: Stellen Sie sicher, dass alle Formulare korrekt ausgefüllt sind. Fehler oder fehlende Informationen können zu Verzögerungen oder Ablehnungen führen.

Top-Reise-Apps, Buchungstools und Ressourcen

Eine Reise nach China kann ein aufregendes und reibungsloses Erlebnis sein, wenn Sie die richtigen Tools zur Hand haben. Ob Sie Zugtickets buchen, sich in Städten zurechtfinden oder ein paar grundlegende Mandarin-Ausdrücke lernen – die folgenden Apps und Ressourcen helfen Ihnen, das Beste aus Ihrer Reise zu machen.

1. Zugreise-Apps

- **12306 (Offizielle Eisenbahn-App)**
  - **Zweck**: Die offizielle App zum Buchen Bahntickets in China.
  - **Merkmale**: Ermöglicht Ihnen die Suche nach verfügbaren Zugverbindungen, die Anzeige von Fahrplänen, die Buchung von Tickets und die Verfolgung Ihrer Ticketbestellungen. Die App ist auf Chinesisch und Englisch verfügbar.
  - **Tipp**: Verwenden Sie für die Buchung Hochgeschwindigkeitszüge und Regionalzüge. Die App ist unverzichtbar, um mit der Bahn durch das Land zu reisen.
  - **Verfügbarkeit**: Android und iOS
- **Ctrip (Trip.com)**
  - **Zweck**: Eine beliebte App zum Buchen, nicht nur Bahntickets, sondern auch **Flüge,Hotels**, und **Mietwagen in China.**
  - **Merkmale**: Angebote, Zugticket, Reservierungen mit flexiblen Stornierungsbedingungen. Bietet Reiseführer, Reiserouten und Kundenbewertungen.
  - **Tipp**: Ideal für internationale Reisende, da es eine englische **Benutzeroberfläche und** 24/7-Kundenservice auf Englisch.
  - **Verfügbarkeit**: Android und iOS
- **Qunar**
  - **Zweck**: Eine weitere nützliche App zum Buchen, Bahntickets,Flüge und **Hotels in China.**
  - **Merkmale**: Suchen und vergleichen Sie Preise für alle Transportarten und Unterkünfte. Sie können Tickets auf Englisch buchen und mit internationalen Kreditkarten bezahlen.
  - **Verfügbarkeit**: Android und iOS

2. Flugbuchungs-Apps

- **Skyscanner**
  - **Zweck**: Verwenden Sie es, um die Flugpreise verschiedener Fluggesellschaften zu vergleichen, einschließlich Inlands- und Auslandsflüge.
  - **Merkmale**: Sie können nach günstigen **Flügen von** und nach ChinaFlugpläne **anzeigen und** legen festpreis Alarme.
  - **Tipp**: Skyscanner können Ihnen helfen, die besten Angebote zu finden, und es enthält oft versteckte **Juwelen wie** Billigflieger, die auf anderen Buchungsplattformen möglicherweise nicht angezeigt werden.
  - **Verfügbarkeit**: Android und iOS
- **KAJAK**
  - **Zweck**: KAYAK ist eine weitere großartige Flugsuchmaschine, die auch Zug-, Mietwagen- und Hotelbuchungen umfasst.
  - **Merkmale: Flugvergleiche für** mehrere Fluggesellschaften und Reisedaten. Angebote Echtzeit-Warnungen für schwankende Fahrpreise.
  - **Verfügbarkeit**: Android und iOS
- **Ctrip (Trip.com)**
  - **Zweck**: Neben Zugtickets ist Ctrip eine Reiseplattform **zur** Buchung von Flügen und Hotels.
  - **Merkmale:Flugbuchung für** internationale und inländische Ziele mit Echtzeit-Updates und Benachrichtigungen.
  - **Verfügbarkeit**: Android und iOS

3. Apps zur Buchung von Unterkünften

- **Airbnb**
  - **Zweck**: Airbnb ist perfekt für die Buchung Gastfamilien,Privatwohnungen, oder einzigartige Übernachtung Erlebnisse in China.
  - **Merkmale**: Finden **erschwingliche, authentische Aufenthalte mit** lokalen Gastgebern, lesen Sie Bewertungen von anderen Reisenden und buchen Sie direkt über die App.
  - **Tipp**: Ideal für alle, die durch den Aufenthalt in Wohnvierteln in die Kultur eintauchen möchten.
  - **Verfügbarkeit**: Android und iOS
- **Agoda**
  - **Zweck**: Agoda bietet wettbewerbsfähige Preise für Hotels und **Pensionen in China.**
  - **Merkmale**: Buch, Budget **Optionen** oder **Luxushotels**, lesen Sie Bewertungen und finden Sie Sonderangebote.
  - **Tipp**: Ideal zum Finden Last-Minute-Angebote Und Buchen Unterkünfte **in weniger touristischen Gebieten**.
  - **Verfügbarkeit**: Android und iOS
- **Booking.com**
  - **Zweck**: Booking.com bietet eine große Auswahl an Unterkünften, darunter Hotels, Apartments und Hostels.
  - **Merkmale**: Verwenden Sie die App, Unterkunft **suchen, basierend** auf Standort, Budget und Vorlieben.
  - **Tipp**: Perfekt zum Finden gut **gelegene Hotels in der** Nähe von Bahnhöfen oder Stadtzentren.
  - **Verfügbarkeit**: Android und iOS

4. Navigations- und Transport-Apps

- **Google Maps**
  - **Zweck**: Unverzichtbar für Navigation Städte, Finden von öffentlichen Verkehrsmitteln und Erhalten von Wegbeschreibungen.
  - **Merkmale**: Es bietet Verkehrsinformationen **in Echtzeit,Wegbeschreibung**, und **Fahrpläne der öffentlichen Verkehrsmittel in großen** chinesischen Städten.
  - **Tipp**: Google Maps eignet sich gut für Gehen, **Fahren und öffentliche Verkehrsmittel**, aber in ländlichen Gebieten sind einige Karten möglicherweise nur eingeschränkt verfügbar.
  - **Verfügbarkeit**: Android und iOS
- **Baidu-Karten**
  - **Zweck**: Dies ist die beliebteste Karten-App in China.
  - **Merkmale**: Es bietet detaillierte **Karten,Buslinien**, und **U-Bahn-Linien im ganzen** Land.
  - **Tipp**: Baidu Maps bietet in China viel genauere und aktuellere Informationen als Google Maps.
  - **Verfügbarkeit**: Android und iOS
- **Didi Chuxiong**
  - **Zweck:Didi Cuxin ist** Chinas beliebteste Mitfahr-App, ähnlich wie Uber.
  - **Merkmale**: Leichte Taxis **buchen,Privatfahrten**, oder **Mitfahrgelegenheiten, um sich** in der Stadt zurechtzufinden. In mehreren Sprachen verfügbar.
  - **Tipp**: Stellen Sie sicher, dass Sie eine chinesische Telefonnummer oder eine funktionierende internationale Nummer haben, um Didi für die Buchung zu verwenden.
  - **Verfügbarkeit**: Android und iOS
- **WeChat**
  - **Zweck**: WeChat ist nicht nur eine Messaging-App; es bietet auch Mitfahrdienste,Informationen **zum öffentlichen Nahverkehr und sogar mobile Zahlungen**.
  - **Merkmale**: Sie können WeChat **Pay**um für den Transport bezahlen, Reservierungen vornehmen und Taxis bestellen.
  - **Tipp**: Ein Muss für die Navigation im Alltag in China und die reibungslose Nutzung lokaler Dienste.
  - **Verfügbarkeit**: Android und iOS

5. Sprach- und Übersetzungs-Apps

- **Harnischwels**
  - **Zweck**: Pleco ist ein umfassendes **Chinesisch-Wörterbuch**und Übersetzungstool.
  - **Merkmale**: Enthält Audio-Aussprache,Zeichenerkennung, und **Beispielsätze**.
  - **Tipp**: Perfekt zum Erlernen wichtiger chinesischer Ausdrücke und zum Verstehen geschriebenen Chinesischs in Echtzeit.
  - **Verfügbarkeit**: Android und iOS
- **Google Übersetzer**
  - **Zweck**: Mit Google Translate können Sie Übersetzen **von Text, Sprache oder Bildern zwischen** Sprachen.
  - **Merkmale**: Übersetzen **Chinesischer Text** und **Zeichen und verwenden Sprachübersetzung für** Gespräche.
  - **Tipp**: Herunterladen **Offline-Übersetzung Dateien** zur Verwendung, wenn Sie keinen Internetzugang haben.

    - **Verfügbarkeit**: Android und iOS
- **iTranslate**
    - **Zweck**: Ähnlich wie Google Translate bietet iTranslate die sofortige Übersetzung von Text, Sprache und Webseiten.
    - **Merkmale**: Sprachübersetzung und Sprachführer in mehreren Sprachen, darunter chinesisch.
    - **Tipp**: Verwenden Sie es zur schnellen Übersetzung gängiger Ausdrücke oder als Hilfestellung für die Navigation in chinesischen Menüs und auf chinesischen Schildern.
    - **Verfügbarkeit**: Android und iOS

6. Reise Ressourcen und Reiseführer

- **TripAdvisor**
    - **Zweck**: TripAdvisor bietet Bewertungen für Sehenswürdigkeiten, Hotels, Restaurants und lokale **Erlebnisse in ganz** China.
    - **Merkmale**: Benutzergenerierte Bewertungen und Rezensionen sowie Buchungsoptionen für Unterkünfte und Touren.
    - **Tipp**: Verwenden Sie die App, um die am besten bewerteten Restaurants,Hotels, und **Dinge, die zu tun sind in** jeder Stadt.
    - **Verfügbarkeit**: Android und iOS
- **Lonely Planet**
    - **Zweck**: Ein umfassender Reiseführer mit Einblicken, Empfehlungen und Reiserouten für Städte in ganz China.
    - **Merkmale**: Ausführliche Reiseführer,lokale **Tipps**, und **vorgeschlagene Reiserouten.**
    - **Tipp**: Hervorragend geeignet für Vorschläge **abseits der ausgetretenen Pfade und** für die Planung eines umfassenden Reiseerlebnisses.
    - **Verfügbarkeit**: Android und iOS

CHINA-KARTE

SO SCANNEN SIE EINEN QR-CODE

1. Öffnen Sie die Kamera-App

2. Richten Sie die Kamera auf den QR-Code

3. Warten Sie auf die Benachrichtigung

4. Tippen Sie auf die Benachrichtigung

5. Folgen Sie den Anweisungen

BEVOR SIE GEHEN

Planen Sie Ihre Zugreise in China

Zugtypen und Klassen

Chinas Eisenbahnnetz ist riesig, modern und bietet eine Vielzahl von Zügen und Klassen für unterschiedliche Reisepräferenzen, Zeitbeschränkungen und Budgets. Egal, ob Sie mit einem Hochgeschwindigkeitszug zwischen Großstädten reisen oder eine malerische Fahrt durch die Landschaft unternehmen – ein Verständnis der verfügbaren Zugtypen und Klassen hilft Ihnen, die beste Option für Ihre Reise zu wählen.

1. Hochgeschwindigkeitszüge (G-Züge)

- **Geschwindigkeit**: Hochgeschwindigkeitszüge (bekannt als-Züge) sind die schnellste und effizienteste Art, zwischen den großen Städten Chinas zu reisen. Sie können Geschwindigkeiten von 300-350 **km/h**(186-220 Meilen pro Stunde).
- **Routenbeispiele**:**Peking → Shanghai**,**Peking → Xi'an**,**Guangzhou → Shenzhen**,**Shanghai → Hangzhou**.
- **Reisezeit**: Hochgeschwindigkeitszüge verkürzen die Reisezeit drastisch. Beispielsweise beträgt die Fahrt von **Peking nach Shanghai über 4,5 Stunden** im Vergleich zu **12 Stunden mit** dem regulären Zug.
- **Komfort**: Diese Züge sind modern, komfortabel und bieten eine ruhige Fahrt. Sie verfügen über geräumige **Sitze,kostenloses WLAN in** bestimmten Zügen und Steckdosen zum Aufladen Ihrer Geräte.

Verfügbare Klassen:

- **Erste Klasse**: Bequeme, breite Sitze mit mehr Beinfreiheit. Oft in einer 2+2-Sitzkonfiguration.
- **Zweite Klasse**: Etwas kleinere Sitze als in der ersten Klasse, aber dennoch geräumig und komfortabel. Oft in einer 3+2-Sitzkonfiguration.
- **Business Klasse**: Ähnlich wie die First Class, jedoch mit luxuriösen Ausstattung, mehr Privatsphäre und Liegesitzen. Diese Klasse beinhaltet oft zusätzliche Services wie Speisen und Getränke.

2. Hochgeschwindigkeitszüge (D-Züge)

- **Geschwindigkeit**: Hochgeschwindigkeitszüge oder-Züge sind ebenfalls Hochgeschwindigkeitszüge, jedoch etwas langsamer als die G-Züge, mit Geschwindigkeiten von 200-250 **km/h**(124-155 Meilen pro Stunde).
- **Routenbeispiele**:**Shanghai → Hangzhou**,**Peking → Nanjing**,**Chengdu → Chongqing**.
- **Reisezeit**: Obwohl sie langsamer als G-Züge sind, sind sie immer noch schneller als normale Züge. Zum Beispiel die Peking **nach Nanjing: Die** Strecke dauert ca.**4 Stunden**.
- **Komfort**: Hochgeschwindigkeitszüge bieten ein hohes Maß an Komfort mit sauberen und modernen Annehmlichkeiten.

Verfügbare Klassen:

- **Erste Klasse**: Geräumige, bequeme Sitze mit zusätzlicher Beinfreiheit und einer 2+2-Sitzanordnung.
- **Zweite Klasse**: Preiswerter, aber dennoch recht komfortabel. Die Sitzkonfiguration ist typischerweise 3+2.

3. Schnellzüge (T-Züge)

- **Geschwindigkeit:T-Züge sind halb Hochgeschwindigkeitszüge,** die mit Geschwindigkeiten zwischen 120-160 **km/h**(75-100 m/h) fahren. Sie sind langsamer als Hochgeschwindigkeitszüge, aber schneller als herkömmliche Züge.
- **Routenbeispiele**:**Peking → Harbin**,**Chengdu → Chongqing**,**Xi'an → Lanzhou**.
- **Reisezeit**: T-Züge werden oft für kürzere Fahrten innerhalb einer Region genutzt. Beispielsweise die Fahrt zwischen Xian **und Lanzhou über 5-6 Stunden**.
- **Komfort**: Diese Züge bieten eine komfortable Reise mit mehr Platz als normale Züge, jedoch ohne den Luxus von Hochgeschwindigkeitszügen.

Verfügbare Klassen:

- **Weicher Schläfer**: Bequeme Liegesitze mit verstellbarer Rückenlehne.
- **Harter Schläfer**: Kostengünstigere Option, bei der die Passagiere Etagenbetten in offenen Fächern, wobei jedes Fach über 6 **Betten verfügt.**
- **Zweite Klasse**: Einfache Standard-Sitzplätze, ähnlich denen in einem normalen Bus oder Reisebus.

4. Regelmäßige Züge (K-Züge)

- **Geschwindigkeit:K-Züge sind** langsamere und ältere Züge, die mit Geschwindigkeiten von etwa 100-120 **km/h**(62-75 Meilen pro Stunde).
- **Kartenbeispiele:Peking → Zhengzhou,Chengdu → Guiyang,Shanghai → Nanjing**.
- **Reisezeit**: Normale Züge brauchen länger als Schnellzüge, und bei längeren Strecken kann dies mehrere Stunden länger dauern. Zum Beispiel kann die Fahrt zwischen Peking **und Zhengzhou etwa** 10-12 Stunden dauern.
- **Komfort**: Diese Züge sind die einfachste Option. Sie bieten zwar bequeme Sitzplätze, verfügen aber nicht über den Luxus neuerer Züge. Sie sind möglicherweise überfüllter und die Ausstattung ist einfacher.

Verfügbare Klassen:

- **Weicher Schläfer**: Bietet mehr Komfort, mit 4-Personen-Kabinen und mehr **Privatsphäre**.
- **Harter Schläfer**: Günstiger, aber mit 6-Personen-Abteil in offenen Bereichen.
- **Zweite Klasse**: Standardsitze in einer 3+2-Konfiguration. Ähnlich einer Busbestuhlung, aber dennoch für kurze bis mittellange Fahrten geeignet.
- **Stehplatzkarten**: Diese stehen auf einigen Strecken für Passagiere zur Verfügung, die günstiger reisen möchten, aber keinen reservierten Sitzplatz haben.

5. Nachtzüge

- **Zweck**: Diese Züge sind ideal für Fernreisen, bei denen Sie während der Reise übernachten müssen, wie zum Beispiel Reisen von Peking **nach Chengdu** oder **Shanghai nach Xi'an**.
- **Reisezeit**: Nachtzüge bieten eine günstigere Alternative zum Fliegen und bieten den zusätzlichen Vorteil, dass Sie bei der Hotelübernachtung sparen.

Verfügbare Klassen:

- **Weicher Schläfer**: Typischerweise Vier-Personen-Kabinen mit komfortablen, **verstellbaren Betten**.
- **Harter Schläfer:Sechs-Personen-Kabinen, bei** denen die Betten übereinander angeordnet sind.
- **Harter Sitz**: Einfache Sitzgelegenheiten für preisbewusste Reisende. Weniger bequem zum Schlafen, aber eine erschwingliche Option.

6. Touristenzüge

- **Zweck**: Diese sind **Spezialzüge konzipiert** für Touristen, die eine malerische Reise durch Chinas malerischste Landschaften wünschen. Einige bemerkenswerte Beispiele sind der Tibetische Zug oder die Li-Fluss-Zug.
- **Kartenbeispiele:Lijiang → Dali,Xian → Tibet Und** malerische Routen durch Guilin.
- **Komfort**: Diese Züge sind oft mit großen Fenstern und bequemen Sitzen ausgestattet, um einen spektakulären Blick auf die Landschaft zu bieten. Sie bieten Führungen und Mahlzeiten an und verfügen sogar über luxuriöse **Innenausstattung für** ein exklusives Erlebnis.

Verfügbare Klassen:

- **Luxusklasse**: Beinhaltet mehr private Kabinen mit Liegesitzen und verbessertem Komfort für Rundfahrten.
- **Economy-Klasse**: Standard-Bestuhlung für Tagesausflüge.

So buchen Sie Tickets

Die Buchung von Zugtickets in China ist relativ unkompliziert, insbesondere angesichts der zahlreichen Optionen, die sowohl Einheimischen als auch internationalen Reisenden zur Verfügung stehen.

1. Zugtickets online buchen (über Websites und Apps)

Die Online-Buchung von Tickets ist eine der bequemsten Möglichkeiten, sich einen Sitzplatz für Bahnreisen in China zu sichern. So können Sie bequem von zu Hause oder vom Hotel aus nach Routen suchen, Verfügbarkeiten prüfen und Tickets buchen.

A. Offizielle Website der Eisenbahn (12306.cn)

- **Webseite:12306.cn ist** die offizielle Website der chinesischen Eisenbahn. Sie ist die zuverlässigste Quelle für die Buchung von Fahrkarten für Hochgeschwindigkeits- und Linienzüge.
- **Sprache**: Die Website ist hauptsächlich auf Chinesisch, aber es gibt eine englische **Benutzeroberfläche für** internationale Reisende .
- **Zahlungsarten**: Internationale Kreditkarten wie Visa und **MasterCard werden** akzeptiert, aber Sie benötigen eine chinesische **ID-Nummer**(die internationale Reisende nicht haben), um direkt zu buchen. Dies kann die Website für Nicht-Einwohner schwieriger machen.

B. Ctrip (Trip.com)

- **Website/App**:Ctrip(auch bekannt als Trip.com) ist eine beliebte Reisebuchungsplattform, die englische **Sprache und** ist benutzerfreundlich für internationale Reisende.
- **Merkmale**: Sie können Bahntickets,Hotels,Flüge, und **Mietwagen Alles** auf einer Plattform buchen.
- **Zahlung**: Ctrip akzeptiert internationale Kreditkarten und PayPal, was es zu einer großartigen Wahl für Nicht-Chinesen macht.

C. Qunar

- **Website/App:Qunar ist** eine weitere Reise-Website, die Ihnen bei der Buchung von Bahntickets in China hilft.
- **Merkmale**: Qunar hat eine **benutzerfreundliche englische Benutzeroberfläche**, was ausländischen Reisenden die Navigation und die Ticketbuchung erleichtert.
- **Zahlung**: Auf dieser Plattform können internationale Kreditkarten zur Zahlung verwendet werden.

D. WeChat

- **App**:**WeChat**, Chinas All-in-One-Messaging- und Zahlungs-App, können Zugtickets direkt in der App gebucht werden.
- **Merkmale**: WeChat integriert die Buchung von Zugtickets über sein „**WeChat Pay**" und **Mini-Programme**, sodass Benutzer Tickets direkt in der App buchen können.
- **Zahlung**: Sie benötigen ein chinesisches **Bankkonto oder ein WeChat Pay-Konto. Zur** Durchführung der Transaktion ist eine chinesische Kredit-/Debitkarte erforderlich. Internationale Reisende benötigen möglicherweise die Unterstützung eines Einheimischen.

2. Tickets am Bahnhof buchen

Wenn Sie nicht gerne online buchen oder Ihre Tickets lieber persönlich kaufen, können Sie jederzeit einen Bahnhof und kaufen Sie Tickets am Fahrkartenschalter.

A. Am Fahrkartenschalter am Bahnhof

- **Standort**: Bahnhöfe in China sind mit speziellen Ticketschaltern für den Kauf von Zugfahrkarten ausgestattet. Suchen Sie nach dem**"Buchung"**(Ticket-)Schilder.
- **Erforderliche Dokumente**:
  - **Reisepass**: Sie müssen Ihren Reisepass beim Ticketkauf, da diese zur Identifizierung benötigt werden.
  - **Zugfahrplan**: Stellen Sie sicher, dass Sie die Zugnummer,Abfahrtszeit, und **Ziel im Voraus beachten.** Sie können entweder eine gedruckte Version Ihres Reiseplans mitbringen oder die Details auf Chinesisch auf Ihrem Telefon haben, um sie dem Personal zu zeigen.
- **Ticket Zahlung:** Sie können Tickets bezahlen mit Kasse oder **Kreditkarte**(je nach Station). Einige größere Stationen akzeptieren internationale Kreditkarten, es ist jedoch sicherer, Bargeld mitzuführen.

B. Selbstbedienungs-Fahrkartenautomaten

- **Standort**: Viele größere Bahnhöfe in China bieten Selbstbedienungs-Fahrkartenautomaten, mit denen Sie Ihre Tickets buchen und bezahlen können.

- **Verfügbare Sprachen**: Einige Maschinen bieten Englisch als Sprachoption, während andere nur in Chinesisch sein können. Diese Maschinen akzeptieren in der Regel Bankkarten oder **Kassen zur** Zahlung.

3. Buchung über Reisebüros

Für diejenigen, die Unterstützung bevorzugen oder ein stressfreies Erlebnis wünschen,Reisebüro Kann Ihnen bei der Ticketbuchung und Routenplanung helfen und Ihnen Empfehlungen für Ihre Reise geben.

A. Lokale Reisebüros in China

- **Agenturbuchung**: Reisebüros in China können buchen Bahntickets in Ihrem Namen. Sie berechnen in der Regel eine geringe **Servicegebühr**, aber sie können die gesamte Logistik übernehmen, einschließlich der Abholung der Tickets für Sie am Bahnhof.
- **Wo man sie findet**: Reisebüros finden in Großstädten und Touristenattraktionen. Viele Hotels bieten Gästen auch Ticketbuchungsdienste an.

B. Online-Reisebüros

- **Beispiele**: Online-Plattformen wie Trip(Trip.com) und Qunar: Wir helfen nicht nur bei Buchungen, sondern bieten auch Kundensupport, falls Sie auf Probleme stoßen oder Hilfe bei der Ticketbuchung benötigen.

4. Ticketpreise und Klassen

Zugtickets in China variieren je nach Klasse und Zugtyp. Hier ist ein kurzer Überblick darüber, was Sie erwartet:

Zugtyp	Erste Klasse	Zweite Klasse	Business Klasse	Harter Schläfer	Weicher Schläfer	Harter Sitz
Hochgeschwindigkeitszüge	50–150 $	30–80 $	150–300 $	N / A	N / A	N / A
Schnellzüge (T)	20–50 $	15–40 $	N / A	20–40 $	30–50 $	10–25 $
Regelmäßige Züge (K)	10–30 $	8 bis 20 US-Dollar	N / A	10–30 $	20–40 $	5 bis 15 US-Dollar

- **Preisklasse**: Die Preise variieren stark je nach Strecke, Klasse und Zugtyp.
  - **Hochgeschwindigkeitszüge (G & D Trains)**sind aufgrund ihrer Geschwindigkeit und Luxusausstattung teurer.
  - **Regelmäßige Züge (K & T Trains)**sind günstiger, insbesondere für harter **Sitz** oder **harter Schläfer** Klassen.
- **Sitz-/Betttypen**:
  - **Harter Sitz**: Günstigste und einfachste Option, normalerweise für kurze Fahrten.
  - **Weicher Sitz**: Etwas komfortabler mit mehr Polsterung für längere Fahrten.
  - **Harter Schläfer**: A **Etagenbett in einem** offenen Abteil, eine gängige Option für Reisen über Nacht.
  - **Weicher Schläfer**: Private Abteile mit mehr Komfort und Privatsphäre, ideal für Fahrten mit Übernachtung.
  - **Business Klasse**: Bietet luxuriöse Sitze und zusätzliche Vergünstigungen wie mehr Beinfreiheit, kostenlose Mahlzeiten und mehr.

5. So holen Sie Tickets ab

- **Online-/Telefonabholung:** Wenn Sie Ihre Tickets online gebucht haben, können Sie diese am Bahnhof abholen.**Fahrkartenschalter** oder **Selbstbedienungsautomat Präsentieren** Sie einfach Ihren Reisepass und **Buchungsreferenznummer**.
- **Abholung vom Bahnhof**: Am Bahnhof gekaufte Tickets werden Ihnen in der Regel sofort nach der Bezahlung ausgehändigt.

6. Wichtige Tipps zur Ticketbuchung

- **Buchen Sie im Voraus**: Zugtickets können schnell ausverkauft sein, besonders während der Hochsaison (wie Chinesisches **Neujahr** oder **nationale Feiertage**). Buchen Sie Tickets so früh wie möglich, um sich Ihre bevorzugte Route und Ihren bevorzugten Sitzplatz zu sichern.

- **ID-Verifizierung**: Haben Sie immer Ihren Reisepass praktisch bei der Buchung und Abholung Ihrer Fahrkarten. Die chinesischen Bahn Behörden verlangen zur Abholung der Fahrkarte einen Ausweis.

- **Achten Sie auf die Hauptreisezeiten**: Während nationaler Feiertage oder Feste erwarten überfüllte **Züge und** eine höhere Ticketnachfrage.

Tipps zur Navigation in chinesischen Bahnhöfen

Das Navigieren durch chinesische Bahnhöfe kann für Erstreisende eine überwältigende Erfahrung sein, insbesondere aufgrund des großen Gedränges, der Sprachbarrieren und der schieren Größe mancher Bahnhöfe. Mit ein wenig Vorbereitung und Wissen lässt sich der Prozess jedoch problemlos bewältigen.

1. Kommen Sie früh

- **Empfohlene Ankunftszeit**: Es ist ratsam, am Bahnhof anzukommen, mindestens **60-90 Minuten vor** Abfahrt Ihres Zuges, insbesondere wenn Sie den Bahnhof nicht kennen oder Ihre Fahrkarte abholen müssen.
- **Warum früh?**: Die Bahnhöfe sind oft groß und belebt, insbesondere während der Hauptreisezeiten. Wenn Sie früh ankommen, haben Sie Zeit, Ihren Bahnsteig zu finden, die Sicherheitskontrollen zu passieren und den Stress der Hektik in letzter Minute zu vermeiden.

2. Kennen Sie den Stationsplan

- **Wichtige Stationen**: Chinas große Bahnhöfe können riesig sein (z. B.**Peking West,Shanghai, Hongqiao),** mit mehreren Ebenen und Bahnsteigen. Stationen haben typischerweise:
  - **Fahrkarten Halle:** Hier können Sie Tickets kaufen oder vorbestellte Tickets abholen.
  - **Wartebereiche**: Großzügige Wartebereiche vor dem Einsteigen. Diese Bereiche können manchmal überfüllt sein. Stellen Sie sich daher darauf ein, bei Bedarf einen Sitzplatz auf dem Boden zu suchen.
  - **Sicherheitskontrollen**: Bevor Sie den Wartebereich oder die Bahnsteige betreten, gehen Sie durch Sicherheitskontrollen, wo Ihr Gepäck ähnlich wie bei der Flughafensicherheit gescannt wird.
  - **Plattform Nummer:** Stellen Sie sicher, dass Sie Ihre Zugnummer und **Plattform. Die** Informationen werden angezeigt für elektronische **Bildschirme rund** um den Bahnhof in beiden Chinesisch **und Englisch**.
- **Bahnhofsbeschilderung**: Achten Sie auf Schilder mit Bahnsteignummern und **Abfluggate der Züge**. Die meisten Bahnhöfe haben zweisprachige Schilder, aber wenn Sie Ihre Zugnummer kennen,chinesisch wird hilfreich sein.

3. Verstehen Sie Ihr Zugticket

Auf Ihrer Bahnfahrkarte finden Sie wichtige Informationen für Ihren Weg durch den Bahnhof, darunter:

- **Zugnummer**: Eine eindeutige Nummer für Ihren Zug (z. B. G1 für Hochgeschwindigkeitszüge).
- **Abfahrtszeit**: Die Abfahrtszeit Ihres Zuges.
- **Plattform Nummer:** Der Bahnsteig, an dem Sie in Ihren Zug einsteigen.
- **Wagennummer**: Ihr zugewiesener Zugwaggon (Sie finden Ihren Sitzplatz in einem bestimmten Wagen).
- **Sitzplatznummer**: Bei reservierten Sitzplätzen wird hier Ihr Sitzplatz Standort angezeigt.
- **Ticketart**: Auf Ihrem Ticket wird angegeben, ob es für Erste **Klasse,Zweite Klasse,Business Klasse oder** Schläfer.

4. Ticketausgabe & Selbstbedienungsautomaten

- **Abholung vorbestellter Tickets**: Wenn Sie Ihre Tickets online gebucht haben, müssen Sie diese am Bahnhof abholen. Dies können Sie am Fahrkartenschalter(bringen Sie unbedingt Ihren Reisepass) oder bei Selbstbedienungskiosk sofern verfügbar.
- **Selbstbedienungs Kioske:** An größeren Stationen können Sie möglicherweise Selbstbedienungs kiosk um Ihre Tickets auszudrucken, indem Sie Ihre Buchungsreferenznummer Und **Passdaten**.
- **ID-Verifizierung**: Beim Abholen der Fahrkarten oder beim Betreten des Bahnhofs müssen Sie Ihren Reisepass zur Identifizierung. Stellen Sie sicher, dass Sie Ihren Reisepass auf Reisen immer bei sich haben.

5. Folgen Sie den Abfahrts Schildern

- **Überwachen Sie die Bildschirme**: Suchen Sie nach dem**Abflugbildschirme**die Zugzeiten, Zugnummern und Bahnsteige anzeigen. Diese Bildschirme zeigen oft Aktualisierungen in Englisch und **chinesisch**.
- **Plattform-Ankündigung:** Sobald Ihre Plattform bestätigt ist, folgen Sie den Schildern zum richtige **Plattform**. Überprüfen Sie unbedingt die Abfahrtszeit und den Bahnsteig, da sich diese kurzfristig ändern können.
- **Zugnummern Abgleich:** Überprüfen Sie Ihre Zugnummer auf dem Bildschirm, da mehrere Züge kurz hintereinander abfahren können.

6. Sicherheits- und Gepäckkontrollen

- **Sicherheits-Kontrollpunkte:** Bevor Sie den Wartebereich betreten, gehen Sie durch Sicherheitskontrollen. Hier wird Ihr Gepäck gescannt. Stellen Sie sich auf lange Warteschlangen ein, insbesondere in der Hauptreisezeit.
  - **Verbotene Gegenstände**: Denken Sie daran, dass scharfe **Gegenstände**(wie Messer) und Flüssigkeiten über 100ml sind verboten. Es können auch Einschränkungen beim Mitführen großer Mengen von Flüssig oder **Alkohol**.
  - **Handgepäck**: Wenn Sie einen großen Koffer mitbringen, bedenken Sie leichtes **Packen oder** mit einem kleinen **Tasche**. Große Taschen können in überfüllten Wartebereichen und auf Bahnsteigen schwieriger zu manövrieren sein.

7. Sprachtipps

- **Grundlegende chinesische Sätze**: Während **Englisch An** großen Bahnhöfen allgemein verstanden wird, kann die Kenntnis einiger Schlüsselsätze sehr hilfreich sein:
  - **"Wo ist der Bahnsteig?":„Wo gehst du hin?“ (Wo gehst du hin?)**
  - **„Ich brauche Hilfe“:"Ich brauche Hilfe" (ich brauche Hilfe)**
  - **"Zugnummer":„Huǒchē hào mǎ“ (Zugnummer)**
  - **„Mein Zug hat Verspätung“:„Mein Zug hat Verspätung“**
- **Zugpersonal**: Viele Bahnhof Mitarbeiter sprechen einfaches Englisch, aber wenn Sie sich in einer ländlichen Gegend befinden, ist es hilfreich, einen lokalen Übersetzer oder eine Übersetzungs-App wie Google **Übersetzer** oder **Harnischwels**(Chinesisches Wörterbuch) kann unglaublich nützlich sein.

8. Bleiben Sie organisiert und halten Sie Ihre Dokumente griffbereit

- **Halten Sie Ihr Ticket zugänglich**: Haben Sie immer Ihr Zugticket und **Reisepass praktisch** für Kontrollen. Beim Betreten des Bahnsteigs und im Zug müssen Sie Ihr Ticket vorzeigen.
- **Merken Sie sich Ihre Zugnummer**: Notieren Sie Ihre Zugnummer,Abfahrtszeit, und **Plattform Nummer falls** Sie um Hilfe bitten müssen.
- **Bewahren Sie wichtige Informationen in Ihrer Tasche auf**: Wenn Sie durch einen belebten Bahnhof reisen, bewahren Sie Ihren Reisepass, Ihr Ticket und alle wichtigen Dokumente an einem leicht zugänglichen, aber sicheren Ort auf.

9. Wartebereiche

- **Komfort**: Bahnhöfe haben typischerweise Wartebereiche die im Komfort variieren. Größere Stationen können komfortable Sitzbereich während kleinere Stationen möglicherweise nur Sitzgelegenheiten **auf dem Boden Für** Passagiere.
- **Toiletten**: Öffentliche Toiletten können Basic oder **im westlichen Stil**, aber es ist eine gute Idee, einige mitzubringen, Klopapier oder **Handdesinfektionsmittel**, da es in öffentlichen Toiletten nicht immer vorhanden ist.

10. Einsteigen in den Zug

- **Boarding-Zeit**: Züge steigen in der Regel etwa 20-30 **Minuten vor** der Abfahrt. Stellen Sie jedoch sicher, dass Sie am Bahnsteig mindestens **10-15 Minuten vor Abfahrt sind, insbesondere** wenn es sich um einen großen Bahnhof handelt.
- **Flugsteig**: Achten Sie auf die Schilder zum richtigen **Flugsteig**. Manchmal kann das Tor nur wenige Gehminuten vom Bahnsteig entfernt sein.
- **Boarding-Prozess**: Halten Sie Ihr Ticket zur Kontrolle vor dem Einsteigen bereit.**Das Personal kann Ihr Ticket und Ihren Ausweis kontrollieren, bevor** Sie den Bahnsteigbereich betreten dürfen.

11. Umgang mit Zug Verspätungen oder Zugausfällen

- **Änderungen verfolgen**: Es kann zu Zugverspätungen und Zugausfällen kommen.**Auf Durchsagen achten oder** behalten Sie die Anzeigetafeln der Stationen im Auge, um Updates in Echtzeit zu erhalten.

- **Kundendienst**: Wenn Ihr Zug Verspätung hat oder ausfällt, gehen Sie zum Kundendienst oder **Fahrkartenschalter, um** Unterstützung bei der Planung Ihres Zuges oder einer Rückerstattung zu erhalten.

Beste Reisezeit

Wetter nach Region

Chinas enorme Größe und vielfältige Geographie führen zu unterschiedlichen Klimazonen im ganzen Land. Die beste Reisezeit hängt von der jeweiligen Region und dem gewünschten Erlebnis ab.

1. Nordchina (Peking, Xi'an, Innere Mongolei)

- **Beste Reisezeit:April bis Oktober**
    - **Frühling (März bis Mai)**: milde Temperaturen und weniger Menschenmassen machen den Frühling zu einer ausgezeichneten Zeit, um Nordchina zu erkunden. Die Durchschnittstemperaturen liegen zwischen 10 **°C und 20 °C (50 °F bis 68 °F)**.
    - **Sommer (Juni bis August)**: Dies ist die Hauptreisezeit mit heißen Temperaturen von bis zu 30 **°C bis 35 °C (86 °F bis 95 °F)**Obwohl dies eine gute Jahreszeit für Outdoor-Aktivitäten ist, sollten Sie sich auf hohe Luftfeuchtigkeit einstellen, insbesondere in Städten wie Peking. Im Sommer sind auch viele Menschen unterwegs, insbesondere an berühmten Sehenswürdigkeiten wie der Chinesischen Mauer.
    - **Herbst (September bis November)**: Eine der besten Reisezeiten. Das Wetter ist kühler und angenehmer (**15 °C bis 25 °C / 59 °F bis 77 °F**), und die Landschaften sind wunderschön mit buntem Laub. Der Herbst ist perfekt zum Wandern und Sightseeing.
    - **Winter (Dezember bis Februar):Kalt Mit** Temperaturen, die oft unter**-10 °C (14 °F)**In Städten wie Peking und Xi'an ist Schnee häufig, insbesondere in nördlichen Regionen wie der Inneren Mongolei. Im Winter gibt es weniger Touristen und niedrigere Preise, aber für Besichtigungen kann es schwierig sein.

2. Ostchina (Shanghai, Hangzhou, Nanjing)

- **Beste Reisezeit:April bis Oktober**
    - **Frühling (März bis Mai)**: Angenehme Temperaturen von 15 **°C bis 25 °C (59 °F bis 77 °F)**Der Frühling ist eine der besten Jahreszeiten für einen Besuch in Ostchina. Diese Jahreszeit eignet sich ideal für Outdoor-Aktivitäten und die Erkundung von Städten wie Shanghai und Hangzhou.
    - **Sommer (Juni bis August): heiß und feucht mit** Temperaturen bis 30 °C **bis 35 °C (86 °F bis 95 °F)**. Dies ist auch die Hauptreisezeit, also erwarten Sie überfüllte Attraktionen und höhere Preise. Die Regenzeit beginnt Ende Juni und dauert bis Juli und bringt starke Regenfälle mit sich.
    - **Herbst (September bis November)**: Wie der Frühling ist auch der Herbst ein fantastische **Zeit zu besuchen,** mit milden **Temperaturen und** wunderschönem Herbstlaub. Die Durchschnittstemperaturen liegen zwischen 15 **°C und 25 °C (59 °F bis 77 °F)**, was es perfekt für Besichtigungen macht.
    - **Winter (Dezember bis Februar):Kalt, aber mild im** Vergleich zu Nordchina. Die Durchschnittstemperaturen liegen zwischen 0 **°C und 10 °C (32 °F bis 50 °F)**, aber die Temperaturen fallen selten unter den Gefrierpunkt. Im Winter ist es in Ostchina ruhiger und die Preise sind niedriger.

3. Südchina (Guangzhou, Hongkong, Guilin, Sanya)

- **Beste Reisezeit:Oktober bis April**
    - **Frühling (März bis Mai)**: Das Wetter ist angenehm, mit Temperaturen zwischen 18 **°C und 25 °C (64 °F bis 77 °F)**. Die Luftfeuchtigkeit ist niedriger als im Sommer, sodass es eine großartige Zeit ist, um südliche Städte wie Guangzhou und Guilin zu besuchen.
    - **Sommer (Juni bis August): heiß und feucht mit** Temperaturen über 30°C (**86°F**), und es ist Regenzeit. Erwarten Sie starke Regenfälle und Gewitter, insbesondere in den Küstengebieten. Dies ist die Hauptreisezeit für Orte wie Guilin und **Hongkong**.
    - **Herbst (September bis November):Angenehme Temperaturen Von 20 °C bis 30 °C (68 °F bis 86 °F)**, und es ist eine fantastische Zeit, um Sehenswürdigkeiten im Freien zu erkunden, wie zum Beispiel die**Li-Fluss** oder **Yangshuo**. Das Wetter ist angenehm mit minimalem Regen.
    - **Winter (Dezember bis Februar):Leicht Winter** mit Temperaturen zwischen 10 **°C und 20 °C (50 °F bis 68 °F)**. Während es kühler ist, ist es die beste Zeit, um die Feuchtigkeit **und die Menschenmassen des** Sommers.

4. Südwestchina (Chengdu, Yunnan, Tibet)

- **Beste Reisezeit:März bis Mai und September bis November**
  - **Frühling (März bis Mai)**: Eine wunderbare Zeit für einen Besuch Chengdu Und **Yunnan Mit** Temperaturen zwischen 15 **°C bis 25 °C (59 °F bis 77 °F)**Das Wetter ist mild und ideal für Besichtigungen und Outdoor-Aktivitäten, wie zum Beispiel den Besuch der Basis **für Große Pandas In** Chengdu.
  - **Sommer (Juni bis August):Heiß und feucht in** den Tiefländern wie Chengdu mit Temperaturen von bis zu 30°C **(86°F)**. Allerdings ist das Tibetische **Plateau kühler,** was ideal zum Wandern und Erkunden hochgelegener Gebiete ist.
  - **Herbst (September bis November)**: Eine ausgezeichnete Zeit für einen Besuch Tibet und **Yunnan Die** Temperaturen sind komfortabel mit **klarem Himmel** und **wunderschönen Landschaften**, insbesondere in Tibet mit der wechselnden Farbe des tibetischen Plateaus.
  - **Winter (Dezember bis Februar):Kalt** In **Tibet**(unter dem Gefrierpunkt), mit Schnee und rauen Winden, aber es ist die beste **Zeit, um den Menschenmassen auszuweichen.Chengdu** Und **Yunnan** haben **milde Winter Mit** Temperaturen zwischen 5 **°C bis 15 °C (41 °F bis 59 °F)**, sodass es eine ruhigere Zeit zum Erkunden ist.

5. Nordwestchina (Xinjiang, Dunhuang, Gansu)

- **Beste Reisezeit:April bis Oktober**
  - **Frühling (März bis Mai)**: Mild und angenehm, mit Temperaturen zwischen 15 **°C und 25 °C (59 °F bis 77 °F)**Der Frühling ist ideal für die Erkundung der Seidenstraße oder Wüstenlandschaften in Dunhuang.
  - **Sommer (Juni bis August):Heiß in den** Wüstenregionen, mit Temperaturen oft über 40 **°C (104 °F)**an Orten wie Turpan und **Ürümqi**. Der Kühler Bergregionen bietet eine Atempause .
  - **Herbst (September bis November)**: Die beste Zeit, um diese Region zu besuchen, mit komfortablen Temperaturen zwischen 20 **°C bis 30 °C (68 °F bis 86 °F)**und weniger Menschenmassen. Es ist auch Erntezeit, also sind die Felder **und Landschaften besonders** schön.
  - **Winter (Dezember bis Februar):Kalt Bei** Temperaturen unter-**10 °C (14 °F)**in einigen Teilen von Xinjiang. Die Winterkälte kann besonders in Wüstengebieten sehr hart sein. Dies ist Nebensaison für Touristen.

6. Küstengebiete (Shandong, Zhejiang, Fujian)

- **Beste Reisezeit:April bis Oktober**
  - **Frühling (März bis Mai)**: Angenehmes Wetter mit gemäßigten Temperaturen zwischen 15 **°C und 25 °C (59 °F bis 77 °F)**. Dies ist ideal für die Erkundung von Küstengebieten wie Qingdao(Shandong) oder Xiamen(Fujian).
  - **Sommer (Juni bis August):Warm bis heiße Temperaturen** von 25 **°C bis 35 °C (77 °F bis 95 °F)**Es ist Hochsaison, daher sind an den Küsten Attraktionen mehr Touristen anzutreffen. Die Meeresbrise sorgt jedoch für ein erfrischendes Erlebnis.
  - **Herbst (September bis November)**: Eine fantastische Zeit für einen Besuch, mit milden Temperaturen und klarem Himmel, von 20 **°C bis 30 °C (68 °F bis 86 °F)**.
  - **Winter (Dezember bis Februar)**: Der Winter ist leicht entlang der Küste, mit Temperaturen um 5 **°C bis 15 °C (41 °F bis 59 °F). Es ist** eine ruhigere Zeit für einen Besuch.

Hauptreisezeit vs. Neben Reisezeit

Die Haupt- und Nebensaison in China wird durch verschiedene Faktoren bestimmt, darunter Wetter, Feiertage und Schulzeiten. Das Verständnis dieser Jahreszeiten ist entscheidend für ein optimales Erlebnis und gleichzeitig für die Kontrolle von Kosten und Besucherandrang.

Hauptreisezeit in China

1. Wichtige chinesische Feiertage

- **Chinesisches Neujahr (Frühlingsfest):Januar oder Februar**(Daten variieren je nach Mondkalender)
  - **Was Sie erwartet**: Dies ist der größte **Feiertag. In China** kann das Reisen in dieser Zeit chaotisch sein. Es ist die Zeit der Familientreffen, und Millionen von Menschen reisen durch das ganze Land, um bei ihren Familien zu sein. Züge, Flüge und Busse sind oft Monate im Voraus ausgebucht, und die Preise für Unterkünfte steigen rasant.
  - **Wohin gehen**: Großstädte wie Peking,Shanghai, Und **Hongkongs** wird Feiern, Paraden und Festivals geben. Kleinere Städte sind möglicherweise ruhiger, aber rechnen Sie mit Verkehrsproblemen.
- **Nationalfeiertag (Goldene Woche):1. - 7. Oktober**
  - **Was Sie erwartet**: Dies ist eine weitere Spitzenzeit, in der die chinesische Regierung ihre Gründung feiert und viele Menschen durch das Land reisen. Rechnen Sie mit überfüllten Attraktionen, ausgebuchten Hotels und höheren Preisen.

- **Wohin gehen**: Wichtige Touristenattraktionen wie die Große **Mauer,Verbotene Stadt Und** beliebte Reiseziele wie Xi'an und **Guilin können** sehr überfüllt sein.

- **Tag der Arbeit (1. Mai)**: Normalerweise ein 5-tägiger **Urlaub etwa** in der ersten Maiwoche.
  - **Was Sie erwartet**: Ähnlich wie am Nationalfeiertag gibt es in dieser Zeit eine große Anzahl von Reisenden. Das Wetter ist ideal für Besichtigungen und die Preise für Hotels und Touren steigen.

2. Sommerferien (Juni bis August)

- **Was Sie erwartet**: Die Sommermonate fallen zusammen mit den Schulferien, was diese Zeit zu einer Spitzenzeit für internationale und inländische Reisende macht.
- **Wohin gehen**: Der **Jangtsekiang,Peking,Shanghai**, und **Xi'an werden** voller Touristen sein. Attraktionen in Tibet oder **Xinjiang aufgrund** des besseren Wetters möglicherweise besser erreichbar, aber Südchina kann heiß und feucht sein.
- **Warum es Peak ist**: Familien machen Urlaub, und internationale Reisende strömen für die Sommerferien ins Land. Obwohl das Wetter warm ist, ist es auch die Zeit mit den meisten Touristen.

Reisesaison außerhalb der Hauptsaison in China

1. Winter (November bis Februar)

- **Was Sie erwartet**: Die Wintermonate (insbesondere Dezember, **Januar und Februar**) sind die leisesten **Reisezeiten** in China, abgesehen vom chinesischen Neujahrsfest.
- **Wetter**: Die Temperaturen können sehr kalt sein, besonders in Nordchina, wo Städte wie Peking und **Xi'an die** Temperaturen unten sehen 0 **°C (32 °F)**. Südchina und Tibet(mit seinen milderen Temperaturen) können immer noch tolle Reiseerlebnisse bieten.
- **Wohin gehen:Harbin**(für das Eisfestival),Shanghai,Guangzhou, Und **Yunnan bieten** milde Winterbedingungen und sind daher eine gute Wahl für Reisen außerhalb der Hauptverkehrszeiten.
- **Warum es außerhalb der Stoßzeiten ist**: Im Winter kommen aufgrund des kälteren Wetters weniger Touristen, insbesondere in den nördlichen Regionen. Die Reisekosten sind in der Regel niedriger und die Hauptattraktionen sind weniger überlaufen.

2. Frühling (März bis Mai)

- **Was Sie erwartet**: Der Frühling ist eine der besten Zeiten für einen Besuch, insbesondere von März **bis Mai. Das** Wetter ist leicht mit Durchschnittstemperaturen zwischen 15 **°C und 25 °C (59 °F bis 77 °F)**, und die Natur steht in voller Blüte.
- **Wohin gehen:Guilin,Hangzhou,Chengdu Und die Gelben Berge sind** alle im Frühling fantastisch, wenn die Landschaft lebendig und angenehm ist.
- **Warum es außerhalb der Stoßzeiten ist**: Außerhalb von Chinesischem **Neujahr**(Wenn der Feiertag im Frühling stattfindet) gibt es in dieser Jahreszeit weniger Touristen als im Sommer oder an den Nationalfeiertagen. Daher ist es eine ruhige Zeit, um beliebte Sehenswürdigkeiten mit überschaubarem Andrang und niedrigeren Preisen zu erkunden.

So vermeiden Sie Menschenmassen und sparen Geld

1. **Vermeiden Sie wichtige Feiertage**: Der Schlüssel zum Reisen außerhalb der Stoßzeiten ist Vermeidung **wichtiger chinesischer Feiertage** wie **Chinesisches Neujahr,Nationalfeiertag**, Und **Tag der Arbeit**, wenn die Preise für Flüge, Unterkünfte und Bahntickets in die Höhe schnellen und die wichtigsten Touristenattraktionen von Einheimischen und internationalen Besuchern gleichermaßen überrannt werden.
2. **Reisen in der Nebensaison**: Der **Nebensaison**(Spätherbst und Vorfrühling) zwischen den Extremen Sommer und Winter sind großartige Reisezeiten. Diese Monate bieten in der Regel mildes Wetter, weniger Touristen und geringere Reisekosten.
3. **Buchen Sie im Voraus für Spitzenzeiten**: Wenn Sie während der Spitzenzeiten reisen müssen, planen Sie rechtzeitig– insbesondere wenn Sie reisen während des chinesischen **Neujahrs** oder **der Goldenen Woche**. Flugtickets, Hotels und Flüge sind oft schon im Frühstadium ausgebucht und die Preise steigen in dieser Zeit rasant an.
4. **Berücksichtigen Sie weniger beliebte Reiseziele**: Wenn Sie während der Hauptreisezeit reisen und Menschenmassen vermeiden möchten, sollten Sie einen Besuch in Erwägung ziehen weniger **touristische Regionen** wie **Qinghai,Gansu Oder die Tibetisches Plateau**, die selbst während der Feiertage relativ ruhig bleiben.

Festivals und Veranstaltungen, die Sie bei Ihrer Reiseplanung berücksichtigen sollten

China hat einen reichen Kulturkalender voller traditionelle **Feste, modernen Feiern**, und **einzigartigen regionalen Veranstaltungen, die** Reisenden einen unglaublichen Einblick in die Geschichte und Kultur des Landes bieten.

1. Chinesisches Neujahr (Frühlingsfest)

- **Wann:Januar oder Februar**(Daten variieren je nach Mondkalender)
- **Was es ist**: Das wichtigste traditionelle Fest in China, das chinesische **Neujahr, markiert** den Beginn des neuen Mondjahres. Es ist eine Zeit für Familientreffen, große Feste und traditionelle Aufführungen.
- **Highlights**:
  - **Drachen- und Löwentänze,Feuerwerk**, und **Paraden.**
  - Großstädte wie Peking,Shanghai, und **Xi'an haben große** Feiern veranstaltet.
  - Kulturelle Traditionen wie rote **Umschläge**(Hongbao) mit Geld und Tempel messen.
  - **Familientreffen Und** besondere Lebensmittel wie Knödel und **Fisch für** viel Glück.
- **Am besten für Reisende,** die ein lebendiges, kulturelles Erlebnis mit spektakulären Ausstellungen suchen, sollten sich jedoch auf Folgende einstellen:**Menschenmassen** Und **höhere Reisekosten aufgrund** des Urlaubs Ansturms.

2. Laternenfest

- **Wann:15. Tag des chinesischen Neujahrs**(normalerweise Februar)
- **Was es ist**: Das Laternenfest markiert den Abschluss der chinesischen Neujahrsfeierlichkeiten. Die Menschen feiern mit der Beleuchtung bunte Laternen und genießen Outdoor-Aktivitäten.
- **Highlights**:
  - **Laternen Displays in öffentlichen** Parks, insbesondere in Hangzhou,Peking, und **Pingxi.**
  - Traditionelle Aufführungen wie Drachentänze,Feuerwerk und **Reisknödel essen** (Tangyuan).
  - **Laternenbau-Workshops** und **Tempel Messen.**
- **Am besten für diejenigen,** die nach dem chinesischen Neujahrsfest ein bezauberndes Lichterspektakel, traditionelle Aufführungen und kulturelle Veranstaltungen erleben möchten.

3. Qingming-Fest (Tag des Grabfegens)

- **Wann:4. oder 5. April**
- **Was es ist**: Bei diesem Fest ehren die Menschen ihre Vorfahren, indem sie ihre Gräber besuchen, reinigen und Opfergaben darbringen.
- **Highlights**:
  - **Grab, Fegen und** den Vorfahren Respekt zu erweisen.
  - **Outdoor-Aktivitäten** wie **Picknicks** und **Drachen steigen lassen**, die symbolisch für die Befreiung der Seele stehen.
  - Die Menschen reisen nach ländlichen **Regionen, wo sie** alte Gräber und wunderschöne Landschaften erwarten.
- **Am besten für Kulturbegeisterte,** die gerne traditionelle chinesische Bräuche beobachten und Zeit in der Natur verbringen möchten.

4. Drachenbootfest (Duanwu-Fest)

- **Wann:5. Tag des 5. Mondmonats**(normalerweise Juni)
- **Was es ist**: Das Drachenbootfest erinnert an den alten Dichter Qu **Yuan und** beinhaltet Drachenbootrennen, Essen, Zongzi(Klebreis in Bambus Blätter gewickelt) und andere traditionelle Praktiken.
- **Highlights**:
  - **Drachenbootrennen finden** in Städten und Gemeinden in ganz China statt, insbesondere in Hangzhou,Hongkong, und **Guangzhou.**
  - Traditionelle Lebensmittel wie Zongzi(Reisklößchen gefüllt mit Fleisch oder Bohnen).
  - Lebendige Paraden und kulturelle Aktivitäten wie Kräutermedizin und **Parfüm-Beutel.**
- **Am besten für Abenteuerlustige** Reisende, die gerne die spannenden Drachenbootrennen sehen oder daran teilnehmen und ein energiegeladenes **Festival**.

5. Mittherbstfest (Mondfest)

- **Wann:15. Tag des 8. Mondmonats**(normalerweise September)
- **Was es ist**: Es ist ein Fest zur Erntezeit und zum Vollmond. Es ist eine Zeit, in der Familien zusammenkommen, Mondkuchen essen und den Mond bewundern.
- **Highlights**:
  - **Mondbeobachtung und** Familientreffen.

- **Mondkuchen**, ein süßes Gebäck mit verschiedenen Füllungen.
- Kulturelle Aktivitäten, einschließlich traditionelle **chinesische Musik** und **Volkstänze**.
- Große Feierlichkeiten in Shanghai,Peking, und **Xi'an**, oft begleitet von Laternen, Displays und **Volks Aufführungen.**

- **Am besten für**: Für alle, die ein intimeres, familienorientiertes Festival suchen. Das Festival ist sowohl in städtischen Zentren als auch auf dem Land wunderschön, und die Mondbeobachtung ist ein Höhepunkt.

6. Nationalfeiertag (Goldene Woche)

- **Wann**:**1. - 7. Oktober**
- **Was es ist**: Der Nationalfeiertag erinnert an die Gründung der Volksrepublik China im Jahr 1949. Es handelt sich um eine einwöchige Feier, bekannt als Goldene **Woche**, während die chinesischen Bürger frei von der Arbeit und auf Reisen sind.
- **Highlights**:
    - **Militärparaden** und **Feuerwerke** in Peking **und** anderen Großstädten.
    - Überfüllte **Touristenattraktionen**, da dies die Hauptreisezeit in China ist.
    - **Messen**,**Feste**, und **Kunst Darbietungen.**
- **Am besten für**: Wer Zeuge einer größe **Nationalfeier**, aber seien Sie vorbereitet auf Menschenmassen Bei beliebten Attraktionen und höhere **Preise Für** Unterkunft und Anreise.

7. Harbin Internationales Eis- und Schneeskulpturen Festival

- **Wann**:**Januar bis Februar**
- **Was es ist**: Eines der größten Eis- und Schnee-Festivals der Welt, das in Harbin im Nordosten Chinas. Es zeigt massive Eisskulpturen,Schneeskulpturen und **Winteraktivitäten**.
- **Highlights**:
    - **Unglaubliche Eis- und Schneeskulpturen nachts** beleuchtet, entsteht ein zauberhaftes Winterwunderland.
    - **Wintersport** wie **Schwimmen** und **Eislaufen**.
    - **Kulturelle Darbietungen und** Veranstaltungen zur Feier der Wintersaison.
- **Am besten für**: Wanderbegeisterte und Interessierte an einem außergewöhnliches **Winterfestival Gefüllt mit atemberaubende Eiskunst Und** verschneite Landschaften.

8. Laternenfest in Pingxi (Taiwan)

- **Wann**:**Februar (Daten variieren)**
- **Was es ist**: A **weltberühmtes Laternenfest in Pingxi,** Taiwan, statt, bekannt für die Himmelslaternen, die in den Nachthimmel entlassen werden.
- **Highlights**:
    - **Himmelslaternen Sie** überbringen Wünsche und Gebete und schaffen einen bezaubernden Nachthimmel.
    - Kulturelle Darbietungen, Musik und lokale Traditionen.
    - Ideal für Fotografen und **Kulturforscher**.
- **Am besten für Reisende,** die ein Erlebnis suchen, einzigartiges **Laternen Erlebnis und** ein friedliches Fest, das lokale Kultur und natürliche Schönheit verbindet.

9. Tibet-Festival (Shoton-Festival)

- **Wann**:**August (Daten variieren)**
- **Was es ist**: Der **Shoton Festival**, gehalten in Lhasa ist eines der wichtigsten Feste Tibets. Es beinhaltet die Enthüllung von riesigen **Buddha-Gemälde**,**Kloster-Tänze und** das Angebot von Yakbuttertee.
- **Highlights**:
    - Der **Enthüllung des riesigen Buddha im Drepung-Kloster.**
    - Traditionell Tibetische **Oper** und **Maskentänze**.
    - Eine Zeit, in der die Menschen in Tempeln ihren Respekt erweisen und Tibetische Kultur darstellen.
- **Am besten für**: Wer erleben möchte**Tibetisch-buddhistische Kultur**, einzigartige religiöse Zeremonien und spektakuläre Landschaften.

Was Sie für eine komfortable Zugreise einpacken sollten

Das Packen für eine Zugreise in China erfordert ein wenig Vorbereitung, um ein angenehmes und stressfreies Erlebnis zu gewährleisten.

1. Wichtige Informationen für Bahnreisen

- **Reisepass und Zugticket**
  - **Warum**: Sie benötigen sowohl Ihren Reisepass und **Zugticket zur** Identitätsfeststellung beim Einstieg in den Zug und bei der Fahrkartenkontrolle im Zug.
  - **Tipp**: Bewahren Sie Ihren Reisepass und Ihr Ticket an einem leicht zugänglichen Ort auf, beispielsweise in einer Reisebrieftasche oder einer kleinen Tasche.
- **Telefon und Ladegerät**
  - **Warum**: Ihr Telefon ist wichtig, um in Verbindung zu bleiben, Reisedetails zu überprüfen und Reservierungen vorzunehmen.Ladegeräte sind notwendig, da lange Fahrten Ihre Batterie entladen können.
  - **Tipp**: Bringen Sie eine tragbare **Powerbank zum** Aufladen Ihrer Geräte, wenn keine Steckdosen verfügbar sind.
- **Zugfahrplan und Buchungsbestätigung**
  - **Warum**: Bewahren Sie einen Ausdruck oder eine digitale Kopie Ihres Zugfahrplan und **Buchungsbestätigungen** schnell auf Gleis- und Zugnummern Details zuzugreifen.
  - **Tipp**: Eine digitale Kopie auf Ihrem Telefon oder in einer Reise-App wie**Ctrip** oder **12306 kann** zum einfachen Nachschlagen hilfreich sein.

2. Persönliche Komfort Artikel

- **Reisekissen und Decke**
  - **Warum**: Auf längeren Reisen, insbesondere Nachtzügen,Reisekissen kann Ihnen helfen, angenehmer zu schlafen. Gleichmäßige **Decke oder** ein Schal hält Sie an kühleren Abenden warm.
  - **Tipp**: Einige Züge, insbesondere harte **Schläfer**In den Abteilen sind möglicherweise keine Decken vorhanden. Bringen Sie daher am besten Ihre eigene mit.
- **Kopfhörer oder Ohrstöpsel**
  - **Warum**: Lärm kann in Zügen durch Gespräche, Durchsagen oder das Geräusch des fahrenden Zuges ein Problem sein. Kopfhörer oder Ohrstöpsel helfen, Hintergrundgeräusche auszublenden.
  - **Tipp**: Wenn Sie Ruhe bevorzugen, entscheiden Sie sich für Kopfhörer **mit Geräuschunterdrückung für** eine ruhigere Reise.
- **Augenmaske**
  - **Warum**: Wenn Sie schlafen möchten, können Augenmasken helfen, das Licht von Deckenleuchten oder Fenstern auszublenden.
  - **Tipp**: Wählen Sie eine bequeme, verstellbare Augenmaske, die gut sitzt und im Schlaf nicht verrutscht.

3. Snacks und Getränke

- **Wasserflasche**
  - **Warum**: Trinken Sie während der Fahrt ausreichend. Züge bieten in der Regel Wasserflaschen an, aber es ist immer ratsam, eine eigene nachfüllbare Flasche mitzunehmen, insbesondere auf längeren Reisen.
  - **Tipp**: Suchen Sie nach Stationen mit Trinkwasserbrunnen oder bringen Sie eine Flasche mit, die Sie vor Ihrer Reise auffüllen können.
- **Snacks**
  - **Warum**: Obwohl in den meisten chinesischen Zügen Essen erhältlich ist, kann die Auswahl begrenzt sein und Imbisswagen kommen oft nicht oft vorbei.**Packen Sie Snacks ein wie** Nüsse, Obst oder Müsliriegel für einen schnellen Energieschub.
  - **Tipp**: Wenn Sie eine längere Reise unternehmen, denken Sie daran, ein leichtes **Mittag- oder Abendessen**(wie Sandwiches oder Fertiggerichte), um die begrenzte Auswahl im Zug zu vermeiden.
- **Instant Nudeln oder Cup-Nudeln**
  - **Warum**: Instant Nudeln sind ein beliebtes Zugsnack in China. Sie sind einfach zuzubereiten, indem man heißes Wasser hinzugibt, das normalerweise in Heißwasserspender in Eisenbahnwaggons.
  - **Tipp**: Wenn Sie eine lange Reise unternehmen, sollten Sie eine Tasse **Nudeln oder** Fertiggerichte können für eine schnelle und einfache Mahlzeit sorgen.

4. Hygiene und Gesundheit

- **Händedesinfektionsmittel und Feuchttücher**
    - **Warum:Händedesinfektionsmittel ist** unerlässlich, insbesondere wenn Sie in einem überfüllten Zug oder während der Erkältungs- und Grippesaison reisen. Feuchttücher können auch nützlich sein, um Ihren Sitz oder Ihre Hände zu reinigen.
    - **Tipp**: Nehmen Sie Flaschen mit, um Platz in Ihrer Tasche zu sparen.
- **Taschentücher oder Toilettenpapier**
    - **Warum**: Öffentliche Toiletten in Zügen oder an Bahnhöfen verfügen möglicherweise nicht immer über Klopapier oder nur über begrenzte Vorräte verfügen.
    - **Tipp**: Packen Sie ein kleines Toilettenpapier oder etwas Gewebe in Ihre Tasche, um sicher zu gehen.
- **Körperpflegeprodukte**
    - **Warum**: Für längere Reisen bringen Sie grundlegende Hygieneprodukte mit, wie Zahnbürste,Zahnpasta,Deo-Dorant, und **Gesichtstücher**.
    - **Tipp**: Packung Artikel **in Reisegrößeum** Platz zu sparen.

5. Unterhaltung und Sonstiges

- **Bücher, Zeitschriften oder E-Reader**
    - **Warum**: Lange Zugfahrten können die perfekte Gelegenheit sein, um etwas zu lesen.Bücher,Zeitschriften oder ein Entzünden oder **E-Reader: Mit** Inhalten vollgestopft, kann die Zeit vergehen.
    - **Tipp**: Wenn Sie keine schweren Bücher tragen möchten, laden Sie Ihre E-Reader oder **Tablet mit** E-Books und Hörbüchern.
- **Reise Tagebuch oder Notizbuch**
    - **Warum**: Wenn Sie ein Tagebuch **führen oder** einen Ort brauchen, um Ihre Gedanken oder Pläne für den Tag aufzuschreiben, tragen Sie ein kleines **Notizbuch**.
    - **Tipp**: Betrachten Sie ein Reisetagebuch, um Erinnerungen und Gedanken zu Ihrer Reise festzuhalten.
- **Powerbank/Ladekabel**
    - **Warum**: Wenn Sie eine längere **Zugfahrt machen, brauchen** Sie eine Möglichkeit, Ihr Telefon,Tablette, oder **Kamera aufzuladen.**
    - **Tipp**: Stellen Sie sicher, dass Ihre Powerbank vollständig geladen ist, bevor Sie in den Zug einsteigen. Viele Hochgeschwindigkeitszüge haben Ladestationen, aber es ist immer besser, vorbereitet zu sein.

6. Kleidung und Schuhe

- **Bequeme Kleidung**
    - **Warum**: Züge in China, insbesondere hohe **Geschwindigkeit Züge** können bequem sein, aber Sie sollten Kleidung tragen, die es Ihnen ermöglicht,**sich frei bewegen und der** Temperatur angemessen sind.
    - **Tipp:Schichtung ist** der Schlüssel! In den kälteren Monaten bringen Sie eine Jacke oder **Pullover**, während leichte und atmungsaktive Stoffe in den wärmeren Monaten gut funktionieren.
- **Bequeme Schuhe**
    - **Warum**: Wenn Sie im Bahnhof oder zwischen den Waggons herumlaufen müssen, sind bequeme **Schuhe ein** Muss. Für längere Strecken sind Schuhe hilfreich, die sich leicht an- und ausziehen lassen.
    - **Tipp**: Vermeiden **Enge Schuhe oder** Sandalen ohne Halt, da Sie möglicherweise viel stehen oder gehen müssen.
- **Socken**
    - **Warum**: In Nachtzügen oder Fernreisen, Komfort ist unerlässlich.**Warme Socken halten** Ihre Füße warm.
    - **Tipp**: Bringen **Kompressionsstrümpfe für** lange Fahrten zur Förderung der Durchblutung.

7. Reisezubehör

- **Gepäckschloss**
    - **Warum**: Wenn Sie Gepäck im Überkopfbügel oder in einem gemeinsamen Raum, ein kleines **Gepäckschloss kann** Ihr Artikel sicher aufbewahren.
    - **Tipp**: Verwenden Sie ein Kombinationsschloss für einfachen Zugriff.
- **Kleiner Rucksack oder Tagesrucksack**
    - **Warum**: Zum Tragen persönlicher Gegenstände wie Ihre Snacks,Telefon,Reisepass, und **Unterhaltung**, ein kleiner Rucksack oder eine Umhängetasche ist praktisch.
    - **Tipp**: Bewahren Sie diese Tasche auf Ihrem Sitz auf, anstatt sie über dem Kopf zu verstauen, damit Sie schnell auf das Nötigste zugreifen können.

Geldangelegenheiten: Währung, Geldautomaten und Trinkgeld Kultur

Für ein reibungsloses und stressfreies Reiseerlebnis ist es wichtig, die Währung, den Umgang mit Geld und die Trinkgeld Kultur in China zu verstehen.

1. Währung in China

- **Die** offizielle Währung Chinas ist der Renminbi **(RMB)**, auch bekannt als Yuan **(CNY). Es wird** oft symbolisiert als**¥**.
    - **Münzen**: Münzen sind erhältlich in 1, **2 und 5 Jiao**(Untereinheiten des Yuan). Die 1-Yuan-Münze ist üblich, kleinere Münzen werden jedoch seltener verwendet.
    - **Banknoten**: Die häufigsten Bezeichnungen sind 1, **5, 10, 20, 50 und 100 Yuan.100 Yuan Banknoten** haben den größten Nennwert und werden häufig für größere Transaktionen verwendet.

Geldwechsel

- **Geldwechsel**: Sie können Fremdwährungen in anbei großen Banken, Wechselstuben oder internationalen Flughäfen umtauschen. Wechselkurse können schwanken, daher ist es ratsam, die Kurse vor dem Umtausch zu prüfen.
- **Geldautomaten**: Geldautomaten in China zahlen RMB aus und sind bei den meisten großen Banken und Einkaufszentren verfügbar. Viele internationale **Karten**(Visa, MasterCard usw.) funktionieren an chinesischen Geldautomaten, obwohl einige lokale **Geldautomaten für** ausländische Karten eine Gebühr erheben.
    - **Tipp**: Stellen Sie sicher, dass Ihre Bankkarte über eine vierstellige **PIN ist; einige** Geldautomaten in China akzeptieren möglicherweise keine Karten mit längeren PINs.

2. Geldautomaten in China

- **Verfügbarkeit von Geldautomaten**: Geldautomaten sind in China weit verbreitet, insbesondere in Großstädten und in der Nähe von Bahnhöfen, Einkaufszentren und Touristengebieten. Suchen Sie nach Geldautomaten mit internationalen Netzwerken wie China **UnionPay,Visum**, oder **MasterCard**Logos.
- **Auszahlungslimits**: Die meisten Geldautomaten in China haben ein tägliches **Auszahlungslimit**, die von 1,000 **to 3,000 Yuan pro** Transaktion, abhängig von der Bank. Wenn Sie einen größeren Betrag abheben müssen, müssen Sie möglicherweise direkt eine Filiale aufsuchen.
- **Geldautomatengebühren**: Während lokale Geldautomaten keine Gebühren für inländische Karten erheben, können für internationale Karteninhaber zusätzliche Gebühren anfallen. Es ist ratsam, erkundigen **Sie sich bei Ihrer Bank, Informieren** Sie sich über etwaige Gebühren für Auslandstransaktionen oder die Nutzung von Geldautomaten, bevor Sie einen Geldautomaten in China benutzen.
- **Währungsumrechnung**: Beachten Sie, dass Ihre Bank möglicherweise eine Gebühr **für die Umrechnung von Fremdwährungen**, und der von Geldautomaten angebotene Wechselkurs, kann etwas schlechter sein als der offizielle Kurs.

3. Kreditkarten und mobile Zahlungen

- **Kreditkarten**: Wesentlich **Kreditkarten**(Visa, MasterCard, American Express) werden in internationalen Hotels, großen Einkaufszentren und gehobenen Restaurants in Städten akzeptiert. Kreditkarten werden jedoch in kleineren Geschäften, ländlichen Gebieten oder im öffentlichen Nahverkehr nicht überall akzeptiert.
    - **Tipp**: Tragen **Kasse Oder verwenden Mobile Zahlungs-App für** die meisten Transaktionen in China, insbesondere in lokalen Restaurants, auf Straßen Märkten und in kleineren Geschäften.
- **Mobile Zahlungen**: China ist weltweit führend im Bereich mobiler Zahlungen und WeChat **Pay. Sie dominieren** die mobile Zahlung Landschaft. Mit diesen Apps können Sie in fast jedem Supermarkt, Restaurant, Taxi und sogar in der U-Bahn mit Ihrem Smartphone bezahlen.
    - **WeChat Pay**: Verbunden mit WhatsApp, ist es die beliebteste App zum Bezahlen von Waren und Dienstleistungen, zum Überweisen von Geld an Freunde und zum Bezahlen von Rechnungen.
    - **Sei glücklich**: Verknüpft mit Alibaba, Alipay ist ein weiteres weit verbreitetes mobiles Zahlungssystem, das in den meisten städtischen Gebieten und großen Geschäften akzeptiert wird.
    - **Tipp**: Um diese Apps nutzen zu können, müssen Sie sie mit einem chinesischen **Bankkonto oder einer ausländischen Kreditkarte**. Viele Besucher in China finden es möglicherweise schwierig, diese Apps ohne ein lokales Bankkonto

einzurichten, aber es gibt Problemumgehung wie zum Beispiel die Verwendung eines Konto **des lokalen Kontakts** oder **Dienste von Drittanbietern, um mobile** Zahlungen zu ermöglichen.

4. Trinkgeld Kultur in China

Trinkgeld ist in China keine übliche Praxis und wird im Allgemeinen nicht **erwartet**. Tatsächlich kann es manchmal als unnötig oder **unhöflich**, insbesondere in kleineren Betrieben oder im Umgang mit einheimischen Arbeitnehmern.

- **Restaurants**: Trinkgeld ist im Allgemeinen nicht erforderlich , insbesondere in lokalen **chinesischen Restaurants**. In **gehobene Hotels** Und **internationale Restaurants**, Trinkgelder werden zwar eher akzeptiert, aber immer noch nicht **erwartet Wenn** Sie den Service als außergewöhnlich empfinden, können Sie sich gerne mit einem kleinen Trinkgeld (ca.**10 %**) kann geschätzt werden.
    - **Tipp**: In **Großstädten oder** internationalen Hotels können Sie ein Bedienungsgeld in der Rechnung enthalten (normalerweise etwa 10 **%**), wodurch Trinkgeld überflüssig wird. Überprüfen Sie Ihre Rechnung, bevor Sie zusätzliches Trinkgeld geben.
- **Taxis und Mitfahrdienste**: Trinkgeld ist nicht **üblich in** Taxis oder für Fahrdienste (wie Didi Chu Xing). Der Ihnen genannte Fahrpreis ist der Endpreis und die Fahrer erwarten kein Trinkgeld.
    - **Tipp**: Runden Sie den Fahrpreis auf den nächsten Yuan auf, wenn Sie den Fahrer besonders hilfsbereit oder freundlich finden, aber das ist völlig **optional**.
- **Hotelpersonal**: Hotelpagen, Zimmermädchen und Concierge-Mitarbeiter erwarten in der Regel kein Trinkgeld. In Luxus Hotels oder Resorts bieten manche Reisende jedoch ein Trinkgeld (ca.**10-20 Yuan**) für zusätzliche Hilfe, aber es wird nicht erwartet.
- **Reiseführer und Reisegruppen**: Trinkgeld ist für Reiseleiter nicht obligatorisch, manche Touristen geben ein kleines Trinkgeld, wenn sie mit dem Service besonders zufrieden waren. 10-20 **Yuan ist** ein angemessener Betrag für eine Tagestour.

5. Budgetierung und Kosten

- **Reisekosten**: öffentliche Verkehrsmittel, einschließlich U-Bahnen,Busse, und **Züge**, sind im Allgemeinen preiswert. Zum Beispiel U-Bahn-Tarife in Großstädten wie Peking und **Shanghai reichen von 3 bis 5 Yuan** (um **0,50 bis 0,80 USD**), und Taxis haben einen Grundpreis von etwa 10-15 **Yuan**.
- **Essen**: Lokale Gerichte an Straßenständen oder in kleinen Restaurants sind sehr erschwinglich. Eine einfache Streetfood-Mahlzeit kann so wenig kosten wie 10-20 **Yuan**(1,50 - 3 USD), während eine Mahlzeit in einem Mittelklasse Restaurant etwa 50-100 **Yuan**(7–14 USD).
- **Unterkunft**: Budget-Optionen wie Hostels oder Pensionen in Großstädten können überall kosten von 100-200 **Yuan**(15 - 30 USD) pro Nacht. Mittelklassehotels kosten zwischen 300-600 **Yuan**(45 - 90 USD), während Luxushotels kosten können, über **1.000 Yuan**(über 150 USD) pro Nacht.

In Verbindung bleiben: SIM-Karten und WLAN

In China ist es wichtig, während einer Reise online zu bleiben – für Navigation, Kommunikation und den Zugriff auf Reisebezogene Apps. Angesichts der besonderen Netzwerkeinschränkungen und vielfältigen Verbindungsmöglichkeiten in China ist es jedoch wichtig zu wissen, wie Sie während Ihrer Reise online bleiben.

1. SIM-Karten in China

Wenn Sie Ihr Telefon für Daten, Anrufe oder SMS in China verwenden möchten, kaufen Sie eine lokale **SIM-Karte Ist** die bequemste und kostengünstigste Option.

A. So erhalten Sie eine SIM-Karte

- **Wo erhältlich sind: SIM-Karten** sind bei großen Flughäfen, Bahnhöfen, und **Mobilfunkanbieter-Shops**. Sie können sie auch kaufen bei Convenience-Stores wie **7-Eleven** oder **FamilyMart**.
- **Erforderliche Dokumente**: Um eine SIM-Karte zu kaufen, müssen Sie Ihren Reisepass zur Identifizierung, da dies nach chinesischem Recht für den Kauf einer SIM-Karte erforderlich ist.
    - **Tipp**: Halten Sie beim Kauf einer SIM-Karte Ihren Reisepass bereit, um den Registrierungsprozess abzuschließen.

B. Große Mobilfunkanbieter

Die drei wichtigsten Mobilfunkanbieter in China sind:

- **China Mobile**: Der größte Anbieter in China mit breiter Abdeckung, auch in ländlichen Gebieten.

- **China Unicom**: Bietet eine Reihe von Prepaid- und Postpaid-Tarifen mit guter Abdeckung in städtischen Gebieten.
- **China Telecom**: Bekannt für die Bereitstellung günstiger Datentarife und guten Services in den meisten Regionen.

C. Arten von SIM-Karten

- **Prepaid-SIM-Karten**: Dies ist die häufigste Option für Reisende, da sie keine langfristige Bindung erfordern. Prepaid-Tarife kommen mit Daten, **Anrufe und Texte**.
    - **Datentarife**: Sie können aus einer Vielzahl von Datentarifen wählen, je nachdem, wie viele Daten Sie zum Surfen, für soziale Medien oder Karten benötigen.
    - **Kosten**: Eine einfache Prepaid-SIM-Karte kann kosten 30–100 **Yuan (5–15 USD)**, mit Datenpaketen von 5 **GB bis 10 GB** .
- **Touristische SIM-Karten**: Einige Mobilfunkanbieter bieten spezielle **SIM-Karten für Touristen**, die mit Prepaid-Daten, **Ortsgespräche**, und manchmal internationale Anrufe.
    - **Wo erhältlich**: Diese Karten können oft direkt am Flughafen oder an speziellen SIM-Schaltern für Touristen erworben werden.

D. Daten und Abdeckung

- **Datengeschwindigkeiten**: Chinas Mobilfunknetze bieten schnelles **4G Service** in Großstädten, aber 5G expandiert schnell, insbesondere in Großstädte wie **Peking,Shanghai**, Und **Shenzhen**.
- **Abdeckung**: Städtische Gebiete wie Peking,Shanghai, Und **Guangzhou Haben** eine ausgezeichnete Abdeckung, aber ländliche oder bergige Regionen können eingeschränkter **Service Wenn** Sie in entlegene Gebiete reisen möchten, überprüfen Sie die Abdeckungskarte von den Netzbetreibern bereitgestellt, um die Serviceverfügbarkeit sicherzustellen.

E. Kosten für mobile Daten

- **Kosten für Prepaid-Tarife**: Basis-Datenpakete kosten in der Regel zwischen 50 – **100 Yuan (7 – 15 USD)** für **5-10 GB von** Daten.
- **Aufladen**: Sie können ganz einfach aufladen Ihre SIM-Karte mit zusätzlichem Datenvolumen bei Convenience-Stores,online oder über mobile Apps des Netzbetreibers.

2. Verwenden Sie Ihr eigenes Telefon mit einer internationalen SIM

Wenn Sie planen, Ihre SIM-Karte **des Heimatlandes Überprüfen** Sie in China Folgendes:

- **Roaming-Dienste**: Am meisten **internationale Fluggesellschaften** (wie **AT&T,Verizon,Vodafone**) bieten **internationales Roaming in China.** Allerdings können die Roaming-Gebühren hoch sein, insbesondere für Datennutzung.
    - **Tipp**: Kontaktieren Sie Ihren Mobilfunkanbieter vor der Abreise, um sich über China-spezifische **Roaming-Tarife und** ob Sie spezielle internationale **Reisepakete anbieten. Das** könnte Ihre Roaming-Kosten senken.
- **Kompatibilität**: Stellen Sie sicher, dass Ihr Telefon entsperrt wird, so kann es mit einem Chinesische **SIM-Karte**.

3. WLAN in China

Wi-Fi ist in China weit verbreitet, aber die Große **Firewall von China schränkt** den Zugriff auf viele westliche Websites ein (wie Google,Facebook, und **Instagram**). Folgendes müssen Sie über die Verwendung von WLAN wissen:

A. Kostenlose WLAN-Verfügbarkeit

- **Öffentliches WLAN**: In Großstädten ist Öffentliches WLAN verfügbar in Cafés,Restaurants,Einkaufszentren, und **Bahnhöfe**. Jedoch kann Sicherheit **in** öffentlichen Netzwerken ein Problem darstellen. Vermeiden Sie daher den Zugriff auf vertrauliche Konten oder Einkäufe über öffentliches WLAN.
- **Hotels**: Die meisten Hotels (insbesondere Mittelklasse **und gehobene**) bieten **kostenloses WLAN für** Gäste, aber Geschwindigkeit **und Zuverlässigkeit können** variieren.
- **Flughäfen und Bahnhöfe**: Wesentlich **Flughäfen** Und **Bahnhöfe In** China bieten kostenloses **WLAN in** Wartebereichen, obwohl Sie sich möglicherweise mit Ihrem anmelden müssen Reisepassnummer oder ein Handynummer.

B. Verwenden eines VPN für eingeschränkte Websites

- **VPN (Virtuelles privates Netzwerk)**: Wegen **Chinas großer Firewall**, viele westliche Websites und Dienste wie Google,Facebook,WhatsApp, und **YouTube** sind **blockiert**. Um auf diese Seiten zuzugreifen, benötigen Sie ein VPN.

- **Tipp**:**Laden Sie ein zuverlässiges VPN herunter und installieren Sie es** (wie **ExpressVPN**,**NordVPN**, oder **Surf Shark**)**vor Ihrer Ankunft In** China, da diese Dienste möglicherweise eingeschränkt sind, sobald Sie sich im Land befinden.
- **Wichtig**: Die Verwendung eines VPN ist in China legal, aber einige Dienste sind aufgrund staatlicher Beschränkungen möglicherweise weniger zuverlässig.

C. Mobiler Hotspot

- **Mobile Hotspots**: Für einen unterbrechungsfreien Internetzugang können Sie ein tragbarer **WLAN-Hotspot Diese** Geräte bieten personalisiertes **Internet Wohin** du auch gehst.
  - **Wo zu mieten**: Diese Geräte können Sie mieten bei Flughäfen, durch **Online-Dienste oder** von Mobilfunkanbietern.
  - **Kosten**: Die Miete eines tragbaren Wi-Fi-Geräts kostet in der Regel zwischen 50 **– 100 Yuan (7 – 15 USD) pro Tag**.

4. Internetzugang und Einschränkungen

- **In China gesperrte Websites**: Im Rahmen der Große **Firewall Sind** in China viele beliebte Websites gesperrt, darunter:
  - **Google (Suche, Gmail, Google Maps)**.
  - **Facebook**,**Instagram**,**Twitter**.
  - **YouTube**,**WhatsApp**.
- **Chinesische Alternativen**: Chinesische Dienste ersetzen oft diese Sites:
  - **WeChat für** Messaging und soziale Medien.
  - **Baidu: Für** die Suche (Chinas Alternative zu Google).
  - **QQ für** soziale Medien und Messaging.
  - **Bilibili für** Video-Streaming (Chinas Alternative zu YouTube).

5. Tipps für die Verbindung

- **Verwenden Sie chinesische Apps**:**WeChat** Und **Sei glücklich sind** für die Kommunikation, Zahlungen und Buchungen Dienste in China unerlässlich. Stellen Sie sicher, dass Sie sie vor Ihrer Reise eingerichtet haben.
- **Bleiben Sie sicher**: Öffentliche WLAN-Netzwerke können unsicher sein. Verwenden Sie ein VPN, vermeiden Sie nach Möglichkeit die Anmeldung bei sensiblen Konten und verwenden Sie verschlüsselte **Messaging-Apps** (wie **Signal**) für eine sichere Kommunikation.
- **Datennutzung**: Achten Sie auf Ihren Datenverbrauch, insbesondere wenn Sie ein Touristen-SIM-Karte. Laden Sie vor der Reise wichtige Karten oder Offline-Apps herunter, um hohe Roaming-Gebühren oder eine übermäßige Datennutzung zu vermeiden.

Kulturelle Etikette und lokale Bräuche

Verständnis und Respekt: Chinesische **kulturelle Etikette** Und **lokale Bräuche ist** der Schlüssel zu einem positiven Reiseerlebnis. Die chinesische Gesellschaft legt Wert auf Respekt vor Tradition, Familie und Hierarchie. Daher ist es wichtig, sich dieser sozialen Normen und Praktiken bewusst zu sein.

1. Begrüßungen und persönlicher Raum

- **Händeschütteln**: Die häufigste Begrüßung in China ist ein fester **Händedruck**. Informellen Umgebungen, ein leichtes nicken oder **Bogen Der** Händedruck kann mit einem „Händeschütteln" einhergehen. Wichtig ist, dass man beim Händeschütteln, je nach Situation, mit beiden Händen oder nur einer Hand begrüßt.
  - **Tipp**: Vermeiden Sie einen schlaffen oder zu sanften Händedruck. Dies gilt als respektlos.
- **Menschen ansprechen**: In China werden Menschen oft mit ihrem Titel und **Nachname anstelle** ihres Vornamens. Verwenden Sie Begriffe wie**"Herr."**,**"MS."**, oder **"Arzt"**, gefolgt vom Familiennamen. Beispiel:**Herr Wang** oder **Professor Zhang**.
  - **Tipp**: Im Zweifelsfall verwenden **Sie formelle Titel anstelle** von Vornamen.

- **Persönlicher Bereich**: Das Konzept der persönlichen **Bereich In** China kann es entspannter zugehen, insbesondere in überfüllten Städten. Rechnen Sie damit, dass Sie sich näher an anderen Menschen aufhalten, als Sie es vielleicht gewohnt sind, insbesondere in öffentlichen Verkehrsmitteln oder belebten Gegenden.
    - **Tipp**: Auch wenn es den Chinesen nichts ausmacht, einander nahe zu sein, ist es dennoch wichtig, höflich zu sein und es zu vermeiden, andere unnötig zu berühren oder zu bedrängen.

2. Tischmanieren und Tischetikette

- **Sitzplätze**: Bei formellen Mahlzeiten, Ältesten **oder Gäste sitzen** typischerweise am Kopf **des Tisches** höflich, zu warten, bis der Gastgeber oder die älteste Person mit dem Essen beginnt, bevor Sie anfangen.
- **Essstäbchen:Essstäbchen sind** die wichtigsten Utensilien in der chinesischen Küche. Einige Etikette-Regeln, die Sie beachten sollten:
    - Nicht **Stäbchen aufrecht hinstellen in** eine Schüssel Reis, da es einem Begräbnisritual ähnelt.
    - Nicht **Punkt** oder **Welle Stäbchen** bei anderen.
    - Nicht **Essen direkt von Stäbchen zu Stäbchen weitergeben**, da dies einem Bestattungsbrauch ähnelt.
- **Gerichte teilen**: Chinesische Gerichte sind typischerweise geteilt, mit Gerichten in der Mitte des Tisches, von denen sich jeder bedienen kann. Es ist höflich, andere **dienen bevor** Sie sich bedienen, insbesondere die Älteste oder die neben Ihnen sitzenden.
    - **Tipp**: Vermeiden Sie es, die letzte Portion eines Gerichts zu nehmen, es sei denn, der Gastgeber fordert Sie dazu auf.
- **Toasten:Toaster ist** ein wichtiger Teil der chinesischen Esskultur, insbesondere in geschäftlichen oder formellen Umgebungen.
    - Wann **Toasten**, sollten Sie Ihr Glas heben und sich leicht verbeugen, während Sie Augenkontakt mit der anderen Person halten. In Gruppensituationen ist es üblich,**Toast auf den Gastgeber .** Beim Trinken ist es höflich,**einen Schluck zu nehmen.**
    - **Tipp**: Wenn Sie keinen Alkohol trinken, lehnen Sie höflich ab, indem Sie Ihr Glas heben und höflich erklären, dass Sie nichts trinken.

3. Etikette beim Schenken

- **Geschenke** zu machen ist in China üblich, insbesondere zu Festen oder bei Besuchen. Es gibt jedoch bestimmte Bräuche und Tabus, die man beachten sollte:
    - **Geben Sie keine Uhren**: In der chinesischen Kultur symbolisiert das Schenken einer Uhr Tod und gilt als unheilvoll.
    - **Vermeiden Sie Geschenke im Viererset:** Die Nummer Vier klingt wie das Wort für Tod auf Chinesisch und gilt als Unglücksbringer.
    - **Tee oder Obst**: Beliebte Geschenke sind Tee,Obst und **lokale Spezialitäten**.
- **Präsentation**: Beim Schenken ist es üblich, es mit beiden Händen zu überreichen, als Zeichen des Respekts. Die Geschenkverpackung sollte ordentlich und farbenfroh sein, mit Rot die Farbe mit dem meisten Glück.
    - **Tipp**: Wenn Sie ein Geschenk erhalten, ist es höflich, es vor dem Schenkenden zu öffnen, um Ihre Wertschätzung zu zeigen, aber Sie sollten niemals **das** Geschenk sofort zu öffnen.

4. Respekt vor Hierarchie und Autorität

- **Respekt vor Älteren**: China legt großen Wert auf Respekt **vor Älteren**. Wenn Sie einen Älteren begrüßen, zeigen Sie Ihre Ehrerbietung, indem Sie ihm den besten Platz anbieten oder ihm erlauben, zuerst mit dem Essen zu beginnen.
    - **Tipp**: Es ist auch üblich,Stand wenn ein Ältester einen Raum betritt und spricht **sie mit** respektvollen Titeln (z. B. Herr, Frau oder Berufsbezeichnung).
- **Gruppenharmonie:Kollektivismus ist** ein zentraler Wert der chinesischen Kultur, und die Wahrung der Harmonie innerhalb einer Gruppe hat einen hohen Stellenwert. Vermeiden Sie offene Meinungsverschiedenheiten oder direkte Kritik, insbesondere in der Öffentlichkeit.
    - **Tipp**: Seien Sie in Ihren Gesprächen taktvoll und versuchen Sie, sensible Themen vorsichtig und mit Respekt für die Gefühle der anderen Person anzusprechen.

5. Verhalten in der Öffentlichkeit und Bescheidenheit

- **Verhalten in der Öffentlichkeit**: Öffentliche Liebesbekundungen sind im Allgemeinen entmutigt In China, insbesondere in konservativen oder ländlichen Gebieten, ist Händchenhalten akzeptabel, intimere Gesten (wie Küssen) sind in der Öffentlichkeit jedoch eher selten.
- **Bescheidenheit**: In der chinesischen Kultur wird Bescheidenheit hoch geschätzt. Vermeiden Sie es, durch lautes oder prahlerisches Verhalten auf sich aufmerksam zu machen. Bei Komplimenten reagiert man häufig demütig oder selbstironisch.

- **Tipp**: Wenn man ein Kompliment macht, ist es höflich, herunterzuspielen, das Lob, der Bescheidenheit in der chinesischen Gesellschaft als Tugend gilt.

- **Kleiderordnung**: Beim Besuch von Tempeln, Schreinen oder religiösen Stätten,**bescheidene Kleidung Wird** erwartet. Für formelle Anlässe wird ein ordentlich **und konservativ**Erscheinungsbild ist ratsam. Helle, auffällige Kleidung kann in manchen Situationen als zu protzig empfunden werden.

6. Geschäftsetikette

- **Visitenkarten**: In **Geschäfts-Einstellungen,** Austausch Visitenkarten ist ein wichtiges Ritual. Wenn Sie eine Visitenkarte erhalten, halten Sie sie mit beiden Händen und nehmen Sie sich einen Moment Zeit, liest **es, bevor** Sie es weglegen.
  - **Tipp**: Stellen Sie sicher, dass der Text auf Ihrer Visitenkarte in beiden Sprachen gedruckt ist Englisch und **chinesisch wenn** Sie in China Geschäfte machen.
- **Pünktlichkeit**: Sein **rechtzeitig ist** im Geschäftsleben entscheidend. Zu spät zu kommen, kann als respektlos gelten. Wenn Sie sich verspäten, ist es wichtig, vorher anzurufen und sich zu entschuldigen.
- **Menschen ansprechen**: Im Geschäftskontext werden Chinesen oft mit ihrem Titel und **Nachname**. Die Anrede „Herr“ oder „Frau“ gefolgt vom Nachnamen ist angemessen. Bei Geschäftstreffen ranghöchster Person wird normalerweise zuerst eingeführt.

7. Andere wichtige kulturelle Bräuche

- **Vermeiden Sie das Zeigen**: In China gilt es als unhöflich, auf Personen oder Gegenstände zu zeigen. Wenn Sie zeigen müssen, verwenden Sie am besten Ihre ganze **Hand oder** sanft gestikulieren.
- **Respekt für die Familie**: Die Familie ist in der chinesischen Gesellschaft von zentraler Bedeutung, und wenn man jemanden anspricht, ist es üblich, sich nach seiner Familie zu erkundigen, insbesondere wenn man auf einer Geschäftsreise ist. Respekt gegenüber der Familie einer Person zu zeigen, kann viel dazu beitragen, eine Beziehung aufzubauen.
- **Warteschlange**: Obwohl Chinas geschäftige Städte manchmal chaotisch sein können, kommt die Warteschlange immer häufiger vor, insbesondere in U-Bahnen,Flughäfen, und **öffentlichen Ämtern.** Stellen Sie sich unbedingt in die Schlange ein und halten Sie sich an die Reihenfolge.

DIE ROUTE IM ÜBERBLICK

Empfohlene Reiserouten

7-tägige Express Reise

Das **7-tägige Express Reise Durch** China ist für diejenigen gedacht, die die berühmtesten Städte und Sehenswürdigkeiten des Landes mit dem Zug erleben möchten. Von den geschäftigen Straßen von Peking zu den antiken Wundern von Xi'an, der natürlichen Schönheit von Guilin und die modernen Wunder der Shanghai. Diese Reiseroute vereint das Beste von China in einem einwöchigen Abenteuer.

Tag 1: Ankunft in Peking

- **Morgen**: Ankunft in Peking, Chinas pulsierende Hauptstadt voller Geschichte und Kultur. Gehen Sie nach Ihrer Ankunft zu Ihrem Hotel und checken Sie ein.
- **Nachmittag**: Beginnen Sie Ihre Erkundung von Peking mit einem Besuch des **Himmlischen Friedens**, dem größten öffentlichen Platz der Welt. Gehen Sie zur Verbotene **Stadt**(Kaiserpalast) in der Nähe, ein UNESCO-Weltkulturerbe, das einen faszinierenden Einblick in Chinas kaiserliche Vergangenheit bietet.
- **Abend**: Genießen Sie ein authentisches Abendessen **mit Peking Ente in einem** renommierten Restaurant wie Quanjude oder **Da Dong**.

Tag 2: Peking – Große Mauer & Sommerpalast

- **Morgen**: Nach dem Frühstück geht es weiter zur Chinesischen **Mauer** bei **Mutianyu** oder **Badaling**. Dies sind die am besten zugänglichen Abschnitte und bieten eine atemberaubende Aussicht auf die umliegenden Berge.
- **Nachmittag**: Rückkehr nach Peking und Besuch der Sommerpalast, ein wunderschöner kaiserlicher Garten mit einem See,Pavillons, und **Tempels** ist ein ruhiger Ort, um der Hektik der Stadt zu entfliehen.
- **Abend**: Erkunden **Wangfujing-Straße**, eine belebte Fußgängerzone, bekannt für ihr Einkaufen und **Straßenessen**.

Tag 3: Peking nach Xi'an

- **Morgen**: Nach dem Frühstück geht es weiter nach Westbahnhof **Peking Für Ihren Hochgeschwindigkeitszug** Zu **Xi'an Die** Zugfahrt dauert ca.**5 bis 6 Stunden**(G-Zug). Unterwegs genießen Sie die wunderschöne Aussicht auf die Landschaft.
- **Nachmittag**: Ankunft in Xi'an, der Ausgangspunkt der Seidenstraße und die alte Hauptstadt Chinas. Checken Sie in Ihrem Hotel ein und erkunden Sie dann die antike **Stadtmauer**, eines der am besten erhaltenen der Welt.
- **Abend**: Besuchen Sie das muslimische **Viertel zum** Abendessen. Hier können Sie Xians **berühmte Lammspieße** und **Biang-Biang-Nudeln versuchen.**

Tag 4: Xi'an – Terrakotta-Armee & Große Wildganspagode

- **Morgen**: Besuchen Sie die Terrakotta-Armee, eine der berühmtesten archäologischen Stätten Chinas. Entdecken Sie die 3 Gruben, gefüllt mit lebensgroßen Tonsoldaten, die bis in die Qin-Dynastie.
- **Nachmittag**: Erkunden Sie am Nachmittag die Große **Wildganspagode**, ein buddhistisches Bauwerk, das seit über 1.300 **Jahren** in einem wunderschönen Park liegt, der sich perfekt für einen gemütlichen Spaziergang eignet.
- **Abend**: Genießen Sie einen Abend im Dinnershow **der Tang-Dynastie oder** besuchen Sie die Stadtmauer **von Xi'an für** wunderschöne Nachtansichten.

Tag 5: Xian nach Guilin

- **Morgen**: Nehmen Sie einen Hochgeschwindigkeitszug aus **Xi'an nach Guilin** (um **6-7 Stunden**). Die Zugfahrt ist zwar länger, bietet aber die Möglichkeit, sich zu entspannen und die wechselnde Landschaft zu genießen, während Sie von der historischen Stadt in die natürliche Schönheit Südchinas reisen.
- **Nachmittag**: Ankunft in Guilin am späten Nachmittag. Checken Sie in Ihr Hotel ein und entspannen Sie sich, bevor Sie aufbrechen, um die Li-Fluss.
- **Abend**: Nehmen Sie einNachtkreuzfahrt auf der Li-Fluss Um einen atemberaubenden Blick auf Quillins **Karstgipfel**durch Lichter beleuchtet.

Tag 6: Guilin – Li-Fluss und Yangshuo

- **Morgen**: Verbringen Sie den Tag mit Erkundungen**Yangshuo**, eine charmante Stadt am Li-Fluss. Nehmen Sie ein Bambus-Fließfahrt auf dem Fluss, umgeben von dramatischen Kalkstein-Gipfeln und üppiger grüner Landschaft. Die Fahrt bietet unvergleichliche Ausblicke und eignet sich perfekt zum Fotografieren.
- **Nachmittag**: Erkunden **Weststraße**, die älteste und berühmteste Straße der Stadt, bekannt für ihre lokalen **Geschäfte,Cafés**, und **Restaurants**.
- **Abend**: Zurück zu Guilin am Abend und besuchen Sie die Rohrflöte Höhle, eine wunderschöne Kalksteinhöhle mit bunten Lichtern, die die atemberaubenden Stalaktiten und Stalagmiten hervorheben.

Tag 7: Guilin nach Shanghai

- **Morgen**: Steigen Sie morgens in einem Hochgeschwindigkeitszug zu Shanghai (um **8-9 Stunden**). Genießen Sie die bequeme Fahrt und die Aussicht auf Ihrer Reise von der Karstlandschaft Guilins in die kosmopolitische Stadt Shanghai.
- **Nachmittag**: Ankunft in Shanghai, Chinas moderne Metropole. Beginnen Sie mit einem Besuch der Bund, einem berühmten Hafenviertel mit atemberaubender Aussicht auf die Skyline der Stadt, einschließlich der Shanghai-Tower und der Oriental **Pearl Tower**.
- **Abend**: Machen Sie einen Spaziergang entlang der Nanjing-Straße, Shanghais ikonische Einkaufsstraße, und genießen Sie ein letztes Abendessen in einem der Stadt gehobenen **Küche Restaurants,** die sowohl chinesische als auch internationale Küche anbieten.

Optionaler Tagesausflug/Verlängerung:

- **Tagesausflug nach Suzhou**: Wenn Sie mehr Zeit haben, überlegen Sie, einen Halbtages- **oder Ganztagesausflug nach Suzhou**, nur eine Stunde von Shanghai entfernt. Bekannt als Venedig **des Ostens**, Suzhou ist berühmt für seine klassischen **Gärten** und **Kanäle**.

Wichtige Tipps für Ihre 7-tägige Express Reise:

1. **Bahnreisen**: Buchen Sie Ihre Zugtickets unbedingt im Voraus, insbesondere für Hochgeschwindigkeitszüge. Am bequemsten geht das über Apps wie Ctrip oder **12306 Wenn** Sie mit Nachtzügen reisen, denken Sie daran, wichtige Dinge mitzunehmen wie Schlafsäcke oder **Kissen für** zusätzlichen Komfort.
2. **Gepäck**: Packung leicht **und effizient**, da Reisen mit dem Zug bedeutet, dass Sie Ihr Gepäck durch die Bahnhöfe tragen müssen, insbesondere in Großstädten. Überlegen Sie sich einen Rucksack oder einen kompakten **Koffer, der** leicht zu tragen ist.
3. **Sprache**: Während Großstädte wie Peking und Shanghai englische Schilder und einige englischsprachige Einheimische haben, ist es hilfreich, grundlegende chinesische Sätze oder eine Übersetzungs-App zu haben, insbesondere in Xi'an und **Guilin**.
4. **Wetter**: Überprüfen Sie im Voraus die Wettervorhersage und verpacken sie entsprechend **.** In Peking kann es im Winter kalt sein, während es in Guilin und Yangshuo besonders im Sommer feucht sein kann.
5. **Lokale Köstlichkeiten**: Verpassen Sie nicht,**Pekingente**in Peking,Biang-Biang-Nudeln In Xi'an,**Fischgerichte aus dem Li-Fluss** Guilin und Xiaolongbao **(Suppenknödel)** in Shanghai.

10-tägiges klassisches Erlebnis

Das **10-tägige klassische Erlebnis ist** eine sorgfältig zusammengestellte Reiseroute, die Chinas reiche Geschichte, atemberaubende Landschaften und moderne Wunder vereint, und das alles bei einer effizienten Zugreise. Von den alten Straßen von Peking zu den atemberaubenden Karstlandschaften von Guilin, die historischen Wunder von Xi'an und die lebendige Energie von Shanghai. Diese Reise führt Sie in das Herz der berühmtesten Reiseziele Chinas.

Tag 1: Ankunft in Peking

- **Morgen**: Ankunft in Peking, Chinas Hauptstadt, eine Stadt reich an Kultur und Geschichte. Gehen Sie nach Ihrer Ankunft zu Ihrem Hotel und checken Sie ein.
- **Nachmittag**: Besuchen den Platz **des Himmlischen Friedens**, den größten öffentlichen Platz der Welt, und erleben Sie die Bedeutung dieses historischen Ortes. Setzen Sie Ihre Erkundung fort am Verbotene **Stadt**(Kaiserpalast), ein weitläufiger Komplex, der einst die Residenz der chinesischen Kaiser war.
- **Abend**: Genießen Sie ein traditionelles Abendessen **mit Peking Ente In** einem der berühmten Restaurants Pekings, wie Quanjude oder **Da Dong**.

Tag 2: Peking – Große Mauer & Sommerpalast

- **Morgen**: Machen Sie einen Ausflug zum Chinesische **Mauer** bei **Mutianyu** oder **Badaling. Dies** sind einige der berühmtesten und zugänglichen Abschnitte der Mauer und bieten spektakuläre Ausblicke auf die umliegenden Berge.
- **Nachmittag**: Besuchen Sie die Sommerpalast, ein riesiger kaiserlicher Garten und ein UNESCO-Weltkulturerbe, das für seine wunderschöne Architektur und die friedliche Lage am See bekannt ist.
- **Abend**: Erkunden **Wangfujing-Straße zum** Einkaufen, Streetfood und eine lebendige Atmosphäre. Dies ist ein großartiger Ort zum Probieren, Lammspieß und andere lokale Köstlichkeiten.

Tag 3: Peking nach Xi'an

- **Morgen**: Abfahrt vom Westbahnhof **Peking an Bord** eines Hochgeschwindigkeitszugs zu **Xi'an** (etwa **5-6 Stunden**). Entspannen Sie sich und genießen Sie die Aussicht, während Sie von der geschäftigen Hauptstadt in diese alte Stadt fahren, die einst der Ausgangspunkt der Seidenstraße war.
- **Nachmittag**: Ankunft in Xi'an und checken Sie in Ihrem Hotel ein. Beginnen Sie Ihre Erkundung dieser historischen Stadt mit einem Besuch der Antike **Stadtmauer**, eine der am besten erhaltenen Stadtmauern der Welt.
- **Abend**: Spaziergang durch die muslimischen **Viertel**, berühmt für ihre lebendige Atmosphäre, Märkte und köstliches Street Food. Probieren Sie die berühmten Xi'an-Lammspieße und **Biang-Biang-Nudeln**.

Tag 4: Xi'an – Terrakotta-Armee & Große Wildganspagode

- **Morgen**: Verbringen Sie den Morgen in der Terrakotta-Armee, einer der beeindruckendsten archäologischen Funde Chinas. Bestaunen Sie die lebensgroßen Statuen, die seit über 2.000 Jahren dort stehen, und erfahren Sie mehr über das Grab des ersten Kaisers.
- **Nachmittag**: Besuchen Sie die Große **Wildganspagode**, ein ikonisches buddhistisches Bauwerk mit einer reichen Geschichte. Es ist ein ruhiger Ort für einen ruhigen Spaziergang und bietet von oben einen herrlichen Blick auf die Stadt.
- **Abend**: Genießen Sie eine Abendvorstellung von Musik **und Tanz der Tang-Dynastie**, die die alte chinesische Kultur anhand atemberaubender Kostüme und Musik präsentiert.

Tag 5: Xian nach Chengdu

- **Morgen**: Nach dem Frühstück besteigen Sie ein Hochgeschwindigkeitszug aus **Xi'an nach Chengdu** (um **3,5-4 Stunden**). Dies ist Ihre Einführung in die Provinz **Sichuan**, eine Region, die berühmt ist für ihr scharfes **Essen und** entspannte Kultur.
- **Nachmittag**: Ankunft in Chengdu, der Hauptstadt von Sichuan. Besuchen Sie die Wuhou-Schrein, eine historische Stätte, die dem berühmten Militärstrategen Zhuge Liang gewidmet ist.
- **Abend**: Erfahrung **Chengdus Sichuan-Oper Für** eine Aufführung mit der dramatischen Kunst von Gesichtsveränderung(Bian Lian), eine faszinierende traditionelle Aufführung.

Tag 6: Chengdu – Panda-Station & Sichuan-Küche

- **Morgen**: Besuchen Sie die Chengdu **Forschungsstation für die Zucht von Großen Pandas**, wo Sie Chinas berühmte Pandas in ihrem natürlichen Lebensraum beobachten können. Der Morgen ist die beste Zeit für einen Besuch, da die Pandas in den frühen Morgenstunden am aktivsten sind.
- **Nachmittag**: Genießen Sie anschließend ein Sichuan-Eintopf-Mittagessen, wo Sie das berühmte würzig, **betäubende Aromen** der Region.
- **Abend**: Herumwandern, Kuanzhai-Gasse, eine alte Straße voller traditioneller Architektur, lokalem Kunsthandwerk und Teehäusern. Genießen Sie eine Teezeremonie oder probieren Sie weitere lokale Gerichte wie Mapo-Tofu und **Kung Pao Huhn**.

Tag 7: Chengdu nach Guilin

- **Morgen**: Nehmen Sie einen Hochgeschwindigkeitszug aus **Chengdu nach Guilin** (etwa **6 Stunden**). Wenn Sie durch die sanften Landschaften und Berge Sichuans reisen, bereiten Sie sich auf die atemberaubenden Karstberge vor Guilin.
- **Nachmittag**: Ankunft in Guilin und checken Sie in Ihrem Hotel ein. Entdecken Sie die Rohrflöte Höhle, eine wunderschöne Kalksteinhöhle mit atemberaubenden Stalaktiten und Stalagmiten, beleuchtet mit leuchtend bunten Lichtern.
- **Abend**: Genießen Sie die Nacht Kreuzfahrt **auf dem Li-Fluss**, wo Sie die ikonische**Karst Karst die** den Fluss säumen, da sie vor dem dunklen Himmel beleuchtet sind.

Tag 8: Guilin – Li-Fluss und Yangshuo

- **Morgen**: Beginnen Sie den Tag mit einem-Fluss-Kreuzfahrt aus **Guilin nach Yangshuo**, eine malerische 4-stündige Reise, die unvergleichliche Ausblicke auf die Kalkstein Karstformationen bietet. Dies ist eine der meistfotografierten Landschaften Chinas.
- **Nachmittag**: Nach Erreichen Yangshuo, machen Sie einen Spaziergang durch das Weststraße Gebiet, bekannt für seine Mischung aus traditionellen **Geschäfte,Cafés**, und **Kunstgalerien**.
- **Abend**: Zurück zu Guilin am Abend und genießen Sie ein entspanntes Abendessen am Fluss.Yangshuo ist für seine Bars im Freien und die lebhafte Atmosphäre bekannt und es lohnt sich, ihn zu erkunden, wenn Sie die Energie dazu haben.

Tag 9: Guilin nach Shanghai

- **Morgen**: Ein Hochgeschwindigkeitszug aus **Guilin nach Shanghai** (etwa **8 Stunden**). Genießen Sie die wechselnde Landschaft, während Sie von den wunderschönen Landschaften Südchinas in die geschäftige Metropole Shanghai reisen.
- **Nachmittag**: Bei der Ankunft in Shanghai, checken Sie in Ihrem Hotel ein. Gehen Sie direkt in den **Bund um die** Aussicht auf die Skyline der Stadt zu genießen, einschließlich ikonischer Wolkenkratzer wie dem Shanghai-Turm und dem **Oriental Pearl Tower**.
- **Abend**: Besuchen **Nanjing-Straße**, Shanghais berühmte Einkaufsstraße, und erkunden Sie die französische **Konzession**, ein historisches Viertel mit Kolonialarchitektur, Kunstgalerien und trendigen Cafés.

Tag 10: Shanghai – Moderne Wunder & Charme der Alten Welt

- **Morgen**: Besuchen Sie das Shanghai-Museum, Heimat einer beeindruckenden Sammlung chinesischer Kunst, darunter antiker Keramik,Gemälde, und **Kalligraphie**.
- **Nachmittag**: Gehen Sie zum Yu-Garten, einem klassischen chinesischen Garten mit ruhigen Plätzen, wunderschönen Pavillons, Teichen und Brücken. Erkunden Sie die Umgebung Yuyuan-Basar für Souvenirs und Snacks.
- **Abend**: Nehmen Sie eine Nacht kreuzfahrt entlang der Huangpu-Fluss Und bietet einen atemberaubenden Blick auf die beleuchtete Bund, Wolkenkratzer und die lebendige Skyline von Pudong.

Optionale Erweiterung:

- **Tagesausflug nach Suzhou**: Wenn Sie einen zusätzlichen Tag haben, überlegen Sie,**Halbtagesausflug nach Suzhou**, bekannt für seine schöne klassische **Gärten,Kanäle**, Und **Seidenfabrik Es** geht nur um 30 **Minuten Von** Shanghai mit dem Hochgeschwindigkeitszug.

Wichtige Tipps für Ihre 10-tägige Reise:

1. **Bahnreisen**: Buchen Sie Ihre Zugtickets **im Voraus über** Apps wie Ctrip oder **12306**. Für Hochgeschwindigkeitszüge sind die Tickets besonders in der Hochsaison schnell ausverkauft.
2. **Verpackung**: Packung reicht für einfache Mobilität zwischen Städten. Betrachten Sie einen kleinen **Koffer oder Rucksack, der** sich in überfüllten Bahnhöfen und Zügen leicht mitnehmen lässt.
3. **Sprache**: Während Großstädte einige Englisch **sprechende Einheimische**ist es hilfreich, ein paar grundlegende Sätze zu lernen in**Mandarin**oder verwenden Sie eine Übersetzungs-App.
4. **Wetter**: Das Klima in China ist von Stadt zu Stadt unterschiedlich. Informieren Sie sich über die Wettervorhersage für jedes Reiseziel und packen Sie entsprechend an.
5. **Kulturelle Sensibilität**: Zeigen Sie Respekt vor den chinesischen Bräuchen, insbesondere beim Essen oder im Umgang mit Älteren.

14-tägiger Deep Dive

Das **14-tägige Deep Dive Into** China richtet sich an Reisende, die die Kultur, Geschichte, Naturschönheit und modernen Errungenschaften des Landes voll und ganz erleben möchten. Von den geschäftigen Städten Peking Und **Shanghai Zu** den antiken Wundern von Xi'an, die atemberaubenden Landschaften von Guilin und das spirituelle Herz von Lhasa Dieser umfassende Reiseplan nimmt Sie mit auf eine Reise zu den bekanntesten Zielen Chinas, und das alles im Hochgeschwindigkeitszug.

Tag 1: Ankunft in Peking

- **Morgen**: Ankunft in Peking, Chinas Hauptstadt. Nachdem Sie in Ihrem Hotel eingecheckt haben, beginnen Sie mit der Erkundung der Stadt.
- **Nachmittag**: Besuchen den Platz **des Himmlischen Friedens**, den größten öffentlichen Platz der Welt, und gehen Sie zur Verbotenen **Stadt**, dem ehemaligen Kaiserpalast der chinesischen Kaiser.

- **Abend**: Versuche **Pekingente**in einem der berühmten Restaurants Pekings wie Quanjude oder **Da Dong**.

Tag 2: Peking – Große Mauer & Sommerpalast

- **Morgen**: Machen Sie einen Morgen Ausflug zum Chinesischen **Mauer** bei **Mutianyu** oder **Badaling**, zwei der beliebtesten Abschnitte der Mauer.
- **Nachmittag**: Besuchen Sie die Sommerpalast, ein riesiger kaiserlicher Garten, der für seine Seen, Pavillons und Tempel bekannt ist. Er bietet einen ruhigen Rückzugsort vom Stadtbummel.
- **Abend**: Erkunden **Wangfujing-Straße zum** Einkaufen und Streetfood oder besuchen Sie eine kulturelle Veranstaltung wie Peking-Oper.

Tag 3: Peking – Himmelstempel & Hutongs

- **Morgen**: Besuchen Sie die Himmelstempel, ein beeindruckender religiöser Komplex, in dem einst Kaiser für gute Ernten beteten. Spazieren Sie durch die umliegenden Park und sehen Sie Einheimischen beim Tai Chi oder beim Spielen traditioneller Spiele zu.
- **Nachmittag**: Entdecken Sie die Hutongs(enge Gassen) von Peking, wo Sie einen Einblick in das traditionelle Leben erhalten. Besuchen Sie**Nanluoguxiang**, eine berühmte Straße mit kleinen Geschäften und Cafés.
- **Abend**: Genießen Sie den lokalen, heißen **Topf** oder **Knödel in einem** der gemütlichen Restaurants der Stadt.

Tag 4: Peking nach Xi'an

- **Morgen**: Nach dem Frühstück besteigen Sie einen Hochgeschwindigkeitszug Zu **Xi'an** (etwa **5-6 Stunden**). Entspannen Sie sich und genießen Sie die wechselnde Landschaft auf dem Weg in die historische Stadt.
- **Nachmittag**: Checken Sie nach Ihrer Ankunft in Ihrem Hotel ein. Besuchen Sie zunächst die antike **Stadtmauer**, eine der am besten erhaltenen Stadtmauern Chinas, mit Blick auf die Stadt.
- **Abend**: Spaziergang durch die muslimischen **Viertel**, ein lebendiges Viertel mit Geschäften, Imbissständen und dem berühmten Xi'an-Lammspieße.

Tag 5: Xian – Terrakotta-Armee & Große Wildganspagode

- **Morgen**: Besuchen Sie die Terrakotta-Armee, eine der bedeutendsten archäologischen Entdeckungen Chinas. Verbringen Sie ein paar Stunden damit, die Gruben zu erkunden, in denen lebensgroße Statuen von Soldaten, Pferden und Streitwagen ausgestellt sind.
- **Nachmittag**: Besuchen Sie die Große **Wildganspagode**, ein alter buddhistischer Turm mit einer reichen Geschichte. Er ist eines der bekanntesten Wahrzeichen von Xi'an.
- **Abend**: Entdecken Sie die Glockenturm- und **Trommelturmbereiche** oder genießen Sie eine Aufführung im Musik- **und Tanzshow der Tang-Dynastie**.

Tag 6: Xi'an nach Chengdu

- **Morgen**: Nehmen Sie einen Hochgeschwindigkeitszug zu Chengdu (etwa **3,5 - 4 Stunden**). Nach Ihrer Ankunft checken Sie in Ihrem Hotel ein und beginnen Ihren Tag mit einem Besuch der Wuhou-Schrein, gewidmet dem berühmten Strategie Zhuge **Liang**.
- **Nachmittag**: Besuchen **Alte Straße Jinli**, ein beliebter Touristenort mit traditionellen Gebäuden, Geschäften und Imbissständen. Genießen Sie lokale Sichuan-Snacks und Souvenirs.
- **Abend**: Versuchen Sie ein Sichuan-Eintopf Abendessen, ein würziges und betäubendes Erlebnis, das das typische Gericht der Region ist.

Tag 7: Chengdu – Panda-Station & Sichuan-Küche

- **Morgen**: Verbringen Sie den Morgen in der Chengdu **Forschungsstation für die Zucht von Großen Pandas**. Beobachten Sie die Pandas beim Spielen, Fressen und Ausruhen in ihrem natürlichen Lebensraum.
- **Nachmittag**: Nehmen Sie an einem Kochkurs teil, um zu lernen, wie man traditionelle Sichuan-Gerichte erlebte, die die kräftigen Aromen der Sichuan-Küche, bekannt für ihre Verwendung von Chilis und **Sichuan-Pfefferkörner**.
- **Abend**: Besuchen **Kuanzhai-Gasse Zum** Abendessen oder erkunden Sie die Sichuan-Oper Für eine Aufführung traditioneller chinesischer Oper mit Gesichtsveränderung Handlungen.

Tag 8: Chengdu nach Guilin

- **Morgen**: Nehmen Sie einen Hochgeschwindigkeitszug zu Guilin (etwa **6 Stunden**). Checken Sie nach Ihrer Ankunft in Ihrem Hotel ein und genießen Sie die malerische Landschaft dieser Karstlandschaft Stadt.
- **Nachmittag**: Gehen Sie zum Rohrflöte Höhle, eine wunderschöne Kalksteinhöhle voller bunter Stalaktiten und Stalagmiten. Sie ist ein beliebter Ort zum Fotografieren.
- **Abend**: Nehmen Sie einNachtkreuzfahrt auf der Li-Fluss Um die atemberaubende Karst **sollte im** Dunkeln beleuchtet.

Tag 9: Guilin – Li-Fluss und Yangshuo

- **Morgen**: Nehmen Sie eine E-Flusskreuzfahrt zu Yangshuo. Diese malerische Kreuzfahrt bietet unglaubliche Ausblicke auf**Kalksteinkarstformationen**und ist eine der ikonischen Landschaften Chinas.
- **Nachmittag**: Erkunden Sie Yangshuo, eine charmante Stadt mit malerischen Straßen, Cafés und lokalen **Geschäften.** Versuchen Sie Yangshuo-Bierfisch **und** schlendern Sie durch die Weststraße Bereich.
- **Abend**: Zurück zu Guilin und genießen Sie ein entspanntes Abendessen am Fluss oder genießen Sie die nächtliche Aussicht auf den Elefantenrüsselberg.

Tag 10: Guilin nach Shanghai

- **Morgen**: Nehmen Sie einen Hochgeschwindigkeitszug zu Shanghai (etwa **8-9 Stunden**). Entspannen Sie sich und genießen Sie die wechselnden Landschaften, während Sie in Richtung der pulsierenden Stadt fahren .
- **Nachmittag**: Ankunft in Shanghai und checken Sie in Ihrem Hotel ein. Beginnen Sie Ihre Erkundung mit einem Besuch in**Der Bund**, Shanghais ikonische Uferpromenade, wo Sie einen Blick auf die wunderschöne Skyline der Stadt erhalten, einschließlich der Shanghai-Turm.
- **Abend**: Spazieren Sie entlang der Nanjing-Straße, Shanghais berühmte Einkaufsstraße, und genießen Sie ein Abendessen in einem der gehobenen **Restaurants**.

Tag 11: Shanghai – Moderne Wunder & traditionelle Kultur

- **Morgen**: Besuchen Sie das Shanghai-Museum, eine beeindruckende Sammlung chinesischer Kunst zu sehen, darunter Keramik,Kalligraphie, und **Gemälde**.
- **Nachmittag**: Erkunden **Yu-Garten**, ein alter chinesischer Garten mit wunderschönen Pavillons, Teichen und traditioneller Architektur. Nehmen Sie sich Zeit, um die Umgebung zu erkunden. Yuyuan-Basar zum Einkaufen.
- **Abend**: Erleben Sie die hellen Lichter von Pudong durch die Einnahme eines**Nachtkreuzfahrt**entlang der Huangpu-Fluss Bewundern Sie die Skyline des modernen Shanghai, einschließlich der Oriental **Pearl Tower**.

Tag 12: Shanghai nach Suzhou

- **Morgen**: Nehmen Sie einen Halbtagesausflug **nach Suzhou**, eine Stadt, die berühmt ist für ihre klassischen **Gärten. Und Kanäle Besuchen** Sie den Garten **des bescheidenen Beamten** Und **Verweilender Garten**, zwei der berühmtesten Gärten.
- **Nachmittag**: Erkunden **Suzhous alte Wasserstadt und** machen Sie eine Bootsfahrt entlang der Kanäle. Versuchen Sie eine Seide **im Suzhou-Stil und** besuchen Sie das Seidenmuseum.
- **Abend**: Zurück zu Shanghai und genießen Sie einen entspannten Abend in Xintiandi, einem lebhaften Viertel voller Restaurants, Bars und Geschäfte in renovierten traditionellen Gebäuden.

Tag 13: Shanghai – Tag zur freien Verfügung oder optionale Aktivitäten

- **Morgen**: Genießen Sie einen freien Tag in Shanghai, um in Ihrem eigenen Tempo zu erkunden. Besuchen Sie das Shanghai **Disney Resort oder** schauen Sie sich die Jadebuddha-Tempel für ein traditionelles Erlebnis an.
- **Nachmittag**: Machen Sie einen Spaziergang durch Tianzifang, ein Viertel, das für seine malerischen Geschäfte, Kunstgalerien und Cafés.
- **Abend**: Genießen Sie eine traditionelle **chinesische Akrobatik Vorführung Oder** entspannen Sie bei einem luxuriöse **Dinner-Kreuzfahrt Auf** der Huangpu-Fluss.

Tag 14: Abreise aus Shanghai

- **Morgen**: Nach dem Frühstück, je nach Abfahrtszeit, machen Sie einen letzten Spaziergang entlang Der **Bund Oder** besuchen Sie ein lokales Café, um einen letzten Eindruck von Shanghai zu bekommen.

- **Nachmittag**: Gehen Sie zu Internationaler **Flughafen Shanghai Pudong für** Ihren Abflug und nehmen Sie bleibende Erinnerungen an Chinas reiche Kultur, Geschichte und Landschaft mit.

Wichtige Tipps für Ihre 14-tägige Deep Dive-Reise:

1. **Bahnreisen**: Buchen Sie Ihre Bahntickets im Voraus, insbesondere für Hochgeschwindigkeitszüge. Apps wie Ctrip und **12306 sind** benutzerfreundlich und ermöglichen Ihnen, Ihre Plätze im Voraus zu sichern.
2. **Verpackung**: Packung leicht **und komfortabel**, insbesondere wenn Sie Ihr Gepäck durch mehrere Städte transportieren. Ein kleiner **Rucksack** oder **Rollkoffer ist** ideal.
3. **Sprache**: Obwohl Englisch in Großstädten wie Shanghai weit verbreitet ist, ist das Erlernen einiger grundlegender Sätze in**Mandarin**oder die Verwendung einer Übersetzungs-App Ihnen bei der Navigation durch kleinere Städte und ländliche Gebiete helfen.
4. **Wetter**: Informieren Sie sich unbedingt über die Wettervorhersage für jedes Reiseziel, da das Klima je nach Region stark variiert. Bringen Sie mehrere Schichten Kleidung mit, um bei unterschiedlichen Temperaturen angenehm warm zu bleiben.
5. **Kulturelle Etikette**: Respektieren Sie die lokalen Gepflogenheiten, insbesondere beim Essen und im Umgang mit Älteren. Immer Dinge **mit beiden Händen anbieten und empfangen als** Zeichen des Respekts.

PEKING: KAISERLICHE GRÖßE UND MODERNE MACHT

Geschichte: Von Dynastien bis zum digitalen Zeitalter

Peking, das Herz Chinas, erlebte über **3.000 Jahre Geschichte**. Von der frühe Dynastien zur Hauptstadt **des modernen China Die** Stadt ist eine lebendige Chronik des Aufstiegs Chinas, geprägt von prächtigen Palästen, Tempeln und ikonischen Wahrzeichen, die die Geschichte von Kaisern, Revolutionen und technologischen Innovationen erzählen.

1. Das alte Peking: Die kaiserliche Hauptstadt

- **Vordynastisches Peking**: Bevor es zum politischen Zentrum Chinas wurde, Beijing (Bedeutung **Nördliche Hauptstadt)** war ein militärisches **und kulturelles Zentrum im frühen** China. Es gibt Hinweise auf alte Siedlungen aus der Zeit Zhou-Dynastie(1046-256 v. Chr.), aber es war während der Yuan-Dynastie(1271-1368) unter Kublai **Khan**, der erste **Mongolischer Kaiser**, dass Peking seinen Aufstieg zur Großstadt begann.
- **Ming- und Qing-Dynastien**:
    - **Ming-Dynastie (1368-1644)**: Unter den Ming-Kaisern war Peking offiziell **gegründet als** Hauptstadt. Die Verbotene **Stadt**, die **Himmelstempel**, und **Platz des Himmlischen Friedens wurden** in dieser Zeit errichtet und läuten eine Ära imperialer Pracht ein.
    - **Qing-Dynastie (1644-1912)**: Die Qing-Kaiser führten die großen Bauprojekte fort und erweiterten die kaiserlichen Strukturen der Stadt, einschließlich der Sommerpalast Und die Alter **Sommerpalast(Yuanming Yuan),** die als Symbole der Macht und kulturellen Pracht der Qing gedacht waren.

2. Der Untergang der Kaiserzeit: Das republikanische Peking

- **Der Boxeraufstand (1899–1901)**: Um die Wende zum 20. Jahrhundert, Ausländischer **Imperialismus und** interne Konflikte führten zu einem Machtverlust der Qing-Dynastie. Der Boxeraufstand war ein gewaltsamer Aufstand gegen ausländische Einflüsse und das Christentum. Das Ereignis gipfelte in einer Belagerung **von Peking**, bei der ausländische Mächte militärisch eingriffen.
- **Der Untergang der Qing-Dynastie**: In **1912 ging** die Qing-Dynastie zu Ende, und die Republik **China Wurde** gegründet unter Sun **Yat-sen**. Peking wurde zur Hauptstadt der Republik, wurde jedoch im Zuge der Wirren der Kriegsherren Herrschaft und des Bürgerkriegs bald politisch gespalten.
- **Die Bewegung des vierten Mai (1919)**: Peking war das Epizentrum der Bewegung **des vierten Mai**, eine kulturelle **und intellektuelle Revolution, die** Modernisierung und die Ablehnung traditioneller konfuzianischer Werte forderte. Diese Bewegung legte den Grundstein für den späteren Aufstieg der Kommunistischen **Partei Chinas**.

3. Peking in der kommunistischen Ära: Der Aufstieg des modernen China

- **Die Gründung der Volksrepublik China (1949)**: Die Gründung der Volksrepublik **China**(VR China) in 1949 unter **Mao Zedong markierte** den Beginn einer neuen Ära in Peking. Die Stadt wurde zur Hauptstadt des kommunistischen Staates, der China modernisieren und vom kolonialen Einfluss befreien wollte.
- **Kulturrevolution (1966–1976)**: Während der Kulturrevolution Peking stand an vorderster Front des politischen Umbruchs. Revolutionärer Eifer führte zur Zerstörung des kulturellen Erbes, und viele historische Gebäude und Artefakte wurden beschädigt. Die Verbotene **Stadt blieb** jedoch verschont und wurde zu einem Symbol der historischen und kulturellen Widerstandsfähigkeit Chinas.
- **Deng Xiaoping Reformen (1978)**: Unter **Deng Xiaoping wandelte** sich Peking von einer politischen Hochburg zu einem wirtschaftlichen Zentrum. Dengs Wirtschaftsreformen führte zu einer schnellen Urbanisierung, ausländischen Investitionen und Chinas Öffnung **für die Welt.Platz des Himmlischen Friedens Wurde** zu einem Symbol des politischen Wandels und des Nationalstolzes, aber auch zu einem Ort der Proteste **von 1989**, die tiefgreifende Auswirkungen auf die Stadt und das Land hatte.

4. Peking im digitalen Zeitalter: Ein technologischer Wandel

- **Technologische Innovation**: Als Hauptstadt Chinas Peking ist zum Herzen Chinas geworden digitale **Revolution Die** Stadt ist die Heimat großer Technologieunternehmen wie **Baidu,Tencent**, Und **Lenovo Und** ist damit das Epizentrum des wachsenden chinesischen digitale **Wirtschaft Die** Stadt hat sich rasch in ein weltweiter **Technologieführer Mit** großen Investitionen in künstliche **Intelligenz,5G-Netze**, Und **E-Commerce**.
- **Die digitale Infrastruktur**: Pekings Verkehrssysteme werden mittlerweile von digitalen Plattformen dominiert. Die Pekinger **U-Bahn Arbeitet** mit einem intelligentes **Ticketsystem Wo** mobile Apps oder QR-Codes Dienen dem einfachen Zugang. Öffentliche

Dienste wie Zahlungssysteme(über Sei **glücklich** oder **WeChat Pay**), sind fast ausschließlich auf Mobilfunk basiert, und die bargeldlose **Gesellschaft kommt** im Alltag immer häufiger vor.

- **Intelligente Städte und Stadtplanung**: Als Teil der breiteren Initiative Chinas zum Aufbau**„intelligente Städte"**Peking integriert zunehmend Große **Daten** Und **Internet der Dinge (IoT)**Technologien zur Verbesserung des städtischen Lebens.**Künstliche Intelligenz Wird** im Verkehrsmanagement, in der Überwachung und im Gesundheitswesen eingesetzt, was die Stadt zu einem globalen Modell für technologische **Integration In** den Alltag.

5. Die Zukunft Pekings: Eine globale Hauptstadt

- **Wirtschaftsmotor**: Auch heute noch ist Peking eine der einflussreichsten Städte der Welt und spielt eine zentrale Rolle in Chinas politischer, wirtschaftlicher und technologischer Entwicklung. Als Standort des Hauptquartier **der Kommunistischen Partei Chinas und** die Heimat zahlreicher multinationaler **Konzerne**, Peking entwickelt sich auch schnell zu einem globalen **Finanzzentrum**.
- **Kulturelle Renaissance**: Peking hat sich der Moderne zugewandt, aber sein kulturelles Erbe nicht vernachlässigt. Die Stadt hat eine Wiederbelebung **traditioneller Künste**, wie zum Beispiel **Peking-Oper**,**Kalligraphie**, und **Chinesische Malerei**. Das **Nationalmuseum von China**,**798 Kunstviertel und** moderne architektonische Wahrzeichen wie das Vogelnest-Stadion. Weiterhin die Rolle Pekings als kulturelle und künstlerische Hauptstadt unter Beweis stellen.
- **Die Belt and Road Initiative (BRI)**: Im Rahmen der Belt **and Road Initiative spielt** Peking eine zentrale Rolle bei Chinas Bemühungen, globaler **Handelswege und** Infrastrukturprojekte. Die Rolle der Stadt in dieser Initiative wird weiter gestärkt durch die Asiatische Infrastruktur Investitionsbank **(AIIB)**, mit Hauptsitz in Peking.

Wichtige Highlights: Von Dynastien bis zum digitalen Zeitalter

- **Historische Stätten**:**Verbotene Stadt**,**Himmelstempel**,**Platz des Himmlischen Friedens**,**Sommerpalast**,**Ming-Gräber**,**Lama-Tempel**.
- **Revolutionäre Wahrzeichen**:**Platz des Himmlischen Friedens**,**Pekings Revolutionsmuseen**,**798 Kunstviertel**.
- **Das moderne Peking**:**Olympiapark**,**CBD (Zentrales Geschäftsviertel)**,**Technologiezentren** wie Zhongguancun und das Pekinger **Wirtschafts- und Technologieentwicklung Gebiet.**
- **Technologie und Kultur**: Entdecken Sie Pekings Mischung aus antiker Geschichte und topaktueller Technologie, mit Schwerpunkt auf digitaler Infrastruktur und kultureller Wiederherstellung.

Sehenswürdigkeiten, die man gesehen haben muss: Verbotene Stadt, Große Mauer, Sommerpalast

Peking ist eine wahre Schatzkammer historischer und kultureller Sehenswürdigkeiten. Zu den wichtigsten Sehenswürdigkeiten gehören die Verbotene **Stadt**, Die **Große Mauer und der Sommerpalast. Diese** ikonischen Stätten spiegeln nicht nur die Erhabenheit des alten China wider, sondern bieten auch einen Einblick in die reiche kaiserliche Vergangenheit des Landes.

1. Verbotene Stadt (Kaiserpalast)

Hintergrundgeschichte

- Der **Verbotene Stadt**war der**Kaiserpalast**der**Ming** Und **Qing-Dynastien**(1420–1912). Es ist die größter **antiker Palast Der** Welt und besteht aus 980 **Gebäude**, abdeckend 72 **HectarEs** diente als politisches **Herz Von** China und beherbergte über 500 Jahre lang Kaiser und ihre Höfe. Der Ort wurde „Verboten" genannt, weil niemand ihn ohne die Erlaubnis des Kaisers betreten oder verlassen durfte.

Anreise

- **Öffentliche Verkehrsmittel**: Nehmen Sie die Linie **1 der Pekinger U-Bahn und** steigen Sie aus bei Tiananmen **Ost** oder **Tiananmen-West. Von** dort aus ist es eine 5-10 **Minuten zu Fuß in die** verbotene Stadt.
- **Taxi**: Eine Taxifahrt vom Bahnhof **Peking** oder **Wangfujing dauert** ca.**10-20 Minuten.**

Eintrittspreise

- **Regulärer Eintritt**:**60 Yuan**(9 USD) für Erwachsene.
- **Während der Hochsaison (April bis Oktober)**:**80 Yuan**(12 USD).
- **Audioguide-Verleih**:**40-60 Yuan**(6–9 USD).

Unterkunft in der Nähe der Verbotenen Stadt

- **Das Beijing Hotel**(5 Sterne) – Zu Fuß erreichbar (5–10 Minuten).

- **Hotel Nova**(3-Sterne) – Eine günstigere Option in der Nähe, etwa 15 **Minuten zu Fuß aus** der verbotenen Stadt.

Aktivitäten auf der Site

- **Morgen**: Die Verbotene Stadt öffnet um 8:30 **Uhr**, was es zur besten Zeit macht, Menschenmassen zu vermeiden. Sie können eine selbstgeführte **Tour oder** verwenden einen Audioguide.
- **Mittagszeit**: Der **Halle der höchsten Harmonie ist** ein Muss. Während des Mittagessens können Sie nahe gelegene Restaurants besuchen, wie zum Beispiel die in der Wangfujing Bereich.
- **Abend:Abendführungen Der** Verbotenen Stadt sind verfügbar, aber die Seite schließt in der Regel um 17:00 **Uhr**.

Websites und Leitfäden

- **Offizielle Website**:www.dpm.org.cn(Offizielle Tickets und Informationen)
- **Anleitungen**:**Private Touren in Peking**(Individuelle Touren verfügbar; Preise beginnen bei 400-500 **Yuan pro** Tag).

2. Chinesische Mauer (Abschnitte Badaling und Mutianyu)

Hintergrundgeschichte

- Der **Chinesische Mauer ist** eines der berühmtesten Bauwerke der Welt und erstreckt sich über 21.000 **km Die** Mauer wurde ursprünglich als Verteidigungswall zum Schutz Chinas vor Invasionen errichtet. Badaling und **Mutianyu Die** Abschnitte sind von Peking aus am besten zugänglich und gut erhalten.

Anreise

- **Badaling-Abschnitt**: Nehmen Sie die 2 vom **Nordbahnhof Peking** zu Badaling (um **1,5 Stunden**) oder nehmen Sie einen direkten Reisebus vom Zentrum Pekings.
- **Mutianyu-Abschnitt**: Sie können einen Direktbus aus **Dongzhimen**(Fahrzeit: ca.**1,5-2 Stunden**).

Eintrittspreise

- **Badaling:45 Yuan**(7 USD) für Erwachsene. Während der Hauptreisezeit kann es zu höheren Preisen kommen.
- **Mutianyu:60 Yuan**(9 USD) für Erwachsene.
- **Seilbahn:100-120 Yuan**(15–18 USD) bei Mutianyu für Hin- und Rückfahrt.Badaling bietet sowohl Seilbahn- als auch Sessellift Optionen.

Unterkunft in der Nähe der Chinesischen Mauer

- **Great Wall Hotel**(in der Nähe von Badaling) – Ein komfortables Hotel mit Blick auf die Mauer.
- **Die Kommune an der Großen Mauer**(Luxus) – Ein Boutique-Resort in der Nähe Mutianyu, Bereitstellung Atemberaubende Aussicht der Wand.

Aktivitäten auf der Site

- **Morgen**: Kommen Sie früh (vor 10 Uhr), um Menschenmassen zu vermeiden. Sie können Wanderung an die Wand oder nehmen Sie die Seilbahn. Der **Mutianyu-Abschnitt** ist für seine wunderschöne Natur bekannt.
- **Mittagszeit**: Machen Sie eine Pause und genießen Sie das Mittagessen in einem Restaurant in der Nähe der Mauer.
- **Abend:Blick auf den Sonnenuntergang Ist** atemberaubend bei Mutianyu, wo Sie Fotos von der Mauer machen können, die sich über die Hügel windet. Einige Touren bieten Abend Erlebnisse.

Websites und Leitfäden

- **Offizielle Badaling-Website**:www.badaling.gov.cn
- **Anleitungen:Private Touren in Peking**(Ganztägige Tour inklusive Mutianyu und **Badaling Abschnitte** beginnen bei 500-600 **Yuan**).

3. Sommerpalast (Yiheyuan)

Hintergrundgeschichte

- Der **Sommerpalast ist** ein kaiserlicher Garten, der ursprünglich 1750 während der Qing-Dynastie angelegt und während der Herrschaft von Kaiserinwitwe **Cixi**im 19. Jahrhundert. Es war ein Sommersitz für Kaiser und bot eine ruhige Umgebung mit Seeblick,Gärten und **Pavillons**.

Anreise

- **Öffentliche Verkehrsmittel**: Nehmen Sie Linie **4 der Pekinger U-Bahn**, steigen Sie aus bei Bei Gongmen-Station, das ist 5 **Minuten zu Fuß zum** Palast.
- **Taxi**: A **10-15 Minuten Taxifahrt** vom **Westbahnhof Peking** oder **Wangfujing**.

Eintrittspreise

- **Regulärer Eintritt**:**20 Yuan**(3 USD).
- **Sommerpalast mit Bootsfahrt**:**50 Yuan**(8 USD) für Bootstouren(optional).
- **Audioguide**: Verfügbar bei 30-50 **Yuan**(5–7 USD).

Unterkunft in der Nähe des Sommerpalastes

- **Am Sommerpalast**(Luxus) – Ein luxuriöser, ruhiger Rückzugsort in Gehweite des Palastes.
- **Park Plaza Beijing Science Park**(mittlerer Bereich) – A 10 **Minuten Fahrt vom** Palast entfernt und mit einfachem Zugang zu öffentlichen Verkehrsmitteln.

Aktivitäten auf der Site

- **Morgen**: Der Sommerpalast öffnet um 7:00 **Uhr**. A **Morgenspaziergang Rund** um die Kunming-See oder **Hügel der Langlebigkeit ist** ein friedlicher Start in den Tag.
- **Mittagszeit**: Machen Sie eine Bootsfahrt auf Kunming-See oder genießen Sie das Mittagessen in einem der vielen Restaurants **vor Ort**.
- **Abend:Blick auf den Sonnenuntergang Am** See sind atemberaubend. Genießen Sie auch die Gärten und **Pavillons im Abendlicht** beleuchtet.

Websites und Leitfäden

- **Offizielle Website:www.summer palace-china.com**
- **Anleitungen:Private Touren in Peking**(Ganztägige Tour inklusive Sommerpalast und Himmelstempel beginnt am 500-600 **Yuan**).

Die besten Viertel zum Übernachten

Peking bietet eine große Auswahl an Stadtvierteln für jeden Geschmack und Geldbeutel, vom modernen Stadtzentrum mit seinen internationalen Annehmlichkeiten bis hin zu traditionellen, geschichtsträchtigen Vierteln.

1. Wangfujing – zentral und lebendig

Beschreibung

Wangfujing ist Pekings **berühmteste Einkaufsstraße**, im Herzen der Stadt gelegen. Dieses geschäftige Viertel ist bekannt für seine gehobene **Kaufhäuser,internationale Marken**, und **traditionelle chinesische Geschäfte**. Es hat auch eine tolle Mischung aus modernen **Annehmlichkeiten** und **historischen Stätten**, was es zu einer idealen Wahl für Erstbesucher macht. Die Verbotene **Stadt** und der **Platz des Himmlischen Friedens sind** fußläufig erreichbar.

Preisspanne (verschiedene Jahreszeiten)

- **Nebensaison (November bis März):600–1.200 Yuan (90–180 USD)**pro Nacht für 3-4-Sterne-Hotels.
- **Hochsaison (April bis Oktober):1.200–2.500 Yuan (180–375 USD)**pro Nacht für Mittelklasse- bis Luxushotels.

Standort und Website

- **Adresse:Wangfujing-Straße**, Bezirk Dongcheng, Peking.
- **Webseite:**Wangfujing Tourismus-Website

Nähe zum Bahnhof

- **Bahnhof Peking:10 Minuten mit** dem Taxi oder 5 **Minuten mit** der U-Bahn.
- **Westbahnhof Peking:20 Minuten mit** dem Taxi.

Transportkosten

- **Taxi**: Um **20–30 Yuan (3–4 USD)** vom **Bahnhof Peking**.
- **U-Bahn**: Nehmen Sie die Linie 1 von Bahnhof **Peking** Zu **Bahnhof Wangfujing**(2 Haltestellen; Kosten:**3 Yuan**, ca.**0,50 USD**).
- **Shuttle/Bus**: Erreichbar über mehrere Buslinien mit Tickets rund 2-5 **Yuan**(0,30 – 0,80 USD).

Einrichtungen/Leistungen

- **Einkaufen**: In unmittelbarer Nähe zu Luxus-Geschäften, Boutiquen und Wangfujing **Mall**.
- **Essen**: Eine große Auswahl an internationalen Restaurants und lokalen Imbissständen entlang der Straße. Verpassen Sie nicht die berühmte Wangfujing Nacht Lebensmittelmarkt.
- **Sehenswürdigkeiten**: In der Nähe von wichtigen Sehenswürdigkeiten wie Platz **des Himmlischen Friedens,Die Verbotene Stadt**, Und **Das Nationalmuseum von China**.
- **Bequemlichkeit**: Gute Anbindung an U-Bahn und Busse, sodass Sie den Rest von Peking bequem erkunden können.

2. Sanlitun – Trendy und lebendig

Beschreibung

Sanlitun ist ein lebendiges, modernes Viertel, bekannt für seine internationale **Atmosphäre**. Mit seinen trendigen Bars, Cafés, Restaurants und internationale **Geschäfte ist** es eine beliebte Wahl für jüngere Reisende und Expats. Das Gebiet ist die Heimat von Peking Ausländische **Botschaften und ein pulsierendes Nachtleben und** bietet im Vergleich zu traditionellen Teilen der Stadt eine jugendliche Atmosphäre.

Preisspanne (verschiedene Jahreszeiten)

- **Nebensaison (November bis März): 5:00--1.000 Yuan (75–150 USD)**pro Nacht für 3-Sterne-Hotels.
- **Hochsaison (April bis Oktober):1.000–2.000 Yuan (150–300 USD)**pro Nacht für Mittelklassehotels.

Standort und Website

- **Adresse:Sanlitun-Straße**, Bezirk Chaoyang, Peking.
- **Webseite**:Offizielle Sanlitun-Website

Nähe zum Bahnhof

- **Bahnhof Peking:15 Minuten mit** dem Taxi oder 10 **Minuten mit** der U-Bahn.
- **Westbahnhof Peking:30 Minuten mit** dem Taxi.

Transportkosten

- **Taxi**: Um **25–35 Yuan (4–5 USD)** vom **Bahnhof Peking**.
- **U-Bahn**: Nehmen Sie die Linie 2 von Bahnhof **Peking** Zu **Bahnhof Dongzhimen**(3 Haltestellen; Kosten:**3 Yuan**, ca.**0,50 USD**), dann steigen wir in die Linie 13 nach Bahnhof **Sanlitun**.
- **Shuttle/Bus**: Mehrere Routen verbinden Sanlitun mit dem Rest der Stadt, mit Bustickets von 2-5 **Yuan**(0,30 – 0,80 USD).

Einrichtungen/Leistungen

- **Nachtleben**: Die Gegend ist berühmt für ihre Barren,Vereine und **Nachtlokale und** bietet ein großartiges gesellschaftliches Umfeld.
- **Einkaufen**: In der Nähe von Sanlitun **Taikoo Li**, ein großes Einkaufszentrum mit internationalen Modemarken und Unterhaltung.
- **Essen**: Eine große Auswahl an internationalen **Küche**, besonders **Western** und **Asiatische Fusion**, in trendigen Cafés und Restaurants.
- **Internationales Umfeld**: Eine multikulturelle Atmosphäre mit vielen Expats und ausländischen Besuchern.

3. Houhai – Traditioneller Peking-Charme

Beschreibung

Houhai ist eines der malerischsten Viertel Pekings und bekannt für seine traditioneller **Charme Und** die Nähe zu historische **Seen Dieser** Bereich bietet ein ruhiger, **mehr lokales Erlebnis**, mit **traditionelle Hofhäuser**(Siheyuan) und eine große Auswahl an lokale **Restaurants** Und **TeehäuserN** ist perfekt für Besucher, die einen authentischen, ruhigen Rückzugsort vom geschäftigen Stadtzentrum suchen.

Preisspanne (verschiedene Jahreszeiten)

- **Nebensaison (November bis März):300–700 Yuan (45–100 USD)**pro Nacht für Pensionen und Boutique-Hotels.
- **Hochsaison (April bis Oktober):700–1.200 Yuan (100–180 USD)**pro Nacht für Unterkünfte der Mittelklasse.

Standort und Website

- **Adresse:Houhai-Straße**, Bezirk Xicheng, Peking.
- **Webseite:**Houhai-Informationen

Nähe zum Bahnhof

- **Bahnhof Peking:15-20 Minuten mit** dem Taxi oder 10 **Minuten mit** der U-Bahn.
- **Westbahnhof Peking:30 Minuten mit** dem Taxi.

Transportkosten

- **Taxi**: Um **30–40 Yuan (5–6 USD)** vom **Bahnhof Peking**.
- **U-Bahn**: Nehmen Sie die Linie 5 von Bahnhof **Peking** Zu **Bahnhof Beixinqiao**(4 Haltestellen; Kosten:**3 Yuan**, ca.**0,50 USD**).
- **Shuttle/Bus**: Lokale Busse nach Houhai kosten zwischen 2-5 **Yuan**(0,30 – 0,80 USD).

Einrichtungen/Leistungen

- **Szenisch**: Genießen Sie gemütliche Spaziergänge rund um die Houhai-See oder **Shichahai**, beliebt zum Paddelboot fahren, besonders im Frühling und Sommer.
- **Lokaler Charme**: Erfahrung **Pekings traditionelle Seite mit lokalen Teehäusern,Innenhof, Restaurants,** und **Boutiquen**.
- **Abends** ist die Gegend besonders schön, mit Bars und Restaurants am Seeufer, die eine ruhige und stimmungsvolle Atmosphäre bieten.

4. Chaoyang – Modern und geschäftsorientiert

Beschreibung

Chaoyang ist das Geschäfts- **und Diplomatenviertel von** Peking und bietet eine moderne urbane Atmosphäre mit internationalen Hotels, Botschaften und Bürogebäuden. Hier befinden sich einige der wichtigsten Sehenswürdigkeiten der Stadt, wie zum Beispiel die 798 **Kunstviertel** und **Der Olympiapark von Peking Chaoyang** ist ideal für Besucher, die einen praktischen und modernen Ausgangspunkt suchen und dennoch in der Nähe kultureller Sehenswürdigkeiten sein möchten.

Preisspanne (verschiedene Jahreszeiten)

- **Nebensaison (November bis März): 5:00--1.200 Yuan (75–180 USD)**pro Nacht für 3-4-Sterne-Hotels.
- **Hochsaison (April bis Oktober):1.200–2.500 Yuan (180–375 USD)**pro Nacht für Mittelklasse- bis Luxushotels.

Standort und Website

- **Adresse:Bezirk Chaoyang**, Peking.
- **Website:Informationen** zum Bezirk Chaoyang

Nähe zum Bahnhof

- **Bahnhof Peking:20 Minuten mit** dem Taxi oder 15 **Minuten mit** der U-Bahn.
- **Westbahnhof Peking:35 Minuten mit** dem Taxi.

Transportkosten

- **Taxi**: Um **35–50 Yuan (5–8 USD)** vom **Bahnhof Peking**.

- **U-Bahn**: Nehmen Sie die Linie 1 von Bahnhof **Peking** Zu **Guomao-Station**(2 Haltestellen; Kosten:**3 Yuan**, ca.**0,50 USD**), dann umsteigen wir in die Linie 10.
- **Shuttle/Bus**: Mehrere Buslinien verbinden Chaoyang mit wichtigen Gebieten. Die Fahrpreise reichen von 2-5 **Yuan**(0,30 – 0,80 USD).

Einrichtungen/Leistungen

- **Geschäftszentrum**: Das Gebiet ist zentral für Geschäftsreisende mit schnellem Zugang zu Bürogebäuden, Botschaften und Treffpunkten.
- **Moderne Annehmlichkeiten**: Chaoyang bietet erstklassige Hotels,**Internationale Küche und** Einkaufszentren wie Sanlitun, Taikoo **Li** und **China World Einkaufszentrum**.
- **Kulturelle Attraktionen**: Besuchen Sie die 798 **Kunstviertel**für Galerien für zeitgenössische Kunst oder die Olympiapark um das ikonische Vogelnest-Stadion.

Kultige Gerichte und wo man essen kann

Peking mit seinem reichen kulturellen Erbe bietet eine Vielzahl ikonischer Gerichte, die seine kulinarische Vielfalt widerspiegeln. Von der berühmten Peking Ente Zu **Jianbing**(chinesische Pfannkuchen) und Heißer **Topf Die** Gastronomieszene Pekings bietet für jeden Geschmack etwas.

1. Pekingente

Beschreibung

- **Pekingente ist** wohl Pekings bekanntestes Gericht. Bekannt für seine knusprige Haut und sein zartes Fleisch, wird es typischerweise serviert mit dünne **Pfannkuchen,Hoisinsauce**, Und **Frühlingszwiebeln Das** Gericht wird oft mit einem Holzofen, was es zu einer wahren Delikatesse macht.

Restaurants, die man unbedingt ausprobieren muss, wenn man Pekingente essen möchte:

- **Quanjude**
  - **Standort**:**186 Wangfujing Street, Bezirk Dongcheng, Peking**.
  - **Webseite**:Quanjude
  - **Speisekarte**:
    - **Frühstück**:**Dim Sum und Licht Frühstücksbrötchen** (Preis: **25-60 Yuan**, ca.**4–9 USD**).
    - **Mittagessen:Peking-Enten-Set Mit** einer Seite von gebratenem **Gemüse** (Preis: **180-300 Yuan**, ca.**30–45 USD**).
    - **Abendessen**:**Komplettes Pekingenten-Set**, oft serviert mit zusätzlichen Gerichten wie Suppe und **Desserts** (Preis: **300-500 Yuan**, ca.**45–75 USD**).
  - **Vorteile**: Quanjude ist eines der ältesten und berühmtesten Peking-Enten-Restaurants in Peking. Das Restaurant ist reich an Geschichte und bietet ein authentisches **Peking-Enten-Erlebnis**.
  - **Einrichtungen**: Historische Atmosphäre, exzellenter Service und die Möglichkeit, die Putenschnitzel Verfahren.

2. Heißer Topf

Beschreibung

- **Heißer Topf ist** ein geselliges Spielerlebnis, bei dem die Gäste verschiedene Fleischsorten, Gemüse und Tofu in einen brodelnden Topf mit scharfer **oder nicht scharfer Brühe**. Es wird normalerweise in Gruppen genossen, was es zu einer unterhaltsamen und interaktiven Mahlzeit macht.

Restaurants, die man unbedingt für Hot Pot ausprobieren muss:

- **Haidilao-Hot Pot**
  - **Standort**:**Mehrere Standorte** (z.B., **Sanlitun** Bereich, **Xidan** Bereich).

- **Webseite**:Haidilao
- **Speisekarte**:
  - **Frühstück**: Hot Pot wird normalerweise nicht zum Frühstück serviert, aber einige Orte bieten kleine **Snacks** wie **Knödel** und **Suppe** (Preis: **30-60 Yuan**, ca.**5–9 USD**).
  - **Mittagessen:Hot Pot-Sets mit** verschiedenen Brühen und verschiedenen Zutaten wie Rindfleisch,Lamm, und **Tofu** (Preis: **80-150 Yuan**, ca.**12–23 USD**).
  - **Abendessen:Volles Hot Pot-Erlebnis** mit **Meeresfrüchten,Gemüse und Nachtisch** (Preis: **150-300 Yuan**, ca.**23–45 USD**).
- **Vorteile**: Bekannt für seinen interaktiven **Dienst** und **personalisiertes Hot Pot-Erlebnis**. Der **kostenlose Snacks** (wie **Nudeln** Und **Obst**) während Sie auf Ihren Tisch warten, sind ein toller Bonus.
- **Einrichtungen**: Ausgezeichneter Service, kostenlose Nagelpflege und **Online-Spiele während** des Wartens und eine Vielzahl von Brühen Optionen(würzig, mild und medizinisch).

3. Jianbing (chinesische Pfannkuchen)

Beschreibung

- **Jianbing ist** ein beliebtes chinesisches Streetfood und Frühstücksgericht, bestehend aus einem knusprigen Pfannkuchen gefüllt mit Ei,Frühlingszwiebeln, und **Hoisinsauce**. Es wird oft mit einer Vielzahl von Füllungen serviert, wie**Tofu**,**Wurst**, Und **knusprige Wan Tans**.

Restaurants, die man in Jianbing unbedingt ausprobieren sollte:

- **Wang Jiao Sha (Wang Jiao Sha)**
  - **Standort**:**Nr. 22, Dazhalan Street, Qianmen, Peking**.
  - **Webseite**:Wang Jia Sha
  - **Speisekarte**:
    - **Frühstück:Jianbing mit** optionalen Füllungen wie frittierter **Teig**,**Ei**, und **Chinesische Wurst** (Preis: **10-25 Yuan**, ca.**1,50–4 USD**).
    - **Mittagessen:Jianbing gepaart mit gebratener Tofu** oder **knusprige Wan Tans** (Preis: **25-40 Yuan**, ca.**4–6 USD**).
    - **Jianbing: Mit** einer Seite von Ente oder **Huhn** (Preis: **30-50 Yuan**, ca.**5–8 USD**).
  - **Vorteile**: Ein traditionelles Peking-Frühstück, das knuspriger, **herzhafter Geschmack. Dies** ist eine fantastische Option für eine schnelle **und preiswerte Mahlzeit**.
  - **Einrichtungen**:**Schneller Service**, sauberer Raum und ideal **zum Mitnehmen**.

4. Knödel (Jiaozi)

Beschreibung

- **Knödel (Jiaozi)**sind eines der beliebtesten Gerichte Chinas. Sie bestehen aus einem Knödel verpackung gefüllt mit Hackfleisch(typischerweise Schweinefleisch oder **Rindfleisch**) Und **Gemüse Sie** können sein gedämpft,gekocht, oder **gebraten**.

Restaurants, die man unbedingt ausprobieren sollte, wenn man Knödel mag:

- **Knödelkönig**
  - **Standort**:**Yashow-Markt, Sanlitun**, Peking.
  - **Webseite**:Knödelkönig
  - **Speisekarte**:
    - **Frühstück**:**Gedämpfte Teigtaschen mit** Schweinefleisch und Kohl (Preis:**20-40 Yuan**, ca.**3–6 USD**)
    - **Mittagessen**: Eine Reihe von Knödel mit **scharf-saure Suppe** (Preis: **50-100 Yuan**, ca.**7–15 USD**).
    - **Abendessen:Gemischte Platte mit gekochten und gebratenen Teigtaschen mit** verschiedenen Füllungen (Preis:**80-150 Yuan**, ca.**12–23 USD**).
  - **Vorteile**: Bekannt für seine frischen, **handgemachten Teigtaschen**, Dumplings King bietet eine Geschmacksvielfalt und Füllungen zur Auswahl.
  - **Einrichtungen**: Gemütliche Umgebung,**vegetarische und Fleischgerichte**, und **schneller Service. Sie** bieten auch eine Mitnahmeservice.

5. Gebratene Nudeln mit Pekinger Soße (Zha Jiang Mian)

Beschreibung

- **Zha Jiang Mian Ist** ein berühmtes Pekinger Gericht mit Nudeln gekrönt mit einer reichhaltigen, würzigen Sauce aus fermentierte **Sojabohnen,Schweinefleisch**, Und **Gemüse**. Es wird oft serviert mit Gurken Und **Knoblauch Für** zusätzlichen Geschmack.

Restaurants, die man in Zha Jiang Mian unbedingt ausprobieren sollte:

- **Laotischer Pekinger Zha Jiang Mian**
    - **Standort**:**Xiushui-Straße (Seidenstraßen Markt), Bezirk Chaoyang, Peking**.
    - **Webseite**:Laotisches Peking
    - **Speisekarte**:
        - **Frühstück**:**Kleine Schüssel Zha Jiang Mian Wahlweise** mit einem gekochten Ei (Preis:**20-30 Yuan**, ca.**3–5 USD**).
        - **Mittagessen**:**Volle Portion Zha Jiang Mian mit** eingelegtem Gemüse und Gurken (Preis:**35-60 Yuan**, ca.**5–9 USD**).
        - **Abendessen**: Größerer Anteil an Zhajiangmian mit einer Seite von gebratenem **Knödel** (Preis: **60-100 Yuan**, ca.**9–15 USD**).
    - **Vorteile**: Berühmt für das Servieren authentischPeking-StilZhajiangmian und bietet einen Vorgeschmack auf traditionelle **Peking-Nudeln zu einem** erschwinglichen Preis.
    - **Einrichtungen**: Gemütliche, lokale Atmosphäre mit Sitzgelegenheiten **im Freien, im Sommer** verfügbar.

Tipps für den Nahverkehr und die U-Bahn

Die riesige Stadtlandschaft kann überwältigend wirken, aber mit effizienten öffentlichen Verkehrsmitteln und praktischen Tipps ist es einfach und erschwinglich, sich in der Stadt fortzubewegen. Die Pekinger **U-Bahn,Busse und Taxen bieten** eine hervorragende Abdeckung in der gesamten Stadt und ermöglichen es Touristen, die berühmten Sehenswürdigkeiten der Stadt bequem zu erkunden.

1. Pekinger Metro (U-Bahn)

Überblick

Der **Pekinger U-Bahn ist** eines der größten und effizientesten U-Bahn-Systeme der Welt, mit 24 **Zeilen Die** Busse decken wichtige Stadtteile und beliebte Sehenswürdigkeiten ab. Sie sind schnell, günstig und die beste Art, sich in der Stadt fortzubewegen, insbesondere während der Stoßzeiten, wenn der Straßenverkehr recht dicht sein kann.

Wichtige U-Bahn-Linien

- **Linie 1**: Diese Linie verläuft von Ost **nach West**, die Schlüsselbereiche wie der Platz **des Himmlischen Friedens,Wangfujing**, und **Bahnhof Peking**.
- **Linie 2**: Der **Schleifenlinie Rund** um das Stadtzentrum. Es verbindet sich mit vielen anderen Linien und führt durch wichtige Gebiete wie Bahnhof **Peking,Qianmen**, und **Dongzhimen**.
- **Linie 4**: Es verbindet wichtige Orte wie den Sommerpalast,Peking-Universität, und **Südbahnhof Peking**.
- **Linie 5**: Eine Nord-Süd-Linie, die beliebte Gebiete bedient wie Houhai,Xidan, und den **Westbahnhof Peking**.
- **Linie 13**: Deckt Bereiche ab wie Sanlitun,Chaoyang, Und **Dongzhimen**.

Ticketpreise

- **Grundlegende Aufgaben**: Der Fahrpreis beginnt bei 3 **Yuan**(ca.**0,50 USD**) für **1-6 Stationen**.
- **Längere Reisen**: Die Preise reichen von 3 **yuan to 9 yuan**(ca.**0,50 $ – 1,50 $ USD), abhängig** von der Entfernung.
- **Wiederaufladbare Metro-Karten**: Sie können eine Yikatong-Karte bei **U-Bahn-Stationen: Diese** Karten können verwendet werden fürBahnfahrten,Busse und sogar in einigen Convenience Stores. Karten kosten 20-30 **Yuan**(3–5 USD) zum Kauf und Sie können das Guthaben nach Bedarf aufladen.

Tipps zur Nutzung der Metro

- **Stoßzeiten**: Das U-Bahn-System von Peking kann während der Stoßzeiten(8–9 Uhr und 17–18 Uhr), vermeiden Sie daher nach Möglichkeit Reisen während dieser Zeiten.
- **Kartennavigation**: U-Bahn-Stationen haben in der Regel Karten in beiden Chinesisch **und Englisch**. Achten Sie auf Schilder, die das Ziel anzeigen, und verwenden Sie eine U-Bahn-Karte oder Apps wie Google **Maps** oder **Baidu-Karten, um Ihre** Reise zu planen.
- **Bahnhof Etikette:** Stellen Sie sich an den Bahnsteigen in die Schlange und warten Sie, bis die Fahrgäste ausgestiegen sind, bevor Sie einsteigen. Respektieren Sie den persönlichen Freiraum, beachten Sie jedoch, dass die U-Bahn besonders während der Stoßzeiten recht überfüllt sein kann.

2. Busse

Überblick

Peking Bussystem deckt fast jeden Teil der Stadt ab und ist eine kostengünstige Art zu reisen.Busse Sind im Vergleich zur U-Bahn etwas langsamer, bieten aber einen schöneren Ausblick auf die Stadt und können in Gebieten, die nicht von der U-Bahn bedient werden, praktischer sein.

Ticketpreise

- **Einzelfahrten Tarif:** Normalerweise kostet 2-5 **Yuan**(ca.**0,30 bis 0,80 USD**), je nach Route.
- **Zahlung**: Sie können Busfahrten mit einer Yikatong-Karte oder nutzen mobile Zahlungssysteme wie WeChat **Pay** oder **Sei glücklich**.

Tipps zur Busnutzung

- **Apps für Routen**: Verwenden Sie Apps wie Baidu-Karten, um die besten Buslinien zu finden. Beachten Sie, dass viele Bushaltestellen möglicherweise nicht auf Englisch beschildert sind. Daher ist es hilfreich, die Routeninformationen auf Chinesisch zu haben.
- **Wartezeit**: Busse können im Vergleich zur U-Bahn länger brauchen, um anzukommen, insbesondere während der Stoßzeiten.
- **Sitze**: Bevorzugte Sitzplätze werden angeboten für ältere **Menschen, Passagiere,schwangere Frauen**, und **Passagiere mit Behinderung**.

3. Taxis und Mitfahrdienste

Taxen

- **Verfügbarkeit**: Taxis sind in ganz Peking leicht verfügbar, aber während Stoßzeiten Sie können schwer zu erreichen sein. Suchen Sie nach offiziellen **Taxis mit einem Taxischild auf** dem Dach.
- **Preise**:
  - **Grundlegende Aufgaben**:**13 Yuan**(ca.**2 USD**) zum ersten 3 **km**.
  - **Aufpreis**:**2,3 Yuan pro km**(ca.**0,35 USD**).
  - **Nachttarif**(22:00 - 06:00 Uhr):**Erhöht um 20 %**.
- **Zahlung**: Taxis akzeptieren in der Regel vor der Kasse oder **Kreditkarten**. Stellen Sie sicher, dass Sie die Kasse zur Hand haben, obwohl mobile **Zahlungen** (wie **WeChat Pay** oder **Sei glücklich**) zunehmend akzeptiert werden.

Ride-Hailing-Dienste (z. B. Didi Chuxiong)

- **Didi Cuxin ist** Chinas Version von Uber und ist in Peking äußerst beliebt.
  - **Preis**: Es ist im Allgemeinen günstiger als Taxis, insbesondere für kurze Fahrten.
  - **Zahlung**: Sie können bezahlen mit WeChat **Pay,Sei glücklich**, oder **Kreditkarten**.

Tipps für Taxis und Mitfahrdienste

- **Sprachbarriere**: Taxifahrer verstehen oft nur schwer Englisch. Lassen Sie Ihre Zieladresse in chinesisch oder verwenden Sie eine Übersetzungs-App, um es dem Fahrer zu zeigen.
- **Verkehr**: Der Verkehr in Peking kann schwer während der Stoßzeiten, also Mitfahrdienste können zu diesen Zeiten langsamer oder teurer sein.
- **Sicherheit**: Verwenden Sie nur offizielle **Taxis oder verifizierte Mitfahrdienste.**

4. Radfahren und Wandern

Fahrradverleih

- Peking hat eine Reihe von Bike-Sharing-Dienste wie zum Beispiel **Mobile** und **Angebot**, bei denen Sie Fahrräder für kurze Fahrten durch die Stadt mieten können.
    - **Kosten**: Normalerweise etwa 1-2 **Yuan**(0,15–0,30 USD) für die ersten 30 Minuten.
    - **Anwendung**: Laden Sie die entsprechenden Apps herunter, finden Sie Fahrräder in der Nähe und bezahlen Sie über mobiles **Bezahlen**.

Gehen

- **Gehen ist** eine großartige Möglichkeit, Viertel wie Wangfujing,Houhai, und **Sanlitun**. Peking ist im Allgemeinen fußgängerfreundlich, insbesondere in mehr touristischen **Gebieten.**
    - **Notiz**: Die Luftqualität kann in Peking ein Problem sein, also tragen Sie eine Maske bei Bedarf, insbesondere im Winter oder während der Tage **mit hoher Luftverschmutzung**.

5. Flughafentransfers

Internationaler Flughafen Peking (PEK) und Internationaler Flughafen Peking-Daxing (PKX)

- **Vom Flughafen ins Stadtzentrum (PEK)**:
    - **Flughafen-Express (U-Bahn)**: Der **Flughafen-Expresslinie verbindet Internationaler Flughafen Peking** Zu **Bahnhof Dongzhimen** etwa 20 **Minuten Der** Fahrpreis beträgt 25 **Yuan**(4 USD).
    - **Taxi**: Ein Taxi vom Flughafen in zentrale Bereiche wie Wangfujing oder **Platz des Himmlischen Friedens kostet rund 100-150 Yuan**(15–23 USD).
    - **Shuttlebus**: Es gibt **Flughafen-Shuttlebus Das** kostet ungefähr 20-30 **Yuan**(3–5 USD), abhängig von Ihrem Reiseziel.
- **Vom Flughafen ins Stadtzentrum (PKX)**:
    - **Metro**: Der **Daxing Flughafenlinie verbindet** die neuen Flughafen **Daxing** zu Südbahnhof **Peking** etwa 30 **Minuten. Der** Fahrpreis beträgt 35 **Yuan**(5 USD).
    - **Taxi**: Ein Taxi vom Flughafen **Daxing ins** Zentrum von Peking kann etwa 120-180 **Yuan**(18–27 USD) kosten, je nach Verkehr.

Saisonale Veranstaltungen und Tempelfeste

Peking ist eine Stadt, die ihr reiches kulturelles Erbe bewahrt durch saisonale **Veranstaltungen** und **Tempelmessen,** bietet Besuchern die einzigartige Gelegenheit, die Traditionen, Feste und die lebendige Atmosphäre der Stadt das ganze Jahr über zu erleben. Von den Chinesischen **Neujahrsfeiern** zum Mittherbstfest, diese Veranstaltungen sind eine hervorragende Möglichkeit, in die lokale Kultur einzutauchen.

1. Chinesisches Neujahr (Frühlingsfest)

Wann: Ende Januar bis Februar (Mondneujahr)

Hintergrundgeschichte:

Chinesisches Neujahr ist das bedeutendste und am meisten gefeierte Fest in China. Es markiert den Beginn des neuen Mondjahres, wobei jedes Jahr mit einem der 12 **chinesischen Tierkreiszeichens** ist Zeit für Familientreffen,Feste,Feuerwerk Und die Ankunft des Frühlings. Die Feierlichkeiten dauern 15 Tage, mit dem Laternenfest Abschluss der Feierlichkeiten.

Wichtige Highlights in Peking:

- **Tempel Messen:** Während des chinesischen Neujahrsfestes Tempelmessen finden sich verschiedene Tempel, wie die Tempel **der Erde,Tempel des Himmels**, und **Ditan Park**. Diese Messen bieten traditionelle chinesische **Oper,Volkstänze,Kalligraphie**, und **lokale Snacks Besucher** können die besten kulturellen Traditionen Pekings erleben, darunter Schlagzeug Auftritte,Löwen, Tänze, und **Feuerwerkskörper-Displays**.
- **Frühlingsfest-Gala**: Der **Chinesische Neujahrs Gala ist** eine Fernsehshow, die von Millionen von Menschen im ganzen Land gesehen wird. Die Gala beinhaltet Tanzvorführungen,Sketche, und **Singen, die** die chinesische Kultur feiern.

Tipps:

- **Transport**: Es ist wichtig, den Transport im Voraus zu buchen, da das chinesische Neujahrsfest die verkehrsreichste **Reisezeit in China ist.**
- **Unterkunft**: Hotels sind schnell ausgebucht, reservieren Sie also frühzeitig.
- **Was Sie erwartet:Menschenmassen bei** den wichtigsten Touristenattraktionen, aber die**Tempelmessen**bieten ein authentisches und spannendes Erlebnis.

2. Laternenfest

Wann: 15. Tag des chinesischen Neujahrs (normalerweise im Februar)

Hintergrundgeschichte:

Das **Laternenfest markiert** den letzten Tag der Chinesischen **Neujahr Feierlichkeiten.** Es ist gekennzeichnet durch die Beleuchtung von bunte **Laternen Und** ist traditionell eine Zeit für Familientreffen Dieses Festival hat seine Wurzeln im Buddhismus Und wird mit verschiedenen Bräuchen gefeiert, wie dem Lösen von Rätseln, die auf Laternen geschrieben sind, und dem Genießen von süßen Knödeln, genannt Tangyuan.

Wichtige Highlights in Peking:

- **Laternen-Displays:** Der **Himmelstempel** und der **Beihai-Park verwandeln** sich in magische Orte mit Tausenden **von Laternen, die den** Nachthimmel erleuchten.
- **Kulturelle Darbietungen**: Erwarten **traditioneller Tanz, Volksmusik und** Laternenausstellungen, wo Sie kompliziert geformte **Laternen**(Tiere, Blumen und Fabelwesen).
- **Essen**: Traditionelle Snacks wie Tangyuan(süße Reisknödel) werden in Hülle und Fülle verkauft, und es gibt viele Möglichkeiten, sie zu probieren, lokale **Peking-Gerichte**.

Tipps:

- **Transport**: Der **Himmelstempel** und der **Beihai-Park können** überfüllt sein, daher ist es am besten, früh zu kommen, um einen guten Platz zum Zuschauen zu finden.
- **Aktivitäten**: Beteiligen Sie sich an der Lösung Laternenrätsel, die eine lustige und interaktive Tradition sind.

3. Mittherbstfest (Mondfest)

Wann: 15. Tag des 8. Mondmonats (normalerweise im September oder Oktober)

Hintergrundgeschichte:

Das **Mittherbstfest feiert** den Vollmond und die Erntezeit. Es ist eine Zeit für Familientreffen, den Genuss von Mondkuchen (einem traditionellen Gebäck) und die Bewunderung der Mond Dieses Fest ist tief in der chinesischen Mythologie verwurzelt, mit Legenden wie der von lÄndern, die Mondgöttin.

Wichtige Highlights in Peking:

- **Mondkuchen**: Ein Essen, das man während dieses Festivals unbedingt probieren muss.Mondkuchen werden in verschiedenen Geschmacksrichtungen verkauft, von traditionell Lotussamen passt zu modernen Füllungen wie Eiscreme oder **Schokolade**.

- **Tempel Messen:** Der **Beihai-Park** und der **Lebenspark sind** ausgezeichnete Orte für Mondbeobachtung während dieser Zeit. Die Parks werden lebendig mit Familien, die traditionelle **Aufführungen,Teezeremonien**, und Laternen Ausstellungen.
- **Kulturelle Darbietungen**: Genießen **klassischer chinesischer Tanz,Oper**, und **Poesie-Rezitationen Vor Ort Tempel messen** oder **Parks**.

Tipps:

- **Transport**: Der **Tempel messen.Der** Eintritt ist frei, aber erwarten Sie überfüllte **öffentliche Verkehrsmittel**, insbesondere in der Nähe von Parks wie Beihai.
- **Beste Zeit**: Der **Vollmond Am** 15. Tag bietet die besten Aussichten, und öffentliche Versammlungen finden oft in Parks mit Möglichkeiten **zur Mondbeobachtung**.

4. Qingming-Fest (Tag des Grabfegens)

Wann: 4. oder 5. April

Hintergrundgeschichte:

Das **Qingming-Fest ist** eine Zeit, in der die Vorfahren geehrt werden, indem man ihre Gräber besucht und reinigt. Das Fest ist ein wichtiger Teil der chinesischen Kultur und betont den Respekt vor den Älteren und der Familienlinie. Es ist auch bekannt als Tag **des Grabfegens**.

Wichtige Highlights in Peking:

- **Grabreinigung in Tempeln**: Menschen besuchen antike **Tempel wie die Himmelstempel, um ihre** Vorfahren zu ehren, und der Tag ist geprägt von Familientreffen und Angeboten an den Verstorbenen.
- **Frühlingsausflug**: Es ist auch eine Zeit für Frühlingsausflug und Parks wie Duftender **Hügelpark** und **Lebenspark Sind** voller Menschen, die fliegen Drachen.
- **Drachensteigen**: Fliegen Drachen ist eine traditionelle Aktivität während Qingming, symbolisiert die Freilassung von**böse Geister**.

Tipps:

- **Wetter**: Qingming fällt oft im Frühling, also erwarten Sie angenehmes, gemäßigtes Wetter, perfekt für Outdoor-Aktivitäten wie Drachensteigen.
- **Menschenmassen**: Tempel und öffentliche **Parks**Es wird viel los sein, kommen Sie also früh, um den Menschenmassen zu entgehen.

5. Drachenbootfest (Duanwu-Fest)

Wann: 5. Tag des 5. Mondmonats (normalerweise im Juni)

Hintergrundgeschichte:

Der **Drachenbootfest Erinnert** an den Tod des Dichters Qu **Yuan**, der ertrank im Miluo-Fluss Das Festival ist geprägt von Drachenbootrennen, das Essen von zongzi(klebrige Reisklöße in Bambusblätter gewickelt) und das Aufhängen von Amuletten um böse Geister abzuwehren.

Wichtige Highlights in Peking:

- **Drachenbootrennen: Drachenbootrennen** bei **Shichahai,Pekings Seen und** andere große Gewässer. Diese Veranstaltungen sind spannend und ziehen große Menschenmengen an.
- **Zongzi**: Genießen **Zongzi,** die in vielen Märkten verkauft werden, oft gefüllt mit süßen **oder herzhafte Zutaten**.
- **Kulturelle Veranstaltungen**: Verschiedene kulturelle Darbietungen und Veranstaltungen im Zusammenhang mit Qu **Yuans Geschichte finden** statt an Orten wie dem Tempel **der Erde oder Himmelstempel.**

Tipps:

- **Transport:Drachenbootrennen und** Messen können überfüllt sein, also ist es am besten, früh anzureisen oder zu nutzen öffentliche **Verkehrsmittel**.
- **Essen**: Nicht verpassen Zongzi, das traditionell während dieses Festes gegessen wird.

6. Wintersonnenwende-Festival (Dongzhi-Festival)

Wann: 21. oder 22. Dezember

Hintergrundgeschichte:

Das **Wintersonnenwende-Festival markiert** die längste Nacht des Jahres und ist ein wichtiges Ereignis in China, insbesondere für Familien. Es ist eine Zeit, um traditionelle Knödel und **heiße Suppen symbolisiert** Wärme und Familienzusammenhalt.

Wichtige Highlights in Peking:

- **Knödel essen**: Das Wintersonnenwende-Fest ist bekannt für die Tradition des Essens Knödel, insbesondere in Peking, wo viele Familien zusammenkommen, um sie gemeinsam zuzubereiten und zu essen.
- **Kulturelle Darbietungen**: Es gibt normalerweise traditionelle **Aufführungen**, einschließlich **Peking-Oper** und **Volkstanz**, in verschiedenen Tempeln und öffentlichen Plätzen.

Tipps:

- **Essen:Knödel** und **Eintopf sind** die Hauptspeisen, die Sie während dieses Festivals genießen können. Achten Sie also darauf, ein lokales Restaurant zu finden, das diese Spezialitäten anbietet.
- **Feierlichkeiten**: Es ist ein mehrfamilien zentrales Festival, daher finden viele Veranstaltungen in Privathäusern oder kleineren Veranstaltungsorten statt.

XI'AN: TOR ZUM ALTEN CHINA
Geschichte: Die Anfänge der Seidenstraße und das Qin-Reich

Xi'an, bekannt als Ausgangspunkt **der Seidenstraße, ist** eine der historisch bedeutendsten Städte Chinas. Sie war einst die Hauptstadt mehrerer alter Dynastien, insbesondere der Qin-Dynastie, die China vereinte, und die Tang-Dynastie, in der die Stadt ihren Höhepunkt als kulturelles und wirtschaftliches Zentrum erreichte. Xi'an ist ein lebendiges Zeugnis der kaiserlichen Vergangenheit Chinas mit beeindruckenden Monumenten, alten Straßen und unzähligen archäologischen Schätzen.

1. Das Qing-Reich und die Geburt der Seidenstraße

Die Qin-Dynastie (221–206 v. Chr.)

Xi'an, damals bekannt als Chang'an, war die Hauptstadt der Qin-Dynastie, gegründet von Qin **Shi Huang**, dem ersten Kaiser des Vereinigten Königreichs. Das Qing-Reich ist vor allem für die Gründung der ersten **zentralisierten Reichsregierung in der** chinesischen Geschichte. Die Chinesische **Mauer wurde** in dieser Zeit erweitert, um sich gegen die nomadischen Stämme des Nordens zu verteidigen, und das Reich standardisierte Gewichte, **Maße und Währung und** legt damit den Grundstein für die künftige wirtschaftliche Entwicklung.

- **Qin Shi Huang und die Terrakotta-Armee**: Einer der bedeutendsten Überreste des Qing-Reiches ist die Terrakotta-Armee, entdeckt in der Nähe Xi'an im Jahr 1974. Diese lebensgroßen Tonsoldaten wurden geschaffen, um Kaiser Qin **Shi Huang Im** Jenseits, symbolisiert seine Macht und die Größe des Reiches. Die Armee, die über 8.000 **Soldaten**, bleibt eine der wichtigsten archäologischen Entdeckungen des 20. Jahrhunderts.

Der Aufstieg der Seidenstraße

Xi'ans Rolle als östlicher Endpunkt der Seidenstraße begann während der Han-Dynastie(2006 v. Chr. – 220 n. Chr.), doch seine Wurzeln reichen bis in die Qin-Dynastie zurück. Chang'an war der Ausgangspunkt für Kaufleute und Händler, die sich westwärts zum Mittelmeer wagten, und erleichterten so den Austausch von Waren, Ideen und Kulturen.

- **Handel und kultureller Austausch**: Der **Seidenstraße war** nicht nur ein Kanal für Luxusgüter wie Seide,Gewürze, und **Edelsteine**, sondern auch für Buddhismus und andere kulturelle Austauschen. Xi'an wurde zu einem Schmelztiegel der**Zentralasiatisch,persisch**, Und **Indische Kulturen**, mit **Handelskarawanen**regelmäßig durch seine Tore gehen.
- **Chang'ans kosmopolitischer Einfluss**: Unter der Tang-Dynastie florierte Chang'an als eine der bevölkerungsreichsten und kosmopolitischen Städte der Welt. Gelehrte, Kaufleute und Pilger aus ganz Asien trafen sich dort. Die Stadt war ein wichtiges Zentrum für den intellektuellen **Austausch und** wurde für seine Kunst, Literatur und Fortschritte in Wissenschaft und Technologie berühmt.

2. Der große Kaiser Qin und sein Erbe

Qin Shi Huangs Vision der Unsterblichkeit

- **Das Mausoleum von Qin Shi Huang**: Etwas außerhalb von Xi'an gelegen,**Mausoleum von Qin Shi Huang ist** die letzte Ruhestätte des ersten chinesischen Kaisers. Dieses gewaltige Grab, zu dem auch die Terrakotta-Armee gehört, spiegelt den Wunsch des Kaisers nach Unsterblichkeit und seine Besessenheit wider, auch nach seinem Tod seine Macht zu sichern. Das Mausoleum des Kaisers soll gefüllt sein mit wertvollen **Schätzen und aufwändigen Fallen.Es** wurde zum Schutz vor Grabräubern errichtet, obwohl ein Großteil davon noch nicht ausgegraben wurde.
- **Die Vereinigung Chinas**: Das nachhaltigste Erbe des Qin-Reiches ist die Vereinigung der kriegführende **Staaten In** eine einzige zentralisiertes **Reich Und** legte damit den Grundstein für die Kaiserliches **China Die** folgen würden. Qin Shi Huang standardisierte viele Aspekte der chinesischen Gesellschaft, darunter Schreiben,Währung, Und **Straßennetze**, die dazu beitrug, ein riesiges und vielfältiges Land zu vereinen.

Xi'an als Geburtsort des kaiserlichen China

- Die Bedeutung von Xi'an in der chinesischen Geschichte kann nicht hoch genug eingeschätzt werden. Hier wurde die Qin-Dynastie Legte erstmals den Plan für Chinas Imperiales **System**, die durch diesEr,Tang,Ming, Und **Qing Dynastien.** Als Hauptstadt aufeinanderfolgender Dynastien wurde die Stadt für über ein Jahrtausend zum Epizentrum des politischen und kulturellen Lebens in China.

3. Die Seidenstraße: Handel, Kultur und religiöser Austausch

Wirtschafts- und Kulturzentrum

Während der Han-Dynastie Chang'an (Xi'an) entwickelte sich zur fortschrittlichsten Stadt der Welt. Sie war nicht nur die politische und wirtschaftliche Hauptstadt Chinas, sondern auch Mittelpunkt des kulturellen Austauschs über die Seidenstraße.

- **Seide**: Das wertvollste Handelsgut entlang der Seidenstraße,Seite Wurde von China ins Römische Reich und darüber hinaus exportiert.Xi'an Handwerker produzierten feinste Seide, die im Westen hoch geschätzt wurde.
- **Gewürze und wertvolle Güter**: Neben Seide werden Produkte wie Gewürze,Ausfahrt, und **Porzellan verwendet.** Im Gegenzug erhielt China Gold,Silber,Glas und **feine Textilien aus** West- und Zentralasien.

Religiöser und philosophischer Austausch

Eines der größten kulturellen Vermächtnisse der Seidenstraße war die Verbreitung von Buddhismus von Indien nach China, erleichtert durch Händler und Mönche. Zur Zeit der Tang-Dynastie(618-907 n. Chr.) wurde Chang'an zu einem Zentrum buddhistischer Gelehrsamkeit mit Klöster,Tempel, und **Buddhistische Gelehrten** in der Stadt.

- **Buddhismus in Xi'an**: Der **Riesige Wildganspagode in Xi'an** ist ein ikonisches Wahrzeichen, verbunden mit der Verbreitung **des Buddhismus in China.** Es wurde ursprünglich gebaut, um Buddhistische **Schriften aus** Indien mitgebracht von dem berühmten Mönch Xuanzang.

4. Die Tang-Dynastie und die kulturelle Renaissance

Das Goldene Zeitalter von Chang'an

- Der **Tang-Dynastie**(618-907 n. Chr.) sah Xi'an(damals noch Chang'an) erreichte den Höhepunkt seines kulturellen und wirtschaftlichen Einflusses. Es war eine der größten und wohlhabendsten Städte der Welt mit einer Bevölkerung von über 1 **Million Menschen Die** Stadt war ein Schmelztiegel **der Kulturen und** Religionen, mit Händlern, Gelehrten und Reisenden aus dem ganzen Asien, dem **Naher Osten und sogar Europa.**
- **Einfluss der Tang-Dynastie auf Kunst und Literatur**: Die blühende Kultur der Tang-Dynastie brachte einige der berühmtesten Werke der chinesischen Literatur Und **Poesie**, einschließlich der Schriften von Li **Bai** Und **Du Fu.Algenarten** Und **Keramik Auch** hier gab es bedeutende Fortschritte,**Seidenmalerei,Bronzeskulpturen**, Und **Keramik Und** beeinflusst nicht nur China, sondern auch die umliegenden Regionen.

5. Das moderne Xi'an und seine heutige Rolle

Xi'an als modernes Tor

Auch heute noch ist Xi'an eine lebendige Stadt, die alte Geschichte mit moderner Entwicklung verbindet. Die Stadt hat sich zu einem wichtigen Zentrum für Tourismus, Bildung und Industrie entwickelt. Sie ist auch ein Mittelpunkt Chinas Belt **and Road Initiative(BEI),** die versucht, die alte Seidenstraße durch Infrastrukturprojekte, die den Handel und den kulturellen Austausch fördern.

- **Xi'ans Universitäten**: Die Stadt ist Sitz renommierter Institutionen wie Xi'an **Jiaotong Universität** und **Northwest University und** ist damit ein Zentrum für Hochschulbildung und **Forschung in China.**
- **Tourismus**: Xi'an bleibt eines der beliebtesten Touristenziele Chinas und zieht jedes Jahr Millionen von Besuchern an, um die Terrakotta-Armee, die **antike Stadtmauer und** andere historische Stätten.

Sehenswürdigkeiten: Terrakotta-Armee, Antike Mauer, Muslimisches Viertel

Xi'an ist eine der historisch bedeutendsten Städte Chinas und bietet eine Mischung aus altem Erbe und modernem Charme. Die Terrakotta-Armee, die antike **Stadtmauer und das muslimische Viertel sind** einige der Hauptattraktionen, die die reiche Geschichte, Kultur und Vielfalt von Xi'an hervorheben.

1. Terrakotta-Armee

Hintergrundgeschichte

Der **Terrakotta-Armee ist** eine der bedeutendsten archäologischen Entdeckungen Chinas. Es wurde geschaffen, um Qin **Shi Huang**, den ersten Kaiser Chinas, im Jenseits. Die Stätte wurde 1974 von einheimischen Bauern entdeckt und besteht aus über 8.000 **lebensgroßen Tonsoldaten**, sowie **Streitwagen** und **Pferde**, alle sorgfältig gefertigt, um das Grab des Kaisers zu schützen. Die Terrakotta-Armee zeigt die fortschrittliche Handwerkskunst der Qin-Dynastie(221–206 v. Chr.) und seine Entdeckung hat Licht auf die militärischen und kulturellen Praktiken des alten China geworfen.

Anreise

- **Transport**: Die Terrakotta-Armee befindet sich etwa 40 **km (25 Meilen)**östlich des Stadtzentrums von Xi'an. Der einfachste Weg zum Gelände ist:
  - **Mit dem Bus**: Nehmen **Touristenbus Nr. 5** vom **Bahnhof Xi'an** oder **Ostbahnhof Xi'an**(Fahrzeit: ca.**1 Stunde**).
  - **Mit dem Taxi**: Eine Taxifahrt vom Stadtzentrum **von Xi'an: Über 45 Minuten bis 1 Stunde** (Kosten: **120-150 Yuan**, ca.**18–23 USD**).
  - **Mit einer privaten Tour**: Viele Unternehmen bieten Tagestouren, die den Transport zur und von der Terrakotta-Armee beinhalten, normalerweise kostet es etwa 300-600 **Yuan**(45–90 USD) pro Person.

Eintrittspreise

- **Allgemeiner Eintritt**:**120 Yuan**(18 USD).
- **Audioguide**:**40-60 Yuan**(6–9 USD).
- **Optionale Leistungen:Privatführer Dienstleistungen** sind für rund 150-250 **Yuan**(22–38 USD) verfügbar.

Unterkünfte in der Nähe der Sehenswürdigkeit

- **Tang Dynasty Hotel**: In der Nähe der Terrakotta-Armee gelegen, bietet Luxus Unterkünfte und traditionelle chinesische **Architektur**.
- **Xian Terracotta Army Hotel**: Eine günstigere Option, gelegen innerhalb von 5-10 **Minuten Fahrt von** der Seite.

Aktivitäten vor Ort

- **Morgen**: Die Seite öffnet um 8:30 **Uhr**. Um Menschenmassen zu vermeiden, kommen Sie am besten früh.Führung, es stehen Informationen zur Verfügung, die Ihr Verständnis der Geschichte und Bedeutung der Terrakotta-Armee vertiefen.
- **Mittagszeit**: Es gibt mehrere Restaurants in der Nähe des Eingangs, wo Sie lokale Köstlichkeiten genießen können, wieBangbian-Nudeln und **Knödel**.
- **Abend**: Die Seite schließt normalerweise um 17:00 **Uhr**, aber in der Nähe Hotels und Geschäfte ermöglichen es Ihnen, die ruhige **Atmosphäre der** umliegenden Landschaft in der Abenddämmerung.

Websites und Leitfäden

- **Offizielle Website**:Offizielle Website der Terrakotta-Armee(Ticketbuchung und Informationen).
- **Anleitungen**:**Xi'an Private Touren**(Individuelle Touren beginnen bei 500-600 **Yuan**(75–90 USD)).

2. Antike Stadtmauer

Hintergrundgeschichte

Die antike **Stadtmauer Von** Xi'an ist eine der ältesten **und vollständigste Stadtmauern** in China. Erbaut während der Ming-Dynastie(14. Jahrhundert), ist die Mauer 14 **Kilometer lang und** umschließt die Altstadt von Xi'an. Die Mauer wurde ursprünglich zur Verteidigung gegen Eindringlinge errichtet und diente als Symbol für die Bedeutung der Stadt im alten China. Heute ist sie eines der am besten erhaltenen architektonischen Relikte aus der Ming-Dynastie, und Besucher können zu Fuß oder mit dem Fahrrad auf der Mauer entlang gehen und dabei einen Panoramablick auf die Stadt genießen.

Anreise

- **Transport**: Die Stadtmauer befindet sich im Zentrum **von Xi'an**Es ist leicht zugänglich:
    - **Mit der U-Bahn**: Nehmen **Linie 2** zur U-Bahn-Station **Changan Gate** oder **Bahnhof Beidajie**(beide sind innerhalb von 5-10 **Minuten zu Fuß** erreichbar).
    - **Mit dem Taxi**: Eine Taxifahrt vom Bahnhof Xi'an dauert etwa 10-15 **Minuten** (Kosten: **15-25 Yuan**, ca.**2–4 USD**).

Eintrittspreise

- **Allgemeiner Eintritt: 5 Yuan(8** USD).
- **Fahrradverleih**:**40-100 Yuan**(6–15 USD) für eine einstündige Fahrt.
- **Elektrowagen**:**60-150 Yuan**(9–23 USD) für eine 30-minütige Fahrt mit der Kutsche entlang der Mauer.

Unterkünfte in der Nähe der Sehenswürdigkeit

- **Großer Park Xian**: In der Nähe des Südtor der Stadtmauer und bietet luxuriöse **Unterkünfte mit** einfachem Zugang zu den wichtigsten Sehenswürdigkeiten.
- **Xi'an City Wall Hotel**: A **budget friendly Option Direkt** an der Mauer gelegen, ideal für Spaziergänge.

Aktivitäten vor Ort

- **Morgen**: Beginnen Sie Ihren Tag mit einem Fahrradtour. Gehen Sie oben auf der Mauer entlang und genießen Sie die weite Aussicht auf die modernen und antiken Teile der Stadt.
- **Mittagszeit**: Besuchen Sie das Nordtor oder das Südtor **für** ein entspanntes Erlebnis und erkunden Sie alte **Tore** und **Wehrtürme**.
- **Abend: Die Stadtmauer ist wunderschön beleuchtet bei** Nacht, was eine malerische Kulisse schafft. Überlegen Sie für eine**Nachtspaziergang** oder **Fotosession**.

Websites und Leitfäden

- **Offizielle Website**:Stadtmauer von Xi'an
- **Anleitungen**:**Führungen durch die Stadtmauer von Xi'an**(Führungen beginnen um 200-400 **Yuan**(30–60 USD)).

3. Muslimisches Viertel

Hintergrundgeschichte

Das **muslimische Viertel ist** einer der lebendige **und kulturell reichen Gebiete von** Xi'an. In der Nähe der Großen **Moschee**, ist es die Heimat einer großen Bevölkerung von Chinesischen **Muslime**(vor allem**Hui-Muslime**). Das Viertel ist berühmt für seine geschäftigen Märkte,Straßenessen und traditioneller islamische Architektur. Im muslimischen Viertel erleben Sie die Verschmelzung von chinesisch und **Naher Osten Kulturen,** mit unterschiedlichen islamischen **Einfluss Sowohl** im Essen als auch in der Architektur sichtbar.

Anreise

- **Transport**: Das muslimische Viertel liegt im Innenstadt und ist leicht zugänglich:
  - **Mit der U-Bahn**: Nehmen **Linie 2** zum Bahnhof **Beidajie** (A **5 Minuten zu Fuß**).
  - **Mit dem Taxi**: CA 5-10 **Minuten Fahrt** vom **Bahnhof Xi'an** (Kosten: **15-20 Yuan**, ca.**2–3 USD**).

Eintrittspreise

- **Kein Eintritt Zu** besuchen die Muslimisches **Viertel**; allerdings gibt es bestimmte Attraktionen wie die Große **Moschee Kann** eine geringe Eintrittsgebühr anfallen:
  - **Eintritt zur Großen Moschee**:**25 Yuan**(4 USD).

Unterkünfte in der Nähe der Sehenswürdigkeit

- **Sofitel Legend People's Grand Hotel Xi'an**: Ein Luxushotel in der Nähe des muslimischen **Viertel** mit **modernen Annehmlichkeiten**.
- **Xi'an Hostel**: Eine preisgünstige Option, nur 10 **Minuten zu Fuß vom** muslimischen Viertel entfernt und bietet einfache Zimmer und einfachen Zugang zu den Sehenswürdigkeiten der Gegend.

Aktivitäten vor Ort

- **Morgen**: Schlendern Sie durch die engen Gassen der muslimischen **Viertel**, wo Sie lokale **Märkte, Verkauf** von frischen Früchten, Gewürzen, und **Tee finden.**
- **Mittagszeit**: Stopp für Mittagessen **in einem lokalen Restaurant Serviert Lammspieße,Nudeln,** Und **Chinesische Fladenbrote Die** Gegend ist berühmt für ihre Rind- **und Lammgerichte**.
- **Abend**: Das **muslimische Viertel erwacht** am Abend zum Leben mit Straßen im Bissstände. Versuchen **Xi'ans berühmte Kebabs,gebratener Reis**, und **süße Knödel Die** Gegend ist auch ein großartiger Ort für Einkaufen von Souvenirs wie geschnitzte **Holzarbeiten** und **handgefertigter Schmuck**.

Websites und Leitfäden

- **Offizielle Website**: Informationen zum muslimischen Viertel
- **Anleitungen**:**Xi'an Food Tours**(Erkunden Sie die muslimischen **Viertel und** andere kulinarische Hotspots. Die Preise für Food-Touren beginnen bei 300-500 **Yuan**(45–75 USD)).

Unterkünfte & Budget-Tipps

Xi'an bietet eine große Auswahl an Unterkünften, von Luxushotels zu preisgünstigen **Hostels**, sodass für jeden Reisenden etwas dabei ist. Egal, ob Sie auf der Suche nach 5-Sterne-Luxus,historischer **Charme**, oder **erschwingliche Option Xi'an sind, liegt** in der Nähe der wichtigsten Touristenattraktionen und bietet alles.

1. Sofitel Legend People's Grand Hotel Xi'an

Beschreibung

Der **Sofitel Legend People's Grand Hotel Ist ein Luxushotel liegt** im Herzen von Xi'an und verbindet Französische **Eleganz Mit** traditionelle Chinesische Architektur Das Hotel bietet geräumige **Zimmer**, ein **Innenpool**, A **Fitnesscenter**, Und **exquisite Speisemöglichkeiten**. Es ist perfekt für Reisende, die High-End-Service und **Komfort und** das in zentraler Lage.

Preisspanne (verschiedene Jahreszeiten)

- **Nebensaison (November bis März)**:**1.200–1.800 Yuan (180–270 USD)**pro Nacht.
- **Hochsaison (April bis Oktober)**:**2.000–3.500 Yuan (300–520 USD)**pro Nacht.

Standort und Website

- **Adresse**:**Nr. 319 Dongdajie Street, Xi'an**, China.
- **Webseite**:Sofitel Legend People's Grand Hotel Xi'an

Nähe zum Bahnhof

- **Bahnhof Xi'an**:**10 Minuten mit** dem Taxi oder 15 **Minuten mit** der U-Bahn.
- **Nordbahnhof Xi'an**:**25 Minuten mit** dem Taxi.

Transportkosten

- **Taxi**: Um **20–30 Yuan (3–5 USD)** vom **Bahnhof Xi'an**.
- **U-Bahn**: Nehmen **Linie 2** aus **Bahnhof Xi'an** Zu **Bahnhof Beidajie**(3 Haltestellen; Kosten:**3 Yuan**, ca.**0,50 USD**).

Einrichtungen/Leistungen

- **Luxuriöse Annehmlichkeiten**: Innenpool,Fitnessstudio und **Spa**.
- **Essen**: Eine Vielzahl von internationalen **und lokalen Restaurants**.
- **Zentrale Lage**: Zu Fuß erreichbar, muslimisches **Viertel,Stadtmauer von Xi'an**, und **Glockenturm**.
- **Bequemlichkeit**: In der Nähe von Einkaufszentren,Restaurants, und **Kulturstätten**.

2. Großer Park Xian

Beschreibung

Der **Großer Park Xian ist** ein Mittelklassehotel in der Nähe der Antike **Stadtmauer** Und **Große Wildganspagode Dieses** Hotel bietet komfortable **Zimmer**, A **Fitnesscenter**, und **Konferenzausstattung**, was es ideal für Urlauber und Geschäftsreisende macht. Dank seiner zentralen Lage können Sie die wichtigsten Sehenswürdigkeiten von Xi'an bequem erkunden.

Preisspanne (verschiedene Jahreszeiten)

- **Nebensaison (November bis März)**:**500–800 Yuan (75–120 USD)**pro Nacht.
- **Hochsaison (April bis Oktober)**:**800–1.400 Yuan (120–210 USD)**pro Nacht.

Standort und Website

- **Adresse**:**12-20 South Street, Xi'an, Shaanxi, China**.
- **Webseite**:Großer Park Xian

Nähe zum Bahnhof

- **Bahnhof Xi'an: Mit** dem Taxi oder 20 **Minuten mit** der U-Bahn.
- **Nordbahnhof Xi'an**:**25 Minuten mit** dem Taxi.

Transportkosten

- **Taxi**: Um **20–30 Yuan (3–5 USD)** vom **Bahnhof Xi'an**.
- **U-Bahn**: Nehmen **Linie 2** aus **Bahnhof Xi'an** Zu **Glockenturm-Station**(3 Haltestellen; Kosten:**3 Yuan**, ca.**0,50 USD**).

Einrichtungen/Leistungen

- **Standort**: Nahe **der alten Stadtmauer von Xi'an**, ideal zum Erkunden historischer **Stätten**.

- **Essen**: Eine Mischung aus chinesischer **und westlicher Küche** verfügbar.
- **Bequemlichkeit**: In der Nähe von Major Einkaufszentren und **Restaurants**. Ideal für Touristen und Geschäftsreisende gleichermaßen.
- **Ausstattung:Fitnesscenter,Schwimmbad und Konferenzräume**.

3. Xi'an Hostel (Budget-Option)

Beschreibung

Für preisbewusste Reisende,**Xi'an Hostels Ist** eine ausgezeichnete Wahl. In der Nähe des Muslimisches **Viertel** Und **Glockenturm**Es bietet einfache, aber komfortable Unterkünfte, darunter Gemeinschafts Schlafsäle Und **Privatzimmer Das** Hostel bietet eine großartige Gelegenheit, andere Reisende kennenzulernen und eine mehr lokale **Atmosphäre**.

Preisspanne (verschiedene Jahreszeiten)

- **Nebensaison (November bis März):80–200 Yuan (12–30 USD)**pro Nacht für ein Bett im Schlafsaal und 300–500 **Yuan (45–75 USD)**für ein Privatzimmer.
- **Hochsaison (April bis Oktober):150–300 Yuan (23–45 USD)**pro Nacht für ein Bett im Schlafsaal und 500–700 **Yuan (75–105 USD)**für ein Privatzimmer.

Standort und Website

- **Adresse**:**Nr. 12, You Yi West Road, Xi'an**, China.
- **Webseite**:Xi'an Hostel

Nähe zum Bahnhof

- **Bahnhof Xi'an**:**10 Minuten mit** dem Taxi oder 15 **Minuten mit** der U-Bahn.
- **Nordbahnhof Xi'an**:**30 Minuten Mit** dem Taxi.

Transportkosten

- **Taxi**: Um **15–20 Yuan (2–3 USD)** vom **Bahnhof Xi'an**.
- **U-Bahn**: Nehmen **Linie 1** aus **Bahnhof Xi'an** Zu **Glockenturm-Station**(3 Haltestellen; Kosten:**3 Yuan**, ca.**0,50 USD**).

Einrichtungen/Leistungen

- **Budgetfreundlich**: Ideal für Alleinreisende und Rucksacktouristen.
- **Soziale Atmosphäre**: Gemeinschaftsbereiche zum Treffen mit anderen Reisenden.
- **Zentrale Lage**: In der Nähe von Muslimisches **Viertel,Stadtmauer von Xi'an und Glockenturm**.
- **Touristische Dienstleistungen**: Angebote, Reisebuchungen Und **Beratung Zu** Unternehmungsmöglichkeiten in Xi'an.

4. Xi'an Jianguo Hotel

Beschreibung

Das **Xi'an Jianguo Hotel ist** ein Vier-Sterne-Hotel mit komfortable **Unterkünfte mit** einer Mischung aus chinesischem **und westlichem Stil**. In der Nähe des Stadtzentrums **von Xi'an**, bietet dieses Hotel moderne **Annehmlichkeiten** wie **Konferenzräume**, A **Fitnesscenter**, und **Restaurants**. Es ist eine solide Wahl für Reisende, die ein ausgewogenes Verhältnis von Komfort und Bequemlichkeit suchen, ohne den Luxuspreis zahlen zu müssen.

Preisspanne (verschiedene Jahreszeiten)

- **Nebensaison (November bis März):700–1.200 Yuan (105–180 USD)**pro Nacht.

- **Hochsaison (April bis Oktober):1.200–1.800 Yuan (180–270 USD)**pro Nacht.

Standort und Website

- **Adresse**:**Nr. 8 West Street, Xi'an**, China.
- **Webseite**:Xi'an Jianguo Hotel

Nähe zum Bahnhof

- **Bahnhof Xi'an: Mit** dem Taxi oder 20 **Minuten mit** der U-Bahn.
- **Nordbahnhof Xi'an**:**25 Minuten mit** dem Taxi.

Transportkosten

- **Taxi**: Um **20–30 Yuan (3–5 USD)** vom **Bahnhof Xi'an**.
- **U-Bahn**: Nehmen **Linie 2** aus **Bahnhof Xi'an** Zu **Bahnhof Beidajie**(3 Haltestellen; Kosten:**3 Yuan**, ca.**0,50 USD**).

Einrichtungen/Leistungen

- **Bequemlichkeit**: Zentral gelegen mit einfachem Zugang zu öffentlichen **Verkehrsmittel**.
- **Essen**:**Chinesische und westliche Restaurants vor** Ort.
- **Moderne Annehmlichkeiten:Fitnesscenter,Schwimmbad und Konferenzausstattung**.

5. Das Silk Road Dunhuang Hotel Xi'an

Beschreibung

Der **Silk Road Dunhuang Hotel Ist** ein gehobenes Hotel **im chinesischen Stil Befindet** sich in der Nähe des Antike **StadtmauerN** bietet eine einzigartige Mischung aus traditionellen Dekor **im Dunhuang-Stil** mit **moderne Annehmlichkeiten**Das Hotel verfügt über große **Räume**,**großzügige Gärten Und** eine Vielzahl von Speisemöglichkeiten.

Preisspanne (verschiedene Jahreszeiten)

- **Nebensaison (November bis März):800–1.500 Yuan (120–225 USD)**pro Nacht.
- **Hochsaison (April bis Oktober):1.500–2.500 Yuan (225–375 USD)**pro Nacht.

Standort und Website

- **Adresse**:**Nr. 70 West Street, Xi'an**, China.
- **Website:Silk** Road Dunhuang Hotel

Nähe zum Bahnhof

- **Bahnhof Xi'an**:**10-15 Minuten mit** dem Taxi oder 20 **Minuten mit** der U-Bahn.
- **Nordbahnhof Xi'an**:**25 Minuten mit** dem Taxi.

Transportkosten

- **Taxi**: Um **20–30 Yuan (3–5 USD)** vom **Bahnhof Xi'an**.
- **U-Bahn**: Nehmen **Linie 2** aus **Bahnhof Xi'an** Zu **Bahnhof Beidajie**(3 Haltestellen; Kosten:**3 Yuan**, ca.**0,50 USD**).

Einrichtungen/Leistungen

- **Kulturelle Atmosphäre**: Erleben Sie traditionelle Dunhuang-Kunst und Dekor.
- **Speisemöglichkeiten**: Mehrere **chinesische und internationale Restaurants vor** Ort.
- **Günstige Lage**: In der Nähe von Die **alte Stadtmauer von Xi'an und** andere Attraktionen.

Berühmte Snacks und lokale Lebensmittelmärkte

Xi'an ist für seine lebendige Gastronomieszene bekannt und bietet eine einzigartige Mischung aus traditionellem **Chinesisch** Und **Islamische Aromen Aufgrund** seiner historischen Rolle als Ausgangspunkt der Seidenstraße Die Stadt ist berühmt für ihre lokale **Snacks,Straßenessen**und geschäftigen Lebensmittelmärkte. Von der berühmte **Xi'an-Nudeln** zu Lammspieße, gibt es keinen Mangel an köstlichen Gerichten, die man probieren kann.

1. Biangbiang-Nudeln (Biang Biang Mian)

Beschreibung

- **Biang Biang-Nudeln Sind** dick,**handgezogene Nudeln Serviert** mit einer pikanten Sauce aus Ich **bin Weide,Essig,Chili,** Und **Knoblauch Der** Name „biang" bezieht sich auf die komplizierter **Charakter Wurde** verwendet, um den Namen des Gerichts zu schreiben, symbolisiert die Komplexität Und **Geschmack Der** Nudeln. Es ist ein beliebter Snack in Xi'an, der sowohl Füllung und **Scharf.**

Restaurants, die man unbedingt ausprobieren sollte, um Biang Biang-Nudeln zu probieren:

- **Lao Sun Jia (Alter Sun Jia)**
  - **Standort**:**NEIN. 56, Beida-Straße, Xi'an**
  - **Webseite**:Lao Sun Jia
  - **Speisekarte**:
    - **Frühstück:Bian-Bian-Nudeln mit** Ei und Gemüse (Preis:**15-20 Yuan**, ca.**2–3 USD**).
    - **Mittagessen:Bian-Bian-Nudeln** mit **Lammspieße** (Preis: **30-50 Yuan**, ca.**5–7 USD**).
    - **Abendessen:Bian-Bian-Nudeln** mit **geschmortes Schweinefleisch** und **gebratener Tofu** (Preis: **50-80 Yuan**, ca.**7–12 USD**).
  - **Vorteile**: Berühmt für die Zubereitung einiger der beste **Biang Biang-Nudeln In** der Stadt. Das Restaurant ist bei Einheimischen und Touristen gleichermaßen beliebt und bietet ein authentisches **lokales Speise Erlebnis.**
  - **Einrichtungen**: Einfache, aber gemütliche Atmosphäre mit schneller **Service und** die Möglichkeit zur Mitnahme.

2. Xi'an-Lammspieße (Yang Rou Chuan)

Beschreibung

- **Lammspieße Sind** ein beliebtes Straßenessen in Xi'an, besonders unter den Hui **Muslim**Bevölkerung. Diese Gegrillte **Lammspieße Sind** mariniert mit Gewürze Und **Chilipulver Bevor** sie über offenem Feuer gegrillt werden. Sie werden typischerweise mit Fladenbrot und ist bei vielen zu finden Straßenmärkte in Xi'an.

Restaurants, die man für Lammspieße unbedingt ausprobieren muss:

- **De Fa Chang (德发长)**
  - **Standort**:**Nr. 95, Xijing Road, Xi'an**
  - **Webseite**:De Fa Chang
  - **Speisekarte**:
    - **Frühstück:Lammspieße Serviert** mit Fladenbrot (Preis: **15-25 Yuan**, ca.**2–4 USD**).
    - **Mittagessen**:**Lammspieße** mit **gewürzter Reis** und **eingelegtem Gemüse** (Preis: **40-60 Yuan**, ca.**6–9 USD**).
    - **Abendessen:Lammspieße Mit** einer Seite von Naan Und **gegrilltes Gemüse** (Preis: **60-100 Yuan**, ca.**9–15 USD**).
  - **Vorteile**: De Fa Chang ist einer der besten Orte zum Erleben authentischer **Lammspieße nach Xi'an-Art Das** Restaurant ist berühmt für seine würzig Lammgerichte und die historische **Atmosphäre**.
  - **Einrichtungen**: Bequeme Sitzgelegenheiten im Innenbereich mit Außenterrasse für ein entspanntes Erlebnis.

3. Roujiamo (chinesischer Hamburger)

Beschreibung

- **Roujiamo**, oft genannt Chinesischer **Hamburger Ist ein Blätterteig-Fladenbrot Gefüllt** mit zerkleinertes **Fleisch**, am häufigsten Schweinefleisch oder **Lamm Das** Fleisch wird langsam gegart mit Gewürzen um ihm einen reichen und würzigen Geschmack zu verleihen. Dies ist ein Grundnahrungsmittel Straßenessen in Xi'an und ist perfekt für einen schnellen, sättigenden **Snack**.

Restaurants, die man in Roujiamo unbedingt ausprobieren sollte:

- **Shu Xiang Rou Jia Mo (Shu Xiang Rou Jia Mo)**
  - **Standort**:**Nr. 112, Südstraße, Xi'an**
  - **Webseite**:Shu Xiang Rou Jia Mo
  - **Speisekarte**:
    - **Frühstück**:**Roujiamo** mit **Sauerkraut** (Preis: **8-15 Yuan**, ca.**1–2 USD**).
    - **Mittagessen:Roujiamo Mit** einer Seite von Suppe oder **Nudeln** (Preis: **20-35 Yuan**, ca.**3–5 USD**).
    - **Abendessen:Roujiamo serviert mit Reis** und **Gemüse** (Preis: **30-50 Yuan**, ca.**4–7 USD**).
  - **Vorteile: berühmt für seine knusprigen, würziges Fladenbrot** und zartes **Fleisch**. Dies ist ein großartiger Ort, um es zu versuchen, authentisches **Roujiamo, während** Sie das Stadtzentrum erkunden.
  - **Einrichtungen**: Einfacher, schneller Service, perfekt zur Mitnahme oder zwangloses Essen.

4. Jiaozi (Knödel)

Beschreibung

- **Jiaozi**, oder chinesische Teigtaschen, sind ein Klassiker Snack Und **Mahlzeit**in Xi'an, typischerweise gefüllt mit Schweinefleisch,Rindfleisch, oder **Gemüse Sie** sind entweder gekocht,gedämpft, oder **gebraten und** oft serviert mit Ich **bin Weide** Und **Essig In** Xi'an finden Sie viele Arten von Knödel als Straßenessen oder in Restaurants serviert.

Restaurants, die man für Jiaozi unbedingt ausprobieren muss:

- **Knödelkönig**
  - **Standort**:**Nr. 8, Xianxia Road, Xi'an**
  - **Webseite**:Knödelkönig
  - **Speisekarte**:
    - **Frühstück**:**Gedämpftes Jiaozi** mit **Schweinefleisch und Kohl** (Preis: **10-25 Yuan**, ca.**2–4 USD**).
    - **Mittagessen:Nudelplatte** mit **gebratenem Knödel** und **scharf-saure Suppe** (Preis: **25-40 Yuan**, ca.**4–6 USD**).
    - **Abendessen:Knödel Bankett mit** verschiedenen Füllungen und Beilagen (Preis:**50-80 Yuan**, ca.**7–12 USD**).
  - **Vorteile**: Dumplings King ist eine berühmte **lokale Kette,** die frische, handgemachte Knödel in gemütlicher Atmosphäre bietet. Es ist ein großartiger Ort, um verschiedene zu probieren**Knödelarten.**
  - **Einrichtungen: eine lockere Atmosphäre** mit **schneller Service und** die Möglichkeit,Nudelfüllungen zu mischen **und zu kombinieren.**

5. Xi'an Nachtmärkte und Street Food

Beschreibung

- Der **Nachtmärkte In** Xi'an sind berühmt für ihr breites Angebot an Straßen Gerichten, darunter Lammspieße,Knödel,Bian Bian-Nudeln Und andere lokale **Köstlichkeiten**. Diese Märkte erwachen abends zum Leben, mit bunten Ständen, die alles anbieten von gegrilltes **Fleisch** Zu **süße Leckereien**.

Nachtmärkte, die man unbedingt besuchen muss:

- **Nachtmarkt im muslimischen Viertel**
  - **Standort**:**Muslimisches Viertel, in der Nähe der Großen Moschee, Xi'an**
  - **Website:** Informationen zum muslimischen Viertel

- **Speisekarte**:
    - **Frühstück**: Straßenhändler bieten Snacks an wie gebratener **Reis** und **süße Pfannkuchen** (Preis: **5-20 Yuan**, ca.**0,80–3 USD**).
    - **Mittagessen:Lammspieße,gebratener Tofu und kalte Nudeln** (Preis: **15-30 Yuan**, ca.**2–4 USD**).
    - **Abendessen: heißer Topf,Knödel,gewürztes Fleisch**, und **Mondkuchen** (Preis: **20-50 Yuan**, ca.**3–8 USD**).
- **Vorteile**: Eine fantastische Möglichkeit,**Xi'ans lokale Aromen während** Sie die lebendige **Atmosphäre des** Marktes. Sie können auch Souvenirs und **handgefertigte Waren einkaufen.**
- **Einrichtungen**: Ein toller Ort für zwangloses **Essen**, mit vielen Sitzmöglichkeiten **im Freien**.

Beste Reisezeit für kulturelle Veranstaltungen

Xi'an ist eine geschichtsträchtige Stadt. Ihre kulturellen Veranstaltungen bieten eine einzigartige Gelegenheit, sowohl alte Traditionen als auch moderne Feste zu erleben. Die besten Zeiten für einen Besuch kultureller Veranstaltungen hängen von der saisonalen **Feste** und **lokalen Traditionen, die** das ganze Jahr über gefeiert werden.

1. Chinesisches Neujahr (Frühlingsfest) – Ende Januar bis Februar

Hintergrundgeschichte

Das chinesische Neujahrsfest, auch bekannt als Frühlingsfest, ist das bedeutendste Fest in China. Es markiert den Beginn des neuen Mondjahres und wird gefeiert mit Familientreffen,Feuerwerk Und lebendig**Tempelmessen**In Xi'an ist diese Zeit geprägt von kulturellen **Darbietungen,traditionelle chinesische Tänze**, Und **Feuerwerkskörper-Displays**.

Wichtige kulturelle Ereignisse

- **Tempel Messen:** Erleben Sie traditionelle chinesische Kultur mit Aufführungen wie Drachentänze,Löwen, Tänze, und **Volksmusik am Tempel der Erde** und **Ditan Park**.
- **Frühlingsfest-Gala**: Der große Frühlingsfest-Gala im Fernsehen ist eines der meistgesehenen Ereignisse in ganz China. In der Stadt selbst herrscht zu dieser Zeit reges Festtreten.

Beste Reisezeit

- **Ende Januar bis Februar**: Die genauen Daten variieren jedes Jahr je nach Mondkalender, aber normalerweise Chinesisches **Neujahr fällt** Ende Januar oder Anfang Februar. Dann ist die Stadt am lebendigsten mit Festen und Tempelmessen.

2. Laternenfest – 15. Tag des chinesischen Neujahrs (Februar)

Hintergrundgeschichte

Das **Laternenfest markiert** das Ende der chinesischen Neujahrsfeierlichkeiten. Es ist gekennzeichnet durch die Beleuchtung von bunten **Laternen**, genießen Sie traditionelle Tangyuan(süße Grießknödel) und lösen Rätsel auf Laternen geschrieben. Dieses Fest ist tief verwurzelt in Buddhismus und wird mit großen Laternen, Schauen und kulturellen Darbietungen gefeiert.

Wichtige kulturelle Ereignisse

- **Laternen-Displays:** Wichtige Sehenswürdigkeiten wie der Himmelstempel und **Beihai-Park werden** mit leuchtenden Laternen beleuchtet. Diese Displays enthalten oft kompliziert geformte Laternen, die Tiere,Drachen und **Fabelwesen**.
- **Rätsel lösen**: Laternen haben oft Rätsel. Darauf stehen Rätsel, die die Besucher lösen müssen. Es ist ein unterhaltsamer und interaktiver Teil des Festivals.
- **Tangyuan**: Genießen Sie die traditionellen süße **Grießknödel auf** Märkten , was Einheit und Familie symbolisiert.

Beste Reisezeit

- **Mitte Februar**: Das **Laternenfest fällt** typischerweise auf die 15. **Tag des** chinesischen Neujahrs, das normalerweise Mitte Februar stattfindet. Es ist die perfekte Zeit für einen Besuch mit farbenfrohen Laternen, Shows und kulturellen Darbietungen.

3. Das Drachenbootfest – Juni (Mai oder Juni)

Hintergrundgeschichte

Das **Drachenbootfest feiert** den Dichter Qu **Yuan und** markiert den Beginn des Sommers. Es ist am bekanntesten verbunden mit**Drachenbootrennen**, Essen**zongzi**(in Blätter gewickelter Klebreis) und**kulturelle Darbietungen**.

Wichtige kulturelle Ereignisse

- **Drachenbootrennen**: Sehen Sie spannende Drachenbootrennen bei **Shichahai,Die Seen von Xi'an und** andere Gewässer. Diese Rennen sind eine unterhaltsame und energiegeladene Möglichkeit, die chinesische Kultur kennenzulernen.
- **Zongzi**: Das Hauptessen des Festivals ist Zongzi, ein Klebreis in Bambusblätter gewickelt, typischerweise gefüllt mit Schweinefleisch oder **roter Bohnenpaste**.
- **Kulturelle Darbietungen**: Lokale Tempel und Parks beherbergen traditionelle Aufführungen, einschließlich **Musik** und **tanzen, um den** Tag zu feiern.

Beste Reisezeit

- **Ende Mai bis Juni**: Das **Drachenbootfest fällt** typischerweise auf die 5. **Tag des 5. Mondmonats**, was im Allgemeinen im Juni stattfindet. Dies ist eine lebhafte Zeit in Xi'an mit Drachenbootrennen und kulturellen Darbietungen.

4. Mittherbstfest (Mondfest) – September oder Oktober

Hintergrundgeschichte

Das **Mittherbstfest feiert** den Vollmond, die Erntezeit und Familientreffen. Es ist eine Zeit für Mondbeobachtung, Essen, Mondkuchen(traditionelles Gebäck) und kulturelle Darbietungen genießen. Dieses Festival ist mit der Legende verändert, der Mondgöttin, und ist ein Fest der Einheit und der Herbsternte.

Wichtige kulturelle Ereignisse

- **Mondbeobachtung**: Die beste Zeit für Mondbeobachtung ist die 15. **Nacht des** Mondmonats und große Parks wie Beihai-Park sind großartige Orte, um den Vollmond zu bewundern.
- **Mondkuchen Verkostung:** Besuchen Sie lokale Bäckereien und probieren Sie Mondkuchen, die in verschiedenen Aromen, sowohl traditionell als auch modern sind.
- **Traditionelle Aufführungen**: Erwarten **traditionelle Tänze,Musik und manchmal Feuerwerk in** Kulturzentren und Tempeln.

Beste Reisezeit

- **September oder Oktober**: Das Mittherbstfest fällt typischerweise in den 8. **Mondmonat**, normalerweise im September **oder Anfang Oktober** ist eine ausgezeichnete Zeit für einen Besuch, um kulturelle Feierlichkeiten zu erleben und den Mond zu beobachten.

5. Das Qingming-Fest (Tag des Grabfegens) – 4. oder 5. April

Hintergrundgeschichte

Qingming-Fest ist eine Zeit, in der man die Vorfahren ehrt, indem man ihre Gräber besucht und sie aufräumt. Das Fest ist tief in der chinesischen Tradition verwurzelt.**Ahnenverehrung**und ist ein feierlicher Anlass, gekennzeichnet durch Grablegen und dem Verstorbenen die letzte Ehre zu erweisen.

Wichtige kulturelle Ereignisse

- **Grabreinigung**: Menschen besuchen Gräber in Parks wie Xi'ans, Xingqing **Park** oder **Qinglong-Tempel, um die** Grabsteine zu reinigen und ihren Vorfahren Essen, Weihrauch und Gebete anzubieten.

- **Frühlingsausflug**: Qingming markiert auch den Beginn der Frühlingssaison und die Menschen nehmen oft teil an Outdoor-Aktivitäten wie **Drachensteigen**.

Beste Reisezeit

- **4. oder 5. April:Qingming-Fest Findet** typischerweise am 4. oder 5. April statt und signalisiert den Beginn des Frühlings und eine Zeit für Familientreffen Und **Ehrung der Vorfahren Dies** ist auch die beste **Jahreszeit für Outdoor-Aktivitäten**, wie zum Beispiel **Drachensteigen Und genießen Picknick in** Parks.

6. Xi'an International Muslim Food Festival – Ende September bis Oktober

Hintergrundgeschichte

Das **Internationale Islamische Food-Festival Xi'an feiert** die vielfältigen kulinarischen Traditionen der Xi'an Hui **Muslim**Bevölkerung. Während des Festivals können Sie eine Reihe von authentischem **Streetfood**, einschließlich **Lammspieße,Bian-Bian-Nudeln,Roujiamo,** und **süße Leckereien** wie **Termine** und **Granatäpfel**.

Wichtige kulturelle Ereignisse

- **Streetfood-Verkostung**: Entdecken Sie das muslimisches **Viertel Für** eine große Auswahl an authentischen **Gerichten** aus **muslimischen Kulturen**, von gegrilltes **Fleisch** zu frittiertem **Gebäck**.
- **Kulturelle Darbietungen**: Traditionell Islamische **Musik** und **Tanzvorführungen Bereichern** das Fest der Xi'an Islamisches **Erbe**.

Beste Reisezeit

- **Ende September bis Oktober**: Dieses Food-Festival findet statt im Spätherbst, was es zu einer großartigen Zeit macht, Xi'an zu besuchen, um lokale Aromen zu genießen und kulturelle **Erlebnisse**.

7. Wintersonnenwende-Festival – 21. oder 22. Dezember

Hintergrundgeschichte

Der **Wintersonnenwende-Festival Markiert die längste Nacht Des** Jahres und wird seit Tausenden von Jahren gefeiert. Traditionell treffen sich Familien zum Essen Knödel und heiß Suppen, symbolisiert Wärme und Zusammengehörigkeit in den kalten Monaten.

Wichtige kulturelle Ereignisse

- **Knödelherstellung**: Xi'an-Bewohner treffen sich, um Knödel, einen wichtigen Teil des Festivals, und die Straßen sind gefüllt mit Wärme aus **Suppenverkäufer**.
- **Kulturelle Darbietungen**: Manche **Tempel** und **Kulturstätten, Gastgeber traditioneller Musik** und **Tanz, um das** Fest zu feiern.

Beste Reisezeit

- **21. oder 22. Dezember**: Das **Wintersonnenwende-Festival ist** geprägt von traditionellen Speisen und familienorientierten Aktivitäten und bietet Besuchern die Möglichkeit, Xi'an Winterkultur.

Die Stadt mit dem Fahrrad und zu Fuß erkunden

Xi'an ist eine Stadt, in der die alte Geschichte auf modernes Leben trifft, und es gibt keinen besseren Weg, dies zu erleben, als auf Entdeckungsreise, Fuß oder Fahrrad. Beide Optionen ermöglichen es Ihnen, in die Kultur der Stadt einzutauchen, ihre historischen Stätten zu erkunden und ihre pulsierenden Viertel in Ihrem eigenen Tempo zu genießen.

1. Xi'an mit dem Fahrrad erkunden

Überblick

Xi'an ist eine fahrradfreundliche Stadt, mit weiten Bürgersteige Und **Radwege**, insbesondere in zentrale **Bereiche In** der Nähe wichtiger Sehenswürdigkeiten wie dem Antike **Stadtmauer Und die Muslimisches Viertel.Bike-Sharing-Dienste Sind** leicht verfügbar, und das flache Gelände macht das Radfahren zu einem komfortabel **und bequem Weg** zu erkunden.

Fahrradverleih

- **Mobile** und **Angebot sind** die wichtigsten Bike-Sharing-Dienste in Xi'an. Diese Dienste ermöglichen es Ihnen, Fahrräder auf einem Pay-as-you-go Basis über eine mobile App.
- **Preis**: Die typischen Kosten für Mobile oder **Angebot sind rund 1-2 Yuan**(0,15–0,30 USD) für die ersten 30 **Minuten**, mit zusätzlichen Gebühren für längere Fahrten.

Beste Routen zum Radfahren

- **Antike Stadtmauer**: Ein Fahrrad zu mieten ist eine der besten Möglichkeiten, die Die **alte Stadtmauer von Xi'an Die** Wand ist 13,7 **km lang,** und Radfahren entlang der Top-Angebote Spektakuläre **Aussichten Der** Stadt Moderne **Skyline** Und **antike Architektur Fahrräder** können Sie mieten bei Südtor,Osttor, oder **Nordtor**.
- **Das muslimische Viertel**: Entdecken Sie die historische **Straßen Der Muslimisches Viertel Mit** dem Fahrrad, halten Sie an, um lokale Snacks zu probieren wie Lammspieße Und **roujiamo**. Die Straßen hier sind voller Leben und mit dem Fahrrad lässt sich die Navigation durch die geschäftigen Marktgassen leichter gestalten.
- **Große Wildganspagode**: Fahren Sie entlang der schönen **Straßen in der** Nähe des Großen **Wildganspagodes und** genießen Sie die friedliche Atmosphäre des Vom Cien-Tempelbezirk. Es gibt eine schöne Radweg, der zur Pagode führt, wo Sie Ihr Fahrrad abstellen und die umliegenden Gärten und Brunnen genießen können.

Tipps zum Radfahren

- **Sicherheit**: Obwohl Xi'an relativ fahrradfreundlich ist, kann der Verkehr dennoch chaotisch sein. Seien Sie daher vorsichtig, wenn Sie in belebten Gegenden fahren, insbesondere in der Nähe von Märkten und **großen Kreuzungen**.
- **App-Nutzung**: Verwenden Sie mobile oder **Angebote Apps,** um verfügbare Fahrräder zu finden und Zahlungen direkt von Ihrem Telefon aus zu tätigen. Die meisten Fahrräder sind mit GPS zur einfachen Lokalisierung ausgestattet.
- **Parken**: Stellen Sie Ihr Fahrrad immer in ausgewiesene **Fahrradständer oder** Bereiche, um Bußgelder zu vermeiden.

2. Xi'an zu Fuß erkunden

Überblick

Wandern ist eine der besten Möglichkeiten, die Gegend zu erkunden: Die **historischen Stätten von Xi'an** und **Nachbarschaften**. Aus dem **altenSehenswürdigkeitenwie die Terrakotta-Armee Zum Charmante **Straßen Der Muslimisches Viertel**, beim Gehen können Sie die reiche **Geschichte** Und **lokale Kultur Die** die Stadt durchdringt. Viele der berühmten Sehenswürdigkeiten von Xi'an befinden sich in unmittelbare **Nähe So** lassen sich Besichtigungen problemlos mit gemütlichen Spaziergängen verbinden.

Top-Wanderrouten

- **Alte Stadtmauer von Xi'an**
  - Gehen Sie entlang der Basis **der alten Stadtmauer oder** gehen Sie hinauf zum Spitzen für einen Panoramablick auf die Stadt. Das Westtor zu Südtor **bietet** einen landschaftlich reizvollen Spaziergang mit Blick auf die Parkanlagen, die die Mauer umgibt. Sie können auch zu Fuß in die Nähe von Glockenturm und **Trommelturm**, zwei der berühmtesten Wahrzeichen von Xi'an.
- **Muslimisches Viertel**
  - Das **muslimische Viertel ist** eine unglaublich lebendige Gegend, ideal zum Erkunden zu Fuß. Sie können durch die engen Gassen schlendern, die Große **Moschee Und** halten Sie an Imbissständen an, die traditionelle **Snacks**Das Viertel ist voller Geschichte und bei einem Spaziergang durch das Viertel können Sie sowohl die lokale **Kultur Und** die Verschmelzung von chinesisch Und **Islamische Einflüsse**.
- **Große Wildganspagode**

- Nehmen Sie ein entspannter **Spaziergang**durch die**Nordplatz**der Großen Wildganspagode, die wunderschön mit Brunnen und Statuen gestaltet ist. Die Pagode **selbst ist** ein ausgezeichneter Ort zum Fotografieren und für Spaziergänge durch die Tempelgelände bietet Ihnen ein friedliches Erlebnis.

- **Museum des Steinstelenwaldes**
  - In der Nähe des Südtor, Das **Museum des Steinstelen Waldes ist** die Heimat von über 3.000 **Steinmetzarbeiten und** Inschriften. Es ist ein ruhiger Ort, den man zu Fuß erkunden kann, da man gemütlich zwischen antiken Artefakten umher spazieren und einen Eindruck vom literarischen Erbe Xi'ans bekommen kann.

Tipps zum Wandern

- **Fußbekleidung**: Da Sie wahrscheinlich lange Strecken zurücklegen werden, ist es wichtig,**bequeme Schuhe: Die** Straßen und Gehwege der Stadt sind im Allgemeinen gut instand gehalten, aber die antiken **Gebiete**(wie die Stadtmauer) können ungleichmäßige Pfade aufweisen.
- **Wetter**: Xi'an kann es heiß **im Sommer bekommen, also** tragen Sie unbedingt Wasser und **Sonnenschutz beim** Gehen tagsüber.
- **Karten & Apps**: Xi'an ist leicht zu navigieren, aber es ist hilfreich,**Offline-Karten** (wie **Google Maps** oder **Baidu-Karten**) für Wegbeschreibungen, insbesondere in Bereichen, in denen die Schilder auf Chinesisch sein können.

3. Kombination aus Rad- und Fußwanderungen

Vorgeschlagene kombinierte Reiseroute

- **Morgen**: Beginnen Sie Ihren Tag früh mit einem Fahrradtour entlang der Stadtmauer. Das **Südtor bietet** einen tollen Ausgangspunkt, und Sie können entweder entlang der Mauer radeln oder im Stadtmuseum **von Xi'an vorbeifahren.**
- **Mittagszeit**: Gehen Sie in Richtung der muslimischen **Viertel. Für eine Wanderung nehmen** Sie sich Zeit, die lebhaften Straßen zu erkunden, probieren Sie**Lammspieße** oder **Roujiamo und** besuchen Sie die Große **Moschee**.
- **Nachmittag**: Nach dem Mittagessen machen Sie eine gemütliche gehen durch die Große **Wildganspagode Bereich** und genießen Sie die ruhigen Gärten. Sie können auch vorbeischauen bei der Vom Cien-Tempel.
- **Abend**: Beenden Sie Ihren Tag mit einem entspannten **Abendspaziergang** durch **die Altstadt von Xi'an**, genießen die Nacht marktSzene oder besuchen den Glockenturm und den **Trommelturm nachts** beleuchtet.

Vorteile der Kombination von Rad- und Fuß Erkundungen

- **Flexibilität**: Verwenden Sowohl **Fahrrad als auch zu Fuß gibt** Ihnen die Flexibilität, mehr Gebiete in kurzer Zeit zu erkunden und gleichzeitig die Möglichkeit zu haben, anzuhalten und Orte **gründlich zu** Fuß zu erkunden.
- **Übung**: Kombinieren, Radfahren und **Gehen ist** eine großartige Möglichkeit, beim Sightseeing Ihre tägliche Bewegung zu bekommen.
- **Eintauchen**: Beide Optionen ermöglichen Ihnen, tauchen **Sie ein in die lokale Kultur der Stadt und** Architektur und sorgen so für ein persönliches und persönliches Reiseerlebnis.

CHENGDU: PANDAS, GEWÜRZE UND TEEKULTUR
Historischer Überblick und Sichuan-Kulturerbe

Chengdu, die Hauptstadt von Provinz **Sichuan**, ist eine Stadt mit einem reichen kulturellen Erbe, bekannt für ihre würzige **Küche,alte Traditionen Und** natürlich seine Panda population Mit über 2.000 Jahren Geschichte hat Chengdu eine zentrale Rolle in der Entwicklung der chinesischen Zivilisation gespielt. Vom Shu-Königreich zum heutigen **Hauptstadt von Sichuan ist** die Stadt ein lebendiges Zeugnis für die Entwicklung einer der kulturell lebendigsten Regionen Chinas. Dieser Abschnitt befasst sich mit der historischen und **kulturellen Erbe Von** Chengdu, von seinen Anfängen bis zu seiner Rolle als modernes Zentrum für Tourismus, Kultur und Gastronomie.

1. Die alten Wurzeln von Chengdu: Das Shu-Königreich

Die Geschichte Chengdus reicht über Vor **2.000 Jahren** war die Hauptstadt der Shu-Königreichs Während der Drei **Königreiche**(220-280 n. Chr.), eine der dramatischsten und bedeutendsten Perioden der chinesischen Geschichte. Die Stadt war bekannt für ihre strategische Lage am Ufer des Jin-Fluss und ihre Rolle in beiden Handel und **Militäroperationen**.

- **Das Shu-Königreich war** bekannt für seinen Reichtum,künstlerische **Leistungen und** Beiträge zur chinesischen Kultur. Obwohl sie von den größeren und mächtigeren Königreichen von überschattet wurden, blieb Wei Und **Wu**Shu ein kulturelles und **Wirtschaftszentrum**.
- Eine der berühmtesten Figuren dieser Zeit ist der Krieger **und Staatsmann Zhuge Liang**, eine legendäre **Figur** der chinesischen Geschichte. Seine militärischen Strategien werden noch heute studiert, und er wird oft in chinesischen Opern, der Literatur und in Filmen dargestellt.

Der **Wuhou-Schrein**, Zhuge Liang gewidmet, bleibt eine der meistbesuchten historischen Städte Chengdus und bietet Einblicke in das militärische **und kulturelle Leben** im Königreich Shu.

2. Chengdu in der Tang-Dynastie: Ein kulturelles Zentrum

Der **Tang-Dynastie**(618–907 n. Chr.) gilt als goldenes Zeitalter der chinesischen Kultur, und Chengdu war das Herzstück dieser kulturellen Blüte. Während der Tang-Dynastie war Chengdu nicht nur ein politisch Und **Wirtschaftszentrum Sondern** auch ein Kulturhauptstadt Die Stadt erlebte große Fortschritte in Literatur,Kunst, Und **Philosophie**, und sein Einfluss breitete sich auf benachbarte Regionen aus.

- **Teekultur**: Chengdu war ein wichtiges Zentrum **für Produktion während** der Tang-Dynastie und spielte eine Schlüsselrolle in der frühen **Entwicklung der chinesischen Teekultur**. Der **Sichuan-Teehandel war** entscheidend, und die berühmte Sichuan-Teehaus **- Kultur wurde** in dieser Zeit geboren. Die Teekultur in Chengdu ist nach wie vor ein zentraler Bestandteil der Identität des Ortes, und Teehäuser sind nach wie vor beliebte Treffpunkte.
- **Brokat Produktion:** Chengdu war berühmt für seine Brokat Produktion, eine reiche Tradition, die bis in die Drei **Königreiche und** blühte während der Tang-Dynastie. Die Handwerkskunst bei der Herstellung von luxuriösen Seidenstoffe War sehr gefragt und die Stadt Seidenhandel weit über China hinaus gestreckt.

3. Chengdu in der Ming- und Qing-Dynastie: Blühender Handel und Kultur

Im **Ming (1368–1644)** und **Qing (1644–1912)**Dynastien, Chengdu, weiterhin als Einkaufszentrum und profitiert von seiner Rolle als Drehscheibe **für den Handel** in der Provinz **Sichuan**.

- **Sichuan-Küche**: In der Ming- und Qing-Dynastie Sichuan-Küche hat sich zu einem der ausgeprägtesten **und einflussreichsten kulinarischen Traditionen in China entwickelt. Bekannt** für seine kräftigen **Aromen**, insbesondere die Verwendung von Gewürzen und **Sichuan-Pfefferkörner, begann** die Küche Besucher aus ganz China und darüber hinaus anzuziehen. Gewürze wie Chili,Ingwer, und **Knoblauch wurden** zu einem Grundnahrungsmittel in den Küchen von Chengdu und schufen den feurigen und betäubenden Geschmack, der heute ein Synonym für Sichuan-Essen ist.
- **Kulturelle Blüte**: Die Stadt erlebte den Aufstieg von lokalen **Opern und Aufführungen mit dem Sichuan-Oper Chengdu, seinen** eigenen unverwechselbaren Stil zu entwickeln.**Puppentheater,Schattenspiele**, und **traditionelle Volkslieder waren** auch beliebt.

Chengdu war auch der Ort von Stipendien und **literarischen Kreise**, Förderung der Entwicklung traditioneller chinesischer **Poesie** und **Kalligraphie**. Das **Du Fu Reetdachhaus**, eine historische Stätte, die dem berühmten Dichter **der Tang-Dynastie**, Du Fu, bietet einen Einblick in das intellektuelle und künstlerische Klima Chengdus während dieser Zeit.

4. Das moderne Chengdu: Wirtschaftsboom und kultureller Aufschwung

Im **20. Jahrhundert erlebte Chengdu** bedeutende Veränderungen und wandelte sich von einem historischen und kulturellen Zentrum zu einer modernen Metropole. Die Wirtschaftsreformen **des späten 20. Jahrhunderts**, gepaart mit der strategischen Lage der Stadt in Westchina, machten Chengdu zu einer der am **schnellsten wachsenden Städte in der** Region.

- **Panda-Schutz**: Chengdu ist weltweit anerkannt für seine Rolle in Pandaschutz. Der **Chengdu Forschungsstation für die Zucht von Großen Pandas ist** die Heimat von mehr **als 150 Großen Pandas**, und Besucher können diese bezaubernden Tiere in ihrem natürlichen Lebensraum beobachten und gleichzeitig etwas über die Artenschutzmaßnahmen erfahren. Chengdu ist auch der Geburtsort **des ersten Panda-Schutzgebiets der Welt und** spielt eine entscheidende Rolle beim Schutz der Art.
- **Kulinarischer Boom**: Die Stadt Sichuan-Küche erlangte internationale Anerkennung, als immer mehr Köche begannen, die regionale Küche zu präsentieren, einzigartige **Gewürze und** Kochmethoden auf globaler Ebene. Die Internationales **Food-Festival Chengdu** und **Sichuan-Hot Pot Restaurants** sind zu beliebten Zielen für Einheimische und Touristen geworden.
- **Kulturelle Renaissance**: Heute ist Chengdu ein kultureller Hotspot, der tradition Und **moderne Einflüsse Die** Stadt beherbergt verschiedene Kunstausstellungen,Musikfestivals, Und **Theateraufführungen**, wodurch das reiche künstlerische Erbe hervorgehoben wird.Chengdu-Museum Und die Sichuan-Oper Sind zwei bedeutende Kultureinrichtungen, die Touristen aus ganz China anziehen.

5. Sichuan-Teekultur: Eine zeitlose Tradition

Die Teekultur in Chengdu blüht weiterhin, mit zahlreichen traditionelle **Teehäusern, die** Besuchern die Möglichkeit bieten, diesen Aspekt des lokalen Lebens kennenzulernen. Teehäuser sind mehr als nur Orte zum Teetrinken – sie sind kulturelle Institutionen, in denen sich Einheimische treffen.**Gespräch,Schachspiele**, und **Unterhaltung**.

- **Teehäuser in Chengdu**: Teehäuser in Chengdu servieren eine Vielzahl von Tees, wie zum Beispiel Grüner **Tee,Oolong**, Und **schwarzTee,** zusammen mit lokalen Spezialitäten Tees wie auch-erh Und **Sichuan-Tee mit Kräutern**. Besucher können stundenlang sitzen, Tee genießen und traditionelle Aufführungen ansehen wie**Gesichtsveränderung**in der Sichuan-Oper.
- **Teeanbau**: Die **Region Chengdu ist** für seine Teeplantagen bekannt und Besucher können Tagesausflüge in die nahegelegenen Qingcheng-Berg oder **Emei-Berg um die** malerischen Teefelder zu erkunden. Diese Gebiete sind auch die Heimat von Tempel und **antiken buddhistischen Stätten**.

6. Chengdus Rolle in der Belt and Road Initiative

Mit der Expansion der chinesischen Wirtschaft ist Chengdu zu einer immer wichtigeren Stadt in der Belt **and Road Initiative (BEI),** das darauf abzielt, Chinas Handels- und Wirtschaft Einfluss weltweit zu stärken. Strategisch günstig gelegen in Westchina Chengdu dient als wichtiger Tor für Handelsrouten zwischen China und Zentralasien,Europa, Und **Südasien**.

Hauptattraktionen: Panda-Station, Wuhou-Schrein, Teehäuser

Chengdu, die Hauptstadt von Provinz **Sichuan**, ist eine Stadt mit kulturellem Reichtum und natürlicher Schönheit und bietet eine Mischung aus alte **Geschichte,moderne Entwicklung**, Und **einzigartige Wildlife-Erlebnisse Zu** den bekanntesten Sehenswürdigkeiten zählen die Basis **für Große Pandas**, Die **Wuhou-Schrein Und die Teehäuser,** die jeweils einen Einblick in das kulturelle und natürliche Erbe der Region bieten.

1. Panda-Basis

Hintergrundgeschichte

Der **Chengdu Forschungsstation für die Zucht von Großen Pandas**, allgemein bekannt als Basis **für Große Pandas**, ist einer der berühmtesten Orte der Welt zum Betrachten großer **Pandas in ihrem** natürlichen Lebensraum. Die Basis wurde 1987 gegründet, um die **Art erhalten und** die Öffentlichkeit über die Bedeutung des Wildtierschutzes aufzuklären. Heute beherbergt es über 150 **Große Pandas und** widmet sich Forschung,Zucht und **öffentlicher Bildung**.

Der **Basis für Große Pandas konzentriert** sich nicht nur auf den Schutz der Großen Pandas, sondern arbeitet auch daran, andere gefährdete Arten zu erhalten, wie zum Beispiel den Roten **Panda**. Besucher können sich über die Zucht informieren, sehen Pandas in verschiedenen Lebensphasen und werden Sie Zeuge der fortwährenden Naturschutz bemühen.

Anreise

- **Transport**: Der **Basis für Große Pandas befindet** sich etwa 10 **Kilometer nördlich** der Innenstadt von Chengdu und ist leicht erreichbar durch Bus,Taxi, oder **Touristen Shuttle.**
    - **Mit dem Taxi**: Es dauert ca.**30 Minuten Um** die Basis vom Stadtzentrum **von Chengdu zu erreichen (Kosten:** ca.**30-40 Yuan**, ca.**5–6 USD**).
    - **Mit öffentlichen Verkehrsmitteln**: Nehmen Sie den Bus **198** vom **Bahnhof Chengdu**(Fahrzeit: ca.**1 Stunde**).

- **Mit dem Shuttle**: Viele **Hotels** und **Reiseveranstalter bieten** Shuttle-Dienste direkt zur Panda-Basis an.

Eintrittspreise

- **Allgemeiner Eintritt: 5 Yuan(9** USD) für Erwachsene.
- **Audioguide**: Verfügbar für 30 **Yuan**(5 USD).
- **Panda-Keeper Erfahrung**: Einige Touren bieten die Möglichkeit, einen Panda Pfleger **für einen Tag zu besuchen, das** kostet etwa 1.500-2.000 **Yuan**(225–300 USD).

Unterkünfte in der Nähe der Sehenswürdigkeit

- **Das Tempelhaus**: ein Luxushotel in der Nähe der Panda-Basis, das geräumige **Zimmer**, A **Spa und** ein großartiger Standort, um Chengdu zu erkunden.
- **Chengdu Panda Base Hotel**: Eine preisgünstige Option 10 **Minuten von der Panda-Basis**, bietet komfortable Zimmer und eine günstige Lage für Familien.

Aktivitäten vor Ort

- **Morgen**: Kommen Sie früh, um die Pandas während ihrer Fütterungszeit Die Pandas sind morgens am aktivsten, daher ist dies die beste Zeit, um sie beim Bambus Fressen zu beobachten.
- **Mittagszeit**: Entdecken Sie die Panda-Kinderzimmer und besuchen die Gehege **der Roten Pandas**. Die **Panda-Pfleger-Erfahrung**(nach Vereinbarung verfügbar) bietet einen Blick hinter die Kulissen der Hundepflege.
- **Abend**: Die Basis schließt typischerweise um 18:00 **Uhr**, aber Sie können die nahe gelegenen Geschäfte **mit Panda-Thema** und **Cafés die** lange geöffnet bleiben.

Websites und Leitfäden

- **Offizielle Website:Chengdu-Groß Panda-Station**
- **Anleitungen**:**Chengdu Panda Tours**(Touren verfügbar für ca.**300-500 Yuan**(45–75 USD)).

2. Wuhou-Schrein (Wuhou Ci)

Hintergrundgeschichte

Der **Wuhou-Schrein ist** eine der historisch bedeutendsten Stätten Chengdus, gewidmet Zhuge **Liang**, Die **legendärer Militärstratege der Drei Königreiche**(220-280 n. Chr.). Es befindet sich in dem Wuhou-Tempel Komplex. Und auch Ehrungen Liu **Bei, Gründer** der Shu-Königreichs und andere Persönlichkeiten aus der Drei **Königreiche Ära.**

Der **Schrein beherbergt** zahlreiche Artefakte aus der Zeit der Drei Reiche, darunter Steininschriften Und **antike Textes** verfügt außerdem über wunderschöne **Gärten** und **Statuen**, was es für Geschichtsliebhaber zu einem friedlichen und dennoch aufschlussreichen Ort macht.

Anreise

- **Transport**: Der **Wuhou-Schrein befindet** sich in den Herzen **von Chengdu**, in der Nähe des Wuhouci-Tempels.
  - **Mit dem Taxi**: Es dauert ca.**15-20 Minuten** vom **Bahnhof Chengdu**(Kosten: ca.**15-20 Yuan**, ca.**3 USD**).
  - **Mit der U-Bahn**: Nehmen **Linie 3** zum Bahnhof **Wuhouci**, und der Schrein ist 5 **Minuten zu Fuß vom** Bahnhof.

Eintrittspreise

- **Allgemeiner Eintritt**:**60 Yuan**(9 USD) für Erwachsene.
- **Audioguide**: Verfügbar für 30 **Yuan**(5 USD).
- **Führungen**: Private Touren können arrangiert werden für 100-200 **Yuan**(15–30 USD).

Unterkünfte in der Nähe der Sehenswürdigkeit

- **Jinjiang Hotel Chengdu**: Ein komfortables 4-Sterne-Hotel nur 10 **Minuten vom** Schrein. Es bietet einfachen Zugang zu Kulturstätten **der Stadt** und **Einkaufsviertel**.

- **Sichuan Tianyu Hotel**: Eine budgetfreundliche **Option** in der Nähe der Wuhou-Schrein, bietet saubere und einfache Zimmer.

Aktivitäten vor Ort

- **Morgen**: Kommen Sie früh, um einen friedlichen **Spaziergang durch die Gärten des Schreins. Und** sehen Sie die Statuen von **Zhuge Liang** und **Liu Bei**.
- **Mittagszeit**: Erfahren Sie mehr über die Drei **Königreiche Zeitraum** durch Artefakte Und **Textanzeigen Innerhalb** des Schreins.
- **Abend**: Machen Sie abends einen Spaziergang durch die nahegelegene Alte **Straße Jinli**, ein lebendiges Viertel mit traditioneller **Architektur**, Geschäfte und Straßenessen.

Websites und Leitfäden

- **Offizielle Website**:Wuhou-Schrein
- **Anleitungen**:**Kulturelle Touren in Chengdu**(Private Touren beginnen um 300-500 **Yuan**(45–75 USD)).

3. Chengdu Teehäuser

Hintergrundgeschichte

Chengdu ist berühmt für seine Teehaus kultur, die zurückreicht auf die Tang-Dynastie(618–907 n. Chr.).Teehäuser In Chengdu gibt es mehr als nur Orte, an denen man Tee trinken kann; sie sind wichtige soziale **Räume Wo** sich Einheimische zum Chatten, Spielen treffen Mahjong, betrachten **Sichuan-Oper Und** genießen Sie das Leben in einem langsameren Tempo.**Teehäuser in Chengdu Bieten** eine Vielzahl von Sichuan-Tees Und bieten oft traditionelle **Aufführungen** wie zum Beispiel **Gesicht verändernde Oper** Und **Puppenspiele**.

Teehäuser, die man unbedingt besuchen muss

- **Huangcheng Laoma Teehaus**
  - **Standort**:**Nr. 6, Changshun Street, Chengdu**
  - **Webseite**:Huangcheng Laoma
  - **Speisekarte**:
    - **Morgen**: Traditionell grüner **Tee** mit **Dim Sum** (Preis: **20-40 Yuan**, ca.**3–6 USD**).
    - **Mittagessen**: Tee mit Knödel oder **Snacks** (Preis: **30-50 Yuan**, ca.**5–8 USD**).
    - **Abendessen**: Genießen **Sichuan-Oper** mit **Tee** und **lokale Snacks** (Preis: **50-80 Yuan**, ca.**8–12 USD**).
  - **Vorteile**: Bekannt für seine Aufführungen **der Sichuan-Oper**, darunter der berühmte**Gesichtsveränderung**Akt, den man unbedingt sehen muss.
  - **Einrichtungen**:**Sitzplätze im Innenbereich**,**Außenterrassen**, und **Live-Auftritte**.
- **Chengdu Volksteehaus**
  - **Standort**:**Nr. 5, Renmin Nordstraße, Chengdu**
  - **Webseite**:**Volks Teehaus**
  - **Speisekarte**:
    - **Morgen**:**Pu-Erh-Tee** mit **lokales Gebäck** (Preis: **15-30 Yuan**, ca.**2–4 USD**).
    - **Mittagessen**: Traditionell Sichuan-Tee **mit Kräutern** (Preis: **20-40 Yuan**, ca.**3–6 USD**).
    - **Abendessen**: Genießen Sie eine Teeverkostung mit **lokalen Snacks** (Preis: **30-60 Yuan**, ca.**5–9 USD**).
  - **Vorteile**: Ein entspannender Raum bietet traditionelle **Teezeremonien**und eine friedliche Atmosphäre.
  - **Einrichtungen**:**Life-Tee-Aufführungen**,**Teezeremonien**, und **Kulturgespräche**.

Unterkünfte in der Nähe von Teehäusern

- **Wenshu Monastery Hotel**: Ein friedliches und traditionelles **Hotel in** der Nähe von Teehäusern und dem Wenshu-Kloster Und bietet einen ruhigen Rückzugsort.
- **Das Tempelhaus**: A **luxuriös Optionsangebot moderne Annehmlichkeiten Während** sie immer noch umarmen traditionelle **Ästhetik**. Im Herzen von Chengdu gelegen, in der Nähe von Teehäusern und anderen kulturellen Sehenswürdigkeiten.

Aktivitäten in den Teehäusern

- **Morgen**: Besuchen Sie für eine traditionelle **Teezeremonie oder** entspannen Sie einfach bei einer Tasse **Sichuan-Tee und** genießen Sie die friedliche **Atmosphäre**.
- **Mittagszeit**: Engagieren Sie sich im Mahjong-Spiel mit Einheimischen oder schauen Sie sich eine Aufführung **der Sichuan-Oper an.**
- **Abend**: Genießen Sie die Gesicht **verändernde Oper oder** andere Live-Auftritte, während Sie nippen an lokaler **Tee**.

Websites und Leitfäden

- **Anleitungen**:**Chengdu Teekultur-Touren**(**Tee-Touren** ab 200-400 **Yuan**(30–60 USD)).
- **Webseite**:Chengdu Teekultur

Von Privatunterkünften bis Luxus: Wo man in Chengdu übernachten kann

Chengdu, als kulturelles und historisches Zentrum, bietet eine Reihe von Unterkunftsmöglichkeiten für jeden Reisenden, von Luxushotels Zu **charmante Privatunterkünfte**. Egal ob Sie auf der Suche nach High-End Service, einem kulturellen **Erlebnis oder** einem preisgünstigen Aufenthalt sind, Chengdu hat für jeden etwas zu bieten.

1. The Temple House (Luxushotel)

Beschreibung

Das **Tempelhaus ist ein Luxus-Boutique-Hotel, das** sich im Herzen von Chengdu befindet, eine perfekte Mischung aus modernem Design und traditioneller Architektur. Das Hotel ist ein ruhiger **Innenhof**, mit einem Schwerpunkt auf Luxus,Komfort und **Services** ist der ideale Ort für diejenigen, die gehobene **Unterkünfte mit** einem immersiven Erlebnis in Chengdus reichem kulturelles **Erbe**.

Preisspanne (verschiedene Jahreszeiten)

- **Nebensaison (November bis März):1.200-1.800 Yuan**(180–270 USD) pro Nacht für Standardzimmer.
- **Hochsaison (April bis Oktober):2.000-3.500 Yuan**(300–520 USD) pro Nacht für ein Standardzimmer.

Standort und Website

- **Adresse**:**Nr. 81, 2. Abschnitt, South Renmin Road, Chengdu**, China.
- **Webseite**:Das Tempelhaus

Nähe zum Bahnhof

- **Bahnhof Chengdu**:**10 Minuten mit** dem Taxi oder 15 **Minuten mit** der U-Bahn.
- **Ostbahnhof Chengdu**:**25 Minuten mit** dem Taxi.

Transportkosten

- **Taxi**: Um **20-30 Yuan**(3–5 USD) ab Bahnhof **Chengdu**.
- **U-Bahn**: Nehmen **Linie 2** aus **Bahnhof Chengdu** Zu **Chunxi Road Station**(4 Haltestellen; Kosten:**3 Yuan**, ca.**0,50 USD**).

Einrichtungen/Leistungen

- **Luxuriöse Annehmlichkeiten**:**Innenpool**,**Fitnesscenter**,**Spa**, und **Restaurant bieten** sowohl chinesische als auch westliche Küche.
- **Standort**: Günstig gelegen in der Nähe des Wuhou-Schrein,Alte **Straße Jinli und** andere kulturelle Sehenswürdigkeiten.
- **Leistungen**: Personalisiert**Portier**Service und private **Führungen**.

2. Wenshu Monastery Hotel (Mittelklassehotel)

Beschreibung

Das **Wenshu Monastery Hotel ist** ein Mittelklassehotel neben dem Wenshu-Kloster, einem der berühmtesten Orte Chengdu Buddhistische **Tempel Das** Hotel bietet eine ruhige Umgebung mit Zimmern mit traditionellem **chinesischem Stil**. Es ist perfekt für Reisende, die erleben möchten ruhige **Umgebung Und** gleichzeitig in der Nähe der wichtigsten Sehenswürdigkeiten der Stadt.

Preisspanne (verschiedene Jahreszeiten)

- **Nebensaison (November bis März):400-600 Yuan**(60–90 USD) pro Nacht für ein Standardzimmer.
- **Hochsaison (April bis Oktober)**:**600-1.000 Yuan**(90–150 USD) pro Nacht für ein Standardzimmer.

Standort und Website

- **Adresse**:**Nr. 66, Wenshu Yuan-Straße, Chengdu**, China.
- **Webseite**:Wenshu Monastery Hotel

Nähe zum Bahnhof

- **Bahnhof Chengdu: Minuten mit** dem Taxi oder 20 **Minuten mit** der U-Bahn.
- **Ostbahnhof Chengdu**:**25 Minuten mit** dem Taxi.

Transportkosten

- **Taxi**: Um **25-35 Yuan**(4–5 USD) ab Bahnhof **Chengdu**.
- **U-Bahn**: Nehmen **Linie 1** aus **Bahnhof Chengdu** Zu **Bahnhof Wenshu-Kloster**(2 Haltestellen; Kosten:**3 Yuan**, ca.**0,50 USD**).

Einrichtungen/Leistungen

- **Gelassenheit**: Befindet sich neben dem Wenshu-Kloster und bietet eine friedliche Atmosphäre für Meditation und Reflexion.
- **Traditioneller Stil**: Zimmer mit Chinesischem **Dekor und** Zugang zum Kloster, Buddhistische **Lehren** und **Gärten**.
- **Standort**: In der Nähe von lokalen **Märkten,Tempel,** und **Restaurants**.

3. Chengdu Panda Base Hotel (Budget-Unterkunft)

Beschreibung

Für Besucher der Chengdu-Groß Panda-Station, Das **Chengdu Panda Base Hotel bietet** eine Budget freundliche Option mit einfacher **Zugang zur** Panda Base. Es bietet einfache, **komfortable Unterkünfte für** Besucher, die vor allem Zeit im Panda-Forschungszentrum verbringen möchten.

Preisspanne (verschiedene Jahreszeiten)

- **Nebensaison (November bis März):200-400 Yuan**(30–60 USD) pro Nacht für ein Standardzimmer.
- **Hochsaison (April bis Oktober):400-600 Yuan**(60–90 USD) pro Nacht für ein Standardzimmer.

Standort und Website

- **Adresse**:**Nr. 137, Panda Road, Chengdu**, China.
- **Webseite**:Chengdu Panda Base Hotel

Nähe zum Bahnhof

- **Bahnhof Chengdu**:**30 Minuten Mit** dem Taxi oder 45 **Minuten mit** dem Bus.
- **Ostbahnhof Chengdu**:**45 Minuten mit** dem Taxi.

Transportkosten

- **Taxi**: Um **40-50 Yuan**($6-$8 USD) ab Bahnhof **Chengdu**.
- **Bus**: Nehmen **Touristenbus Nr. 2** vom **Bahnhof Chengdu**(Fahrzeit: ca.**1 Stunde**).

Einrichtungen/Leistungen

- **Panda-Erlebnis**: Nähe zur Basis **für Große Pandas Für Panda-Beobachtungen** und Naturschutz-Erlebnisse.
- **Erschwinglich**: Ideal für preisbewusste Reisende auf der Suche nach einer einfachen **Unterkunft in der** Nähe der Panda-Basis.
- **Bequemlichkeit**: Einfacher Zugang zu lokalen **Restaurants, Geschäften und touristischen Dienstleistungen**.

4. Chengdu Homestay (Traditionelles chinesisches Erlebnis)

Beschreibung

Für ein authentisches,immersives **Erlebnis**, überlegen Sie, in einem von Chengdu traditionellen **Gastfamilien Diese** Unterkünfte befinden sich oft in historischen **Innenhöfen oder** in der Nähe von lokalen **Nachbarschaften**. Sie haben die Möglichkeit, wie ein Einheimischer zu leben und die Sichuan-Kultur aus erster Hand zu erleben.

Preisspanne (verschiedene Jahreszeiten)

- **Nebensaison (November bis März):100-250 Yuan**(15–40 USD) pro Nacht für ein Privatzimmer.
- **Hochsaison (April bis Oktober):250-450 Yuan**(40–70 USD) pro Nacht für ein Privatzimmer.

Standort und Website

- **Adresse**: Verschiedene Standorte in Chengdu. Beliebte Gebiete für Privatunterkünfte sind Kuan-Zhai-Gasse und **Jinli-Straße**.

- **Webseite**: Verfügbar auf Plattformen wie Airbnb und **Booking.com**.

Nähe zum Bahnhof

- **Bahnhof Chengdu:10-20 Minuten mit** dem Taxi oder 15 **Minuten mit** der U-Bahn.
- **Ostbahnhof Chengdu:25-30 Minuten mit** dem Taxi.

Transportkosten

- **Taxi**: Um **20-30 Yuan**(3–5 USD) ab Bahnhof **Chengdu**.
- **U-Bahn**: Nehmen **Linie 1 oder 2 um** beliebte Homestay-Gebiete zu erreichen (Kosten:**3 Yuan**, ca.**0,50 USD**).

Einrichtungen/Leistungen

- **Lokale Erfahrung**: Wohnen Sie bei einheimischen Familien und erfahren Sie mehr über Chengdus **Traditionen** und **Sichuan-Küche**.
- **Kulturelles Eintauchen**: Einige Gastfamilien bieten Kochkurse,Kalligraphie, Unterricht, und **Teezeremonien**.
- **Erschwinglich**: Eine großartige Budget Option für Reisende, die entpersonalisiert Und **authentische Erfahrung**.

5. Shangri-La Hotel Chengdu (Luxushotel)

Beschreibung

Der **Shangri-La Hotel Chengdu Angebote Luxus unterkunft im** Herzen der Stadt. Das Hotel ist für seinen erstklassigen Service bekannt und bietet modernes **Design**, A **Spa Und** mehrere Restaurant Es ist perfekt für diejenigen, die suchen Fünf-Sterne Einrichtungen und Nähe zu den Einkaufsmöglichkeiten, Restaurants und kulturellen Attraktionen von Chengdu.

Preisspanne (verschiedene Jahreszeiten)

- **Nebensaison (November bis März):1.000-1.500 Yuan**(150–225 USD) pro Nacht für Standardzimmer.
- **Hochsaison (April bis Oktober):1.500-2.500 Yuan**(225–375 USD) pro Nacht für ein Standardzimmer.

Standort und Website

- **Adresse: Binjiang Dong Road, Chengdu**, China.
- **Webseite**:Shangri-La Hotel Chengdu

Nähe zum Bahnhof

- **Bahnhof Chengdu: Minuten mit** dem Taxi oder 20 **Minuten mit** der U-Bahn.
- **Ostbahnhof Chengdu.:30 Minuten mit** dem Taxi.

Transportkosten

- **Taxi**: Um **25-35 Yuan**(4–5 USD) ab Bahnhof **Chengdu**.
- **U-Bahn**: Nehmen **Linie 1** aus **Bahnhof Chengdu** Zu **U-Bahn-Station Tianfu-Platz**(5 Haltestellen; Kosten:**3 Yuan**, ca.**0,50 USD**).

Einrichtungen/Leistungen

- **Luxuriöse Annehmlichkeiten:Spa,Innenpool,Fitnesscenter**, und **mehrere Restaurants serviert** internationale Küche.
- **Erstklassige Lage**: In der Nähe der KuanZhai-Gasse,Chengdu-Museum, und **Wuhou-Schrein**.
- **Unternehmensfreundlich**: Ideal für Geschäftsreisende, mit **Tagungsräumen und Konferenzausstattung**.

Scharfe Küche & Eintopf Kultur

Chengdu ist bekannt für seine kräftige, **würzige Küche**, eines der markantesten in China.**Sichuan-Küche**, besonders bekannt für seine scharf Und **Betäubung Aromen,** zeichnet sich durch großzügige Verwendung von Sichuan-Pfefferkörner,Chilischoten,Knoblauch, Und **Ingwer Die** Stadt Hotpot-Kulturist ein absolutes Muss für jeden Chengdu-Besucher. Bei diesem gemeinschaftlichen Spielerlebnis können die Gäste ihre eigenen Zutaten in einem brodelnden Topf mit aromatischer Brühe kochen – ein unterhaltsames, interaktives und äußerst schmackhaftes Essen.

1. Chengdu-Hotpot (Haidilao-Hotpot)

Beschreibung

Haidilao ist einer der beliebtesten Hotpot-Ketten in Chengdu und ganz China. Bekannt für seine hochwertigen Zutaten, exzellenten Service und interaktives **Spielerlebnis,Haidilao Bietet** den Gästen die Möglichkeit, ihre eigene Mahlzeit in einem sprudelnden Eintopf brühe, das gewürzt ist mit Sichuan-Pfefferkörner,Chiliöl Und andere Gewürze. Die Brühe kann je nach Ihrem Gewürz Toleranz angepasst werden, und eine große Auswahl an frischem **Fleisch,Gemüse,Tofu**, und **Nudeln stehen** zum Dippen bereit.

Was sie bieten

- **Frühstück**: Hotpot wird normalerweise nicht zum Frühstück serviert, aber Sie können Nudeln **nach Szechuan-Art** und **Knödel als** leichte Kost (Preis:**20-40 Yuan**, ca.**3–6 USD**).
- **Mittagessen**: Eintopf-Sets mit verschiedenen Brühen wie würzige **Brühe,milde Brühe**, und **Kräuterbrühe** (Preis: **50-100 Yuan**, ca.**8–15 USD pro** Person).
- **Abendessen**: Volles Hotpot-Erlebnis mit einer Auswahl an Fleisch,Tofu,Knödel,Gemüse, Und **Nudeln** (Preis: **100-200 Yuan**, ca.**15–30 USD pro** Person).

Vorteile

- **Interaktives Essen**: Sie kochen Ihr eigenes Essen am Tisch, was es zu einem unterhaltsamen und geselligen Speise Erlebnis macht.
- **Anpassung**: Wählen Sie die Stufe Würzen und **Geschmack, die** zu Ihrem Gaumen passt.
- **Ausgezeichneter Service**: Bekannt für seine herausragenden Kundendienst, einschließlich kostenlose Snacks und **Nagelpflege, während** Sie auf einen Tisch warten.

Standort und Website

- **Adresse:Mehrere Standorte in Chengdu** (z.B., **Wuhouci-Straße Nr. 1**, Chengdu).
- **Webseite**:Eintopf

2. Shu Liu Xiang Hotpot

Beschreibung

Shu Liu Xiang ist ein renommierter Hot **Pot-Restaurant, der** sich auf authentische Eintopf **nach Sichuan-Art**. Im Gegensatz zu anderen Hot-Pot-Restaurants bietet Shu Liu Xiang ein traditionelles, **regionales Erlebnis**, mit einer einzigartigen Brühe aus fermentierten **Sojabohnen,Chilischoten**, und **Knoblauch**. Es ist ein großartiger Ort für diejenigen, die eine echte Sichuan-Eintopf Erfahrung in Chengdu haben.

Was sie bieten

- **Frühstück:Brei nach Sichuan-Art** (Preis: **15-25 Yuan**, ca.**2–4 USD**) und **gedämpfte Brötchen** (Preis: **10-15 Yuan**, ca.1,50–2 **USD**).
- **Mittagessen**: Eintopf mit Rindfleisch,Lamm,Tofu, und eine Auswahl an frischem Gemüse (Preis:**50-90 Yuan**, ca.**8–13 USD pro** Person).
- **Abendessen:Volles Hotpot-Erlebnis**, einschließlich **Offices,Knödel,** und **Fleischbällchen** (Preis: **100-150 Yuan**, ca.**15–22 USD pro** Person).

Vorteile

- **Authentische Sichuan-Aromen**: Genießen Sie ein traditioneller **Eintopf Erfahrung** mit würzigen Brühen und handverlesenen **Zutaten**.
- **Lokaler Favorit**: Das Restaurant ist beliebt bei Einheimischen und sorgt für einen echten Geschmack von Sichuan-Ein Topfkultur.

Standort und Website

- **Adresse**:**Nr. 20, Zhongyi Road, Chengdu**.
- **Webseite**:Shu Liu Xiang Hotpot

3. Chen Mapo Tofu (traditionelle Sichuan-Küche)

Beschreibung

Chen Mapo Tofu Ist ein legendäres Restaurant Das spezialisiert ist auf**Mapo Tofu**, A **klassisches Sichuan-Gerichte Gemacht mit weicher Tofu**,**Hackfleisch vom Schwein Und** eine reichhaltige, würzige Sauce aus Bohnenpaste,Chiliöl, Und **Sichuan-Pfefferkörner**. Das Restaurant ist nach seinem Gründer benannt,**Chen**, der das Rezept vor über 100 Jahren perfektionierte. Das Gericht ist berühmt für seine intensive **Hitze** Und **Kribbeln, Taubheitsgefühl Aus dem Sichuan-Pfefferkörner.**

Was sie bieten

- **Frühstück:Mapo-Tofu mit gedämpftem Reis** und **Gemüse** (Preis: **15-25 Yuan**, ca.**2–4 USD**).
- **Mittagessen:Mapo-Tofu serviert** mit Knödel,Nudeln, oder **Gemüse** (Preis: **30-50 Yuan**, ca.**5–8 USD**).
- **Abendessen:Mapo-Tofu, Eingestellt** mit scharfen **Nudeln**,**geschmortes Schweinefleisch**, und **gebratenem Gemüse** (Preis: **50-80 Yuan**, ca.**8–12 USD**).

Vorteile

- **Historisches Restaurant**: Erleben Sie die Original **Map Tofu**, kreiert vom legendären Gründer des Restaurants.
- **Kulinarische Tradition**: Genießen Sie ein Gericht, das die **Chengdus Restaurantszene aufgepeppt hat.**

Standort und Website

- **Adresse**:**Nr. 231, Dongmen Street, Chengdu**.
- **Webseite**:Chen Mapo Tofu

4. Xiaolong Kann-Hotpot

Beschreibung

Xiaolong Kann Hotpot Ist ein weiterer berühmter Hotpot-Kette In Chengdu, bekannt für seine würzige **Brühen** Und **frische Zutaten**Xiaolongkan ist spezialisiert auf kleine **Eintopfschalen**, sodass die Gäste ihre eigenen Zutaten in einem personalisiert Topf. Das Restaurant bietet eine Auswahl an Brühen Optionen aus **scharf** zu leicht, für jeden Geschmack etwas dabei.

Was sie bieten

- **Frühstück**:**Reisbrei nach Sichuan-Art** mit **eingelegtem Gemüse** (Preis: **10-20 Yuan**, ca.**1,50–3 USD**).
- **Mittagessen**:**Heißer Topf** mit **Rindfleisch**,**Lamm**,**Tofu und** frischen Kräutern (Preis:**40-80 Yuan**, ca.**6–12 USD pro** Person).
- **Abendessen: Persönliches Hot Pot-Set mit** einer großen Auswahl an Fleisch und Gemüse und Dip-Saucen (Preis:**80-150 Yuan**, ca.**12–22 USD pro** Person).

Vorteile

- **Vielfalt:Personalisierte Hot Pot-Schale Ermöglichen** eine individuelle Anpassung basierend auf Gewürze verträglichkeit und Ernährungsvorlieben.
- **Bequemlichkeit**: Das Restaurant ist verkehrsgünstig **gelegen in** der Nähe von Einkaufsvierteln und kulturellen Sehenswürdigkeiten, perfekt für eine Pause beim Sightseeing.

Standort und Website

- **Adresse:Nr. 288, Middle Renmin Road, Chengdu**.
- **Webseite:Xiaolong Kann** Hotpot

5. Chaochao Sichuan Restaurant (scharfe lokale Gerichte)

Beschreibung

Wenn Sie versuchen möchten traditionelle **Sichuan-Gerichte Andere** als Eintopf,**Chaochao Sichuan Restaurant Ist** ein Muss. Bekannt für seine Vielfalt an würzige **Gerichte** wie **Kung Pao Hühnchen,Fisch nach Sichuan-Art**, Und **Chiliöl-Knödel,** das Restaurant ist ein toller Ort zum Erkunden Würzige **Sichuan-Aromen In** einer eher zwanglosen Umgebung.

Was sie bieten

- **Frühstück:Reiskuchen nach Sichuan-Art** und **Tee** (Preis: **10-20 Yuan**, ca.**2–3 USD**).
- **Mittagessen:Kung Pao Huhn,gebratene Nudeln**, und **Tofu mit Chilisauce** (Preis: **30-50 Yuan**, ca.**5–8 USD**).
- **Abendessen:Fisch in Sichuan-Pfeffer Sauce,gebratenes Gemüse**, und **Teigtaschen mit Chiliöl** (Preis: **50-80 Yuan**, ca.**8–12 USD**).

Vorteile

- **Traditionelle Sichuan-Aromen**: Perfekt für alle, die es versuchen möchten, authentische **Sichuan-Gerichte jenseits des Eintopf.**
- **Lockere und freundliche Atmosphäre**: Ein großartiger Ort für Alleinreisende und Familien, mit erschwinglichen **Optionen**.

Standort und Website

- **Adresse:Nr. 100, Shuncheng Street, Chengdu**.
- **Webseite:**Sichuan

Feste: Laternenfest, Drachenboot

Chengdu, eine Stadt mit tiefen Wurzeln in Sichuanesischen **Kultur, ist** die Heimat einiger der lebendigsten und bedeutendsten Festivals in China. Zwei der bekanntesten Festivals, die in Chengdu gefeiert werden, sind das Laternenfest und das Drachenbootfest. Jedes bietet einzigartige kulturelle Erlebnisse, reiche Traditionen und die Möglichkeit, in die lokalen Bräuche einzutauchen.

1. Laternenfest

Hintergrundgeschichte

Das **Laternenfest markiert** den 15. und letzten Tag des Chinesischen **Neujahrs Feierlichkeiten, das** Ende des chinesischen Neujahrs und die Ankunft des Vollmonds. Das Festival hat alte Wurzeln und geht zurück auf die Han-Dynastie(2006 v. Chr. – 220 n. Chr.), als es ursprünglich mit dem Anzünden von Laternen gefeiert wurde, um Gottheiten zu ehren und Glück für das kommende Jahr zu bringen.

In Chengdu, der Laternenfest ist eine Explosion von Lichter, **Farben und kulturelle Darbietungen**, und es wird mit großen Laternen Shows gefeiert,**Laternenrätsel lösen und** genießen Sie traditionelle Speisen wie Tangyuan(süße Reisknödel).

Wichtige Highlights

- **Laternen Displays:** Die Stadt ist mit atemberaubenden Laternen displays in verschiedenen Parks, Straßen und Tempel. Chengdus**Wuhou-Schrein** Und **Beihai-Park**sind beliebte Orte für Laternenausstellungen mit aufwendigen Drachenlaternen,Blumenlaterne Und andere symbolische **Formen**.
- **Laternenrätsel**: Eine einzigartige Tradition des Laternenfestes ist das Rätsel. Laternen sind mit Rätseln dekoriert, und die Leute können versuchen, sie zum Spaß oder um Preise zu lösen.
- **Traditionelle Lebensmittel**: Das Hauptgericht des Laternenfests ist Tangyuan—süße, klebrige Reis, Knödel gefüllt mit Zutaten wie Sesam-Paste,rote **Bohnenpaste**, oder **Erdnussbutter**. Diese Knödel symbolisieren Familieneinheit und **Ganzheit**.
- **Drachen- und Löwentänze**: Das Festival ist geprägt von verschiedenen Ausführungen, einschließlich **Löwen, Tänze** und **Drachentänze**, die angeblich Glück für das kommende Jahr bringen.

Beste Reisezeit

- **Wann**: Das Laternenfest findet statt am 15. **Tag des ersten Mondmonats**, typischerweise im Februar **oder März**(Daten variieren je nach Mondkalender).
- **Was Sie erwartet**: In dieser Zeit ist Chengdu lebendig mit lebendigen **Feiern**. Besucher können die Laternen zeigen, genießen **kulturelle Darbietungen und** probieren traditionelle Fest Snacks.

Transport

- **Fortbewegung vor Ort**:
    - Sie können öffentliche Verkehrsmittel nutzen, die U-Bahnlinie **2**, um die**Wuhou-Schrein** oder **Beihai-Park, wo die** wichtigsten Laternenausstellungen stattfinden.
    - Taxis oder Mitfahr-Apps wie **Didi. Auch** für die Anreise zu diesen Veranstaltungen stehen Ihnen bequeme Möglichkeiten zur Verfügung.

Websites für weitere Informationen

- **Offizielle Website**:Veranstaltungen zum Chengdu-Laternenfest
- **Veranstaltungsinformationen**: Überprüfen Sie lokale Angebote für Laternenausstellungen, Rätsel und Veranstaltungstermine in der Nähe des Mondneujahres.

2. Drachenbootfest

Hintergrundgeschichte

Der **Drachenbootfest Wird** gefeiert am 5. **Tag des 5. Monats der Mondkalender,** die typischerweise in Juni Das Festival erinnert an den Tod des Dichters und Staatsmannes Qu **Yuan**, der sich im Miluo-Fluss Im Jahr 278 v. Chr. als Protestaktion gegen die korrupte Regierung. Die Einheimischen versuchten, ihn zu retten, indem sie mit ihren Booten um die Wette rannten, um seinen Leichnam zu bergen und warfen**zongzi**(in Blätter gewickelter Klebreis) ins Wasser, um zu verhindern, dass die Fische seinen Körper fressen.

Im Laufe der Jahrhunderte ist Drachenbootfest zu einer Feier der Drachenbootrennen,Zongzi **essen und** ehrt Qu **Yuan**s Geist.

Wichtige Highlights

- **Drachenbootrennen**: Einer der aufregendsten Teile des Festivals ist das Drachenbootrennen, wo Teams paddeln in dekoriertem Boot, geformt wie Drachen. In Chengdu können Sie spannende **Rennen** bei **Shuijing-Straße,Xihu-Park und entlang der Jin-Fluss**.
- **Zongzi**:**Zongzi**(klebrige Reisknödel in Bambusblättern) sind das typische Essen des Festivals. Sie werden mit verschiedenen Füllungen serviert, wie zum Beispiel Süße **rote Bohnenpaste** oder **herzhaftes Schweinefleisch** Und **Eigelb In** Chengdu,**lokale Restaurants** und **Straßenhändler servieren** sie diese Köstlichkeiten.
- **Traditionelle Rituale**: Viele Familien machen ihre eigenen Zongzi und hängen Beutel **mit Kräutern Um** böse Geister abzuwehren und schützen ihre Gesundheit während der Sommermonate.
- **Kulturelle Feierlichkeiten**: In Chengdu finden traditionelle Aufführungen statt, die Sichuan-Oper- und **Kampfkunstvorführungen. Während** des Festivals finden Veranstaltungen statt, bei denen das reiche kulturelle Erbe der Region präsentiert wird.

Beste Reisezeit

- **Wann**: Das **Drachenbootfest wird** am 5. **Tag des 5. Mondmonats**, das normalerweise in Juri ist, eines der lebendigsten und farbenfrohsten Festivals in Chengdu.
- **Was Sie erwartet**: Während dieses Festivals wird Chengdu erfüllt sein mit Drachenbootrennen, traditionellen **Imbissstände**, und **kulturelle Veranstaltungen. Es** ist eine fantastische Zeit, um zu erleben lokale **Traditionen. Während** Sie die Aufregung der Rennen.

Transport

- **Fortbewegung vor Ort**: Die Rennen finden in der Regel statt am Shuijing-Straße Oder entlang der Jin-Fluss. Nehmen Sie die U-Bahn Zug U-Bahn-Station **Shuijing-Straße** oder **U-Bahn-Station Tongjiang Road Oder** ein Taxi um zu den Veranstaltungsorten zu gelangen.
  - Da das Festival viele Menschen anzieht, ist mit Verkehrsstaus rund um die Rennstrecken zu rechnen.

Websites für weitere Informationen

- **Offizielle Website**:Drachenbootfest Chengdu
- **Veranstaltungskalender**: Suchen Sie nach lokalen **Ankündigungen** Und **Rennpläne Um** detaillierte Informationen zu Rennzeiten zu erhalten,Zongzi-Vorbereitungs-Workshops, Und **Feste Feiern** in der Stadt.

Tagesausflüge: Großer Buddha von Leshan, Berg Qingcheng

Chengdu ist nicht nur berühmt für seine würzige **Küche,Pandas**, Und **Teekultur**, sondern auch für seine Nähe zu mehreren unglaublichen Tagesausflugsziele Zwei der ikonischstenUNESCO-Welterbestätten In der Nähe von Chengdu sind die Großer **Buddha von Leshan** Und **Berg Qingcheng Beide** bieten den Besuchern ein immersives Erlebnis in Chinesische **Kultur,Geschichte**, Und **natürliche Schönheit**, was sie zu perfekten Tages Ausflugsmöglichkeiten macht.

1. Großer Buddha von Leshan

Hintergrundgeschichte

Der **Großer Buddha von Leshan**, gelegen in Stadt **Leshan Ist** die weltweit größte **Buddha-Statue aus Stein Und ein UNESCO-Weltkulturerbe Die** Statue wurde aus einer Felswand entlang der Minjiang-Fluss Während der Tang-Dynastie(618-907 n. Chr.), mit Baubeginn in 713 **n. Chr.**und Abschluss in 803 **n. Chr.**. Stehend bei 71 **Meter**(233 Fuß) hoch, es ist ein massives skulpturales **Meisterwerk Das** repräsentiert Maitreya **Buddha Die** Statue wurde von einem Mönch namens Hai **Tong Um** die turbulenten Wasser des Flusses zu beruhigen, der aufgrund seiner gefährlichen Strömungen viele Menschenleben forderte.

Wichtige Highlights

- **Die Buddha-Statue**: Das Highlight der Stätte ist der riesige Buddha selbst, der aus mehreren Blickwinkeln betrachtet werden kann, unter anderem vom Berggipfel, Die **Flussufer und einem Fußgängerweg, der** Sie näher an die Basis führt.
- **Blick vom Berggipfel**: Sie können auf den Gipfel des Hügels wandern, um die Panoramablick der Buddha und die umliegenden Flüsse und Wälder.
- **Lingyin-Tempel:** In der Nähe des Buddha gelegen,Lingyin-Tempel bietet historische Einblicke und spirituelle Bedeutung des Denkmals.
- **Bootstour zum Riesenbuddha**: Eine Bootstour **auf der Minjiang-Fluss bietet** Besuchern einen Blick aus nächster Nähe auf die Buddha-Statue vom Wasser aus, eine atemberaubende Perspektive.

Anreise

- **Transport**:
  - **Mit dem Zug**: Nehmen Sie einen Hochgeschwindigkeitszug vom **Ostbahnhof Chengdu** zum Bahnhof **Leshan** (etwa **1,5 Stunden**). Vom Bahnhof aus können Sie ein Auto zum Großer **Buddha von Leshan** (um **20 Minuten**).
  - **Mit dem Bus**: Mehrere Busse fahren vom Busbahnhof **Chengdu Xiaonanmen** Zu **Leshan**(Fahrzeit:**2 Stunden**). Von dort aus können Sie einen lokalen **Bus** oder **Taxi zur** Statue.

- **Mit einer privaten Tour**: Viele Reisebüros in Chengdu bieten Tagestouren zum Großen Buddha von Leshan, normalerweise inklusive Transport, Reiseleitung und Eintrittsgebühren.

Eintrittspreise

- **Landschaftsgebiet des Großen Buddha von Leshan**:**90 Yuan**(14 USD) für den allgemeinen Eintritt.
- **Bootstour**: Etwa **50-80 Yuan**(8–12 USD).
- **Lingyun-Tempel**: Eintrittspreis ca.**30 Yuan**(4,50 USD).

Unterkünfte

- **Leshan Grand Hotel**: A **4-Sterne-Hotel bietet** moderne Annehmlichkeiten und komfortable Zimmer. 10 **Minuten von** der riesigen Buddha-Statue.
- **Hanting Hotel Leshan**: Eine preisgünstige Option in der Nähe des Bahnhof **Leshan**, ideal für den schnellen Zugang zur Buddha-Stätte.

Aktivitäten

- **Morgen**: Kommen Sie früh, um die Buddha-Statue Und die Umgebung Tempel Besuchen Sie die Lingyun-Tempel Für ein heiteres Erlebnis.
- **Mittagszeit**: Nehmen Sie eine Bootstour auf der Minjiang-Fluss, um den Buddha aus einem einzigartigen Blickwinkel zu betrachten.
- **Nachmittag**: Besuchen Sie die Berggipfel für den Panoramablick **Der** Statue und die umgebende Naturschönheit. Genießen Sie einen gemütlichen Spaziergang durch das landschaftlich **reizvolle Gebiet**.
- **Abend**: Zurück zu Chengdu mit dem Zug oder Bus, reflektierend auf die majestätische Buddha und die spirituelle Bedeutung des Ortes.

Webseite

- **Offizielle Website des Großen Buddha von Leshan**:Großer Buddha von Leshan

2. Berg Qingcheng

Hintergrundgeschichte

Berg Qingcheng, gelegen 68 **Kilometer**(42 Meilen) westlich von Chengdu, ist einer der Chinas **berühmteste taoistischen Berge Chinas und ein UNESCO-Weltkulturerbe.** Mit seinem üppigen **Grün**, ruhiger Atmosphäre und demk. Tempel, ist Berg Qingcheng ein Zentrum für Taoismus seit der Antike. Der Name des Berges bedeutet**„grüne Stadt"**, spiegelt seine atemberaubende grüne **Landschaft**.

Der Berg Qingcheng ist berühmt für seine alte **taoistische Tempel**, einschließlich der Zhongnan-Tempel Und **Taoistische Schreine**, die seit über 2.000 **Jahre Der** Berg spielte auch eine bedeutende Rolle in Chinesische **taoistische Philosophie**, wo viele taoistische Gelehrte und Mönche nach spiritueller Erleuchtung suchen.

Wichtige Highlights

- **Zhongnan-Tempel**: Der wichtigste taoistische Tempel auf dem Berg, der seit der Han-Dynastie(206 v. Chr. - 220 n. Chr.). Der Tempel ist ein wichtiger Ort für die taoistische Praxis und verfügt über alte **taoistische Schriften**.
- **Baxian-Pavillon:** Dieser Pavillon bietet eine atemberaubende **Aussicht der** umliegenden Berge und Täler. Es ist der höchste Punkt des Berges Qingcheng.
- **Alte Pfade**: Gehen Sie die alte **taoistische Pfade Dieser** Wind durch dichte Wälder, die zu Tempeln, Schreinen und ruhigen Orten der Besinnung führen.
- **Taoistische Kultur**: Besucher können interagieren mit Taoistische **Rituale**, besuchen Sie taoistische Museen und erfahren Sie mehr über Taoistische **Praktiken An** den verschiedenen Tempeln des Berges.

Anreise

- **Transport**:
    - **Mit dem Zug**: Aus **Bahnhof Chengdu**, nehmen Sie einen Zug **nach Dujiangyan** (um **1 Stunde**), dann nehmen Sie ein Taxi oder **Bus zum Eingang zum Qingcheng-Berg** (etwa **30 Minuten**).
    - **Mit dem Bus**: Nehmen Sie ein Direktbus aus **Busbahnhof Chengdu Xinnanmen** Zu **Qingchengshan** (etwa **1,5 Stunden**).
    - **Mit einer privaten Tour**: Viele Reisebüros bieten Tagesausflüge von Chengdu nach Berg **Qingcheng**, Bereitstellung Transport,Anleitungen, Und **Eintrittskarten**.

Eintrittspreise

- **Landschaftsgebiet des Berges Qingcheng:90 Yuan**(14 USD) für den Eintritt in das Haupt Landschaftsgebiet.
- **Seilbahn (optional):65 Yuan**(10 USD) für eine Hin- und Rückfahrt mit der Seilbahn zum Bergspitze.
- **Zhongnan-Tempel**: Eintrittspreis ca.**30 Yuan**(4,50 USD).

Unterkünfte

- **Qingcheng Mountain Resort**: A **4-Sterne Hotel** befindet in **der Nähe des Bergeingangs**und bietet eine friedliche **Atmosphäre Und** wunderschöne Ausblicke auf die umliegende Natur.
- **Jugendherberge Mount Qingcheng**: A **Budget Option Liegt** in einer malerischen Gegend, perfekt für Rucksacktouristen und Alleinreisende.

Aktivitäten

- **Morgen**: Wandern oder nehmen Sie die Seilbahn zur Erkundung der Zhongnan-Tempel Und **Bixin-Pavillon.**
- **Mittagszeit**: Besuchen Sie die verschiedenen Taoistische **Schreine Und** genießen Sie eine traditionelle **taoistische Mahlzeit**.
- **Nachmittag**: Nehmen Sie ein gemütlicher **Spaziergang Entlang der alte taoistische Pfade**durch die dichte **Wälder Und** genießen Sie die Ruhe der Gegend.
- **Abend**: Zurück zu Chengdu mit dem Bus oder Zug und genießen Sie die friedliche Atmosphäre des Berges Qingcheng.

Webseite

- **Offizielle Website des Bergs Qingcheng**:Berg Qingcheng

GUILIN: KARST GIPFEL UND FLUSSTRÄUME

Natur und Legenden von Guangxi

Die Autonome Region Guangxi Zhuang im Süden Chinas ist eine Region mit atemberaubenden Naturlandschaften und reiches kulturelles Erbe. Bekannt für seine Kalkstein karstformationen,sanfte **Hügel,üppige Flüsse**, Und **ethnische Vielfalt Guangxi** ist ein Paradies für Naturliebhaber, Abenteuerlustige und alle, die in lokale Traditionen eintauchen möchten. Die Region ist außerdem reich an Legenden Und **Mythen**, mit Geschichten, die über Generationen weitergegeben wurden und seiner ohnehin schon fesselnden Schönheit eine bezaubernde Ebene verleihen.

1. Karstlandschaften von Guilin und Yangshuo

Hintergrundgeschichte

Der **Karstlandschaften** von **Guilin** Und **Yangshuo**gehören zu den ikonischen Natur Merkmalen von Guangxi. Die dramatischen Kalk steingipfel, die über Millionen von Jahren durch Erosion geformt wurden, schaffen eine atemberaubende Landschaft das Dichter, Künstler und Reisende seit Jahrhunderten inspiriert. Diese Hohe, **spitze Gipfel** Und **Schluchten Sind** am bekanntesten in der Li-Fluss, die sich durch Guilin Und **Yangshuo**, wodurch eine der landschaftlich reizvollsten Flussfahrten der Welt entsteht.

Natürliche Highlights

- **Li-Fluss**: A **sehenswert für** jeden Reisenden in Guangxi, die Li-Fluss Wird flankiert von hoch **aufragende Karstgipfel**die steil aus dem Wasser ragen und eine fast surreale Landschaft schaffen.
- **Rohrflöte Höhle:** Eine natürliche Kalksteinhöhle in der Nähe Guilin, gefüllt mit Stalaktiten,Stalagmiten, und andere atemberaubende Felsformationen, die natürlich beleuchtet wurden.
- **Elefantenrüsselberg**: Ein berühmter Hügel inGui lindas ähnelt einem Elefant **trinkt aus dem Fluss Und** bietet einen großartigen Aussichtspunkt auf die Li-Fluss Und die Stadt.

Legenden der Karstlandschaften

Entsprechend **lokale Legende**, Die **Li-Fluss Ist** benannt nach dem Familie **Li**, die angeblich vor Jahrhunderten das ruhige Wasser und die üppige Landschaft des Flusses entdeckt haben. Ein weiterer populärer Mythos besagt, dass die Karst **sollte** sind die **alte Geister eines Drachen und** dass ihre Höhen und Tiefen die Drachenrücken.

Beste Reisezeit

- **Frühling (März bis Mai)**: Die Region ist üppig, und die Das **Wetter ist mild**—perfekt für eine Flusskreuzfahrt oder **Radfahren** durch **Yangshuo**.
- **Herbst (September bis November)**: Das Wetter ist kühler und die Karstlandschaften sind in diesen Monaten besonders beeindruckend, da weniger Touristen unterwegs sind.

2. Die legendären Berge von Guangxi: Longsheng und das Rückgrat des Drachen

Hintergrundgeschichte

Guangxi ist die Heimat mehrerer legendäre **Berge Und** kulturelle Stätten, aber keine ist so berühmt wie Longsheng. Bekannt für seine Reisterrassen, Die **Longsheng Gebiet** ist auch die Heimat der Zhuang Und **Ihre Ethnischen** Minderheiten, deren Kulturen und Traditionen eng mit der Landschaft. Der **Reisterrassen von Dragon's Backbone Gehören** zu den atemberaubendsten Sehenswürdigkeiten der Region und zeigen, wie der menschliche Einfallsreichtum das Land über Jahrhunderte hinweg geprägt hat.

Natürliche Highlights

- **Reisterrassen von Dragon's Backbone**: Diese Terrassen erstrecken sich über die Hügel von Longsheng, bietet einen Panoramablick auf grüne Landschaften und stellt jahrhunderte alte landwirtschaftliche Techniken vor.

- **Landschaftsgebiet Longji**: Dieses Gebiet ist bekannt für seine unglaubliche **Aussicht Über** die Reisterrassen, und Besucher können durch die Terrassen wandern, um traditionelle ethnische **Dörfer**.

Legenden von Longsheng

- Der **Rückgrat des Drachen Ist** nach der Legende eines Drachen die die Berge geformt haben, um die Terrassenfelder zu schaffen, mit der Drachenrücken repräsentiert durch die höchsten Gipfel der Gegend.
- A **lokale Geschichte Erzählt** von einem Feeder auf die Erde herabstieg, um das goldene **Fäden Der** Reisterrassen, wo die Felder so Schön dass sie ein Teil der Drachengeschenk zum Land.

Beste Reisezeit

- **Frühling und Sommer (April bis Juli)**: Wenn die Terrasse Üppig Und **Grün**, ideal für Wanderungen und Fotografie.
- **Herbst (September bis November)**: Der **Erntezeit Ist** mit seinen goldenen Feldern, die sich über die Berge erstrecken, einer der optisch eindrucksvollsten.

3. Die Legenden des Zhuang-Volkes

Hintergrundgeschichte

Der **Zhuang Die** Menschen, die größte ethnische Minderheit in Guangxi, verfügen über ein reiches und altes kulturelles Erbe.**Legendäre Figuren Aus** der Mythologie und Folklore der Zhuang werden weiterhin gefeiert in der Kunst,Feste, Und **Rituale Des** Zhuang-Volkes. Diese Geschichten werden seit Generationen weitergegeben und zeichnen sich durch eine Mischung aus übernatürliche **Elemente** Und **lokale Traditionen**.

Beliebte Legenden

- **Die Geschichte der Mondgöttin**: Nach der Zhuang-Folklore Mondgöttin Man geht davon aus, dass es in einem geheimnisvolle **Höhle Tief** in den Bergen. Jedes Jahr steigt sie zur Erde hinab, um in den Flüssen von Guangxi zu baden. Diese Legende wird oft während der Mittherbstfest.
- **Die Legende der Silbernen Schlange**: Diese Geschichte erzählt von einem riesige **silberne Schlange Die** das Volk der Zhuang vor eindringenden Truppen schützte. Es wird gesagt, dass der Geist der Schlange noch immer das Land und die Menschen beschützt**Guangxi**bieten ihr Danke mit besonderen Tänzen und Ritualen während der Drachenbootfest.

Kulturfestivals

- **Das Zhuang Song Festival**: Ein traditionelles Fest, bei dem die Zhuang singen Volkslieder und erzählen Geschichten über ihre Vorfahren und Legenden.
- **Der **Sanyuan-Fest:** Gefeiert von der Zhuang-Volk Im April ehrt dieses Festival die**alte Götter**und beinhaltet Gesangswettbewerbe,Tänze Und das Erzählen von Legenden.

Beste Reisezeit

- **Frühling (März bis Mai)**: Besuch während der Sanyuan-Fest Die kulturellen Traditionen des Zhuang-Volkes kennenzulernen,Volkslieder Und Festivals.
- **Herbst (September bis November)**: Die Region Üppige **Landschaft** Und **schöne Flüsse Bieten** großartige Möglichkeiten für kulturelle **Erkundung**.

4. Die geheimnisvollen und heiligen Guangxi-Höhlen

Hintergrundgeschichte

Guangxi ist bekannt für seine riesige **Höhlensysteme**, von denen viele durchdrungen sind von Mystik Und **Legenden**. Höhlen waren ein bedeutender Teil von Guangxia **Geographie**, die den frühen Menschen Schutz boten und für die lokalen Gemeinschaften eine spirituelle Bedeutung hatten. Die Höhlen werden oft in Verbindung gebracht mit antike **Gottheiten** Und **mysteriöse Kräfte**.

Schlüsselhüllen

- **Rohrflöte Höhle:** Befindet sich in Guilin, Die **Rohrflötenhöhle**ist berühmt für seine bunte **Stalaktiten,Stalagmiten**, Und **Felsformationen**. Der Legende nach ist die Höhle Wunderschön **beleuchtete Funktionen Werden** erstellt von himmlische **Wesen Die** in der Höhle leben und ihr Licht nutzen, um Reisende zu leiten.
- **Silberhöhle**: Eine majestätische Höhle in Yangshuo,Silberhöhle Soll die Heimat von**antike Gottheiten Wer** nutzte die Höhle Mineralreiches **Wasser Zur** Erstellung der Kristalle und Formationen darin.

Legenden der Höhlen

- Man geht davon aus, dass die Rohrflöte höhle war einst die Residenz von Fender gewebte Seide Und **Gold Aus** den magischen Mineralvorkommen der Höhle, was bei den Besuchern ein Gefühl des Staunens hervorrief.
- In **Silberhöhle Heißt** es, dass die Höhlenwasserhalten Sie die Kräfte **der Verjüngung Und** dass diejenigen, die aus seinen Quellen trinken, ewig leben werden.

Beste Reisezeit

- **Frühling (März bis Mai)**: Eine tolle Zeit, um die Höhlen zu besuchen, wenn das Wetter mild ist und die Landschaften sind grün.
- **Herbst (September bis November)**: Die Region Kristallklare Luft Verbessert die Sichtbarkeit beim Erkunden Höhlen und die umliegende **Karstformationen**.

Orte, die man unbedingt besuchen muss: Li-Fluss, Yangshuo, Schilfrohrflötenhöhle

Guangxi und insbesondere Guilin Und **Yangshuo**, beherbergt einige der malerischsten Landschaften Chinas. Von der ikonischenLi-Fluss zumRohrflötenhöhle Diese Attraktionen bieten atemberaubende Naturschönheit, eine reiche Geschichte und ein Gefühl der Gelassenheit, das sowohl für Abenteuerlustige als auch für diejenigen, die in der Natur entspannen möchten, perfekt ist.

1. Li-Fluss

Hintergrundgeschichte

Der **Li-Fluss Ist** einer der berühmtesten Flüsse Chinas und schlängelt sich durch die Karstgebirge von **Guangxi Und** bietet einen atemberaubenden Blick aufKalk steingipfel, üppige Täler und traditionelle FischerdörferDie Flusslandschaft hat inspiriert Chinesische **Künstler Und** Dichter seit Jahrhunderten, was ihm den Ruf als eines der schönsten **Flusslandschaften** der Welt. Die Li-Fluss-Kreuzfahrt Ist eine beliebte Möglichkeit, diese ikonische Gegend zu erkunden und bietet Reisenden die Möglichkeit, die dramatische Landschaft zu genießen.

Anreise

- **Transport**:
  - **Von Guilin**: Der Li-Fluss ist leicht zugänglich von Guilin, gelegen etwa 65 **km (40 Meilen)** entfernt.
    - **Mit dem Bus:Touristenbus Nr. 2 geht** von Guilin Zu **Yangshuo** (etwa **2 Stunden**).
    - **Mit dem Zug:Züge** vom **Bahnhof Guilin** zu Yangshuo (etwa **1,5 Stunden**).
    - **Mit dem Privatauto**: Direktantrieb von Guilin Zu **Yangshuo** (etwa **1,5 Stunden**).
  - **Li-Fluss-Kreuzfahrt**: Abfahrt von Guilin oder **Yangshuo Für** eine Flusskreuzfahrt, die bietet eine spektakuläre **Aussicht der Karst sollte.**

Eintrittspreise

- **Li-Fluss-Kreuzfahrt**: Der Preis variiert je nach Route und Bootsklasse. Der typische kostenfür eine 4-stündige **Kreuzfahrt Ist rund 300-600 Yuan**(45–90 USD).

Unterkunft in der Nähe des Li-Flusses

- **Guilin**:
  - **Guilin Lijiang Waterfall Hotel**: Ein Luxushotel in der Nähe des Li-Fluss, bietet Panoramablick **auf den Fluss Und** einfacher Zugang zu lokalen Sehenswürdigkeiten.
  - **Backstreet Hostel**: Eine günstigere Option im Herzen von Guilin, mit grundlegenden Annehmlichkeiten und einer günstigen Lage.
- **Yangshuo**:
  - **Yangshuo Mountain Retreat**: Eingebettet an den Ufern des Li-Fluss, bietet dieses Hotel eine ruhige **Atmosphäre** mit **Blick auf die Karstberge.**
  - **Bambushaus Yangshuo**: A **charmant** Und **preisgünstige Privatunterkunft In** der Nähe des Flusses und bietet eine personalisierte **Erfahrung** in Yangshuo.

Aktivitäten auf dem Li-Fluss

- **Morgen**: Nehmen Sie einLi-Fluss-Kreuzfahrt Um die atemberaubende Landschaft bei Sonnenaufgang, wenn der Fluss Nebel den Gipfeln ein ätherisches Aussehen verleiht.
- **Mittagszeit**: Besuchen Sie die Yangshuo-Landschaft, nehmen Sie eine Fahrradtour oder **Motorradtour Und** genießen Sie die friedliche **Landschaft** von **Ackerland** Und **Dorfleben.**
- **Abend**: Beobachten Sie die Eindruck **Liu Sanjie**Lichtshow, aufgeführt auf dem Li-Fluss Die Show bietet Sichuan-Oper,traditionelle **Musik**, Und **atemberaubende Lichteffekte Auf** dem Fluss.

Website & Leitfäden

- **Buchung einer Li-Fluss-Kreuzfahrt**:Guilin-Touren
- **Impression Liu Sanjie Show Tickets**:Liu Sanjie Show

2. Yangshuo

Hintergrundgeschichte

Yangshuo Ist eine kleine Stadt am Ende der Li-Fluss-Kreuzfahrt Und ist berühmt für seine landschaftliche **Schönheit,traditionelle Architektur**, Und **abenteuerliche Aktivitäten Umgeben** von hoch aufragenden Karst **sollte ist** die Stadt zu einem beliebten Ziel für Reisende geworden, die das erleben möchten wahre **Schönheit von GuangxiAn** ist auch bekannt für seine Nachtmärkte,lokale **Küche**, Und **Outdoor-Aktivitäten** wie **Radfahren,Klettern**, Und **Rafting**.

Anreise

- **Transport**:
  - **Von Guilin**: Nehmen Sie ein Bus,Zug, oder **Taxi** Zu **Yangshuo** aus **Guilin**, was etwa dauert 1,5 **bis 2 Stunden**.
  - **Vom Li-Fluss**: Nach Ihrem-Fluss-Kreuzfahrt Erreichen Sie Yangshuo mit dem Boot.

Unterkunft in der Nähe von Yangshuo

- **Yangshuo Mountain Retreat**: Dieses Hotel bietet schöne Zimmer mit Blick **auf den Li-Fluss** Und **Karstgebirge**. Etwas außerhalb der Stadt gelegen, ist es ein idealer Ort für ein entspannter **Aufenthalt**.
- **Der kichernde Baum**: A **preisgünstige Privatunterkunft** mit **atemberaubende Aussicht Und ein Garten.** Es ist eine großartige Option für Reisende, die eine lokale **Erfahrung**.

Aktivitäten in Yangshuo

- **Morgen**: Mieten Sie ein**Fahrrad**und erkunden Sie die Umland mit seinem malerischen Reisfelder,Flüsse, Und **Dörfer Sie** können auch**Wanderung**bis zu Mondhügel für einen atemberaubenden Panoramablick auf die Gegend.

- **Mittagszeit**: Besuchen **Stadt Fuli**, berühmt für seine handbemalte **Fächer Und** lokale Handwerkskunst. Entdecken Sie die traditionelle **Märkte Und** entdecken Sie lokale Produkte.
- **Abend**: Genießen Sie die Eindruck **Liu Sanjie**Lichtshow, die stattfindet bei**Li-Fluss** In **Yangshuo**.

Website & Leitfäden

- **Tourismusinformationen zu Yangshuo**:Yangshuo Reiseführer
- **Impression Liu Sanjie Show**:Impression Liu Sanjie Tickets

3. Rohrflöte Höhle

Hintergrundgeschichte

Der **Rohrflötenhöhle**, gelegen etwa 5 **Kilometer**(3 Meilen) von Guilin ist eine der berühmtesten Naturattraktionen der Region. DieseKalksteinhöhle ist bekannt für seine atemberaubende Stalaktiten,Stalagmiten, Und **Felsformationen Die** natürlich durch bunte Beleuchtung beleuchtet wurden. Die Höhle war eine Touristenattraktion seit Jahrhunderten, und sein Name kommt von der bereits die rund um den Eingang wachsen und zum Bau von Musikinstrumenten verwendet werden können.

Anreise

- **Transport**:

- **Von Guilin**: Der **Rohrflötenhöhle**ist leicht erreichbar durch Taxi (um **15 Minuten** ins **Stadtzentrum von Guilin**). Alternativ können öffentliche Busse oder **private Touren Sind** verfügbar.

Eintrittspreise

- **Allgemeiner Eintritt:90 Yuan**(14 USD).
- **Audioguide**: Verfügbar für 30 **Yuan**(5 USD).

Unterkünfte in der Nähe der Reed Flute Cave

- **Guilin Bravo Hotel**: In der Nähe des Rohrflöte höhle bietet dieses Hotel eine Mischung aus Luxus Und **Komfort**, mit modernen Annehmlichkeiten.
- **Guilin Riverside Hostel**: A **budgetfreundlich Option** in der Nähe der Höhle, bietet saubere Zimmer und einen einfachen Ausgangspunkt zur Erkundung der Region.

Aktivitäten in der Reed Flute Cave

- **Morgen**: Erkunden Sie die Höhle am Morgen, wenn es weniger **überfüllt Die** Beleuchtung ist perfekt für Fotografieder einzigartigen Felsformationen.
- **Mittagszeit**: Genießen Sie nach dem Besuch der Höhle eine Flusskreuzfahrtauf der Li-Fluss Oder besuchen Sie die Sieben-Sterne-Park nahe.
- **Abend**: Nehmen Sie ein Nachtspaziergang durch **Die zentralen Straßen von Guilin Und** besuchen Sie die Zwei **Flüsse und vier Seen**Gebiet für einen ruhigen, malerischen Spaziergang.

Website & Leitfäden

- **Offizielle Informationen zur Reed Flute Cave:Rohrflöte Höhle**

Boutique-Gasthäuser & Hotels am Flussufer

Guilin, berühmt für seine Karstlandschaften,Li-Fluss, Und **kulturelles Erbe Bietet** eine Reihe von Boutique-Gasthäuser Und **Hotels am Flussufer Die** es Besuchern ermöglichen, die natürliche Schönheit und die ruhige Atmosphäre der Stadt zu genießen. Ob Sie auf der Suche nach Luxus, A **traditionelle Erfahrung Oder eine gemütliche Gastfamilie Die** Unterkünfte in Guilin bieten für jeden Geschmack und jedes Budget etwas.

1. Guilin Lijiang Waterfall Hotel (Luxushotel am Flussufer)

Beschreibung

Der **Guilin Lijiang Wasserfall Hotel**ist ein Luxushotel **am Flussufer Bekannt** für seine spektakuläre Lage Entlang der**Li-Fluss**Das Hotel ist einWahrzeichen in Guilin, mit einem einzigartigen Wasserfall-Funktion In der Hotellobby. Die Gäste genießen einen Panoramablick auf den Fluss und die Karstgebirge von ihren Zimmern. Das Hotel verbindet moderne **Annehmlichkeiten** mit **traditionelles chinesisches Design**, was es zur idealen Wahl für alle macht, die einen luxuriösen Aufenthalt in malerischer Umgebung suchen.

Preisspanne (verschiedene Jahreszeiten)

- **Nebensaison (November bis März):800-1.200 Yuan**(120–180 USD) pro Nacht für ein Standardzimmer.
- **Hochsaison (April bis Oktober):1.500-2.500 Yuan**(225–375 USD) pro Nacht für ein Standardzimmer.

Standort und Website

- **Adresse:Nr. 1, Wenming Road, Guilin**, China.
- **Webseite:**Guilin Lijiang Waterfall Hotel

Nähe zum Bahnhof

- **Bahnhof Guilin:10 Minuten Mit** dem Taxi oder 15 **Minuten Mit** dem Bus.
- **Nordbahnhof Guilin:25 Minuten Mit** dem Taxi.

Transportkosten

- **Taxi**: Um **20-30 Yuan**(3–5 USD) ab Bahnhof **Guilin**.
- **Bus**: Das Hotel ist 5 **Minuten** aus **Busbahnhof Guilin Mit** dem Taxi oder erreichbar mit öffentliche **Verkehrsmittel**.

Einrichtungen/Leistungen

- **Blick auf den Fluss**: Atemberaubende Aussicht auf die Li-Fluss Und **Karst sollte von** vielen Zimmern und den öffentlichen Bereichen des Hotels aus.
- **Wasserfall-Funktion**: Das Hotel verfügt über einen Innenbereich Wasserfall in der Lobby, was eine ruhige Atmosphäre schafft.
- **Luxuriöse Annehmlichkeiten:Spa,Innenpool,Fitnesscenter**, Und **mehrere Restaurants Dient sowohl Western** Und **Chinesische Küche**.
- **Nähe zu Sehenswürdigkeiten**: In der Nähe von Rohrflötenhöhle,Elefantenrüsselberg Und die Abfahrtsort **der Li-Flusskreuzfahrt**.

2. Yangshuo Mountain Retreat (Boutique-Hotel)

Beschreibung

Der **Yangshuo Mountain Retreat Ist** ein charmanter Boutique-Hotel Liegt in der ruhigen Yulong-Fluss Tal, etwas außerhalb von Yangshuo, etwa 40 Minuten von Guilin. Das **umweltfreundliche Retreat** bietet ein intimeres, rustikales Erlebnis mit modernem Komfort. Die Gäste können den Blick auf die Karstgebirge,Flusslandschaft Und die Umgebung Landschaft Dieses Hotel ist ideal für alle, die eine ruhige **Flucht Und** ist dennoch nahezu beliebte Outdoor-Aktivitäten wie **Radfahren,Rafting**, Und **wandern**.

Preisspanne (verschiedene Jahreszeiten)

- **Nebensaison (November bis März):500-800 Yuan**(75–120 USD) pro Nacht für ein Standardzimmer.
- **Hochsaison (April bis Oktober):800-1.200 Yuan**(120–180 USD) pro Nacht für ein Standardzimmer.

Standort und Website

- **Adresse**:**Nr. 36, Yulong-Fluss, Yangshuo**, Guilin, China.
- **Webseite**:Yangshuo Mountain Retreat

Nähe zum Bahnhof

- **Bahnhof Guilin:45 Minuten Mit** dem Taxi.
- **Bahnhof Yangshuo:15 Minuten Mit** dem Taxi.

Transportkosten

- **Taxi**: Um **100-150 Yuan**(15–22 USD) ab Bahnhof **Guilin**.
- **Pendeln**: Einige Hotels und Agenturen bieten Shuttleservice aus **Guilin** oder **Yangshuo**.

Einrichtungen/Leistungen

- **Blick auf den Fluss**: Direkt an der Yulong-Fluss, mit **atemberaubende Aussicht der Gebirge.**
- **Umweltfreundlich**: Das Hotel konzentriert sich auf nachhaltiger **Tourismus Mit** einemBio-Garten Und Bemühungen, Abfall zu minimieren.
- **Outdoor-Aktivitäten**: In der Nähe von Radfahren Und **wandern Wanderwege** sowie die**Yulong-Fluss** für **Rafting**.

- **Lokale Küche**: Das Hotelrestaurant bietet lokale Gerichte Hergestellt aus**frische Zutaten Stammen** aus der Region.

3. Das Guilin Bravo Hotel (Mittelklassehotel am Flussufer)

Beschreibung

Der **Guilin Bravo Hotel Ist** ein komfortables Mittelklassehotel gelegen entlang der Li-Fluss. Bekannt für seine günstige **Lage** Und **erschwingliche Preise Bietet** das Hotel Tolle Aussicht Des Flusses und ist eine ideale Wahl für Touristen, die die Gegend erkunden möchten, ohne die höheren Preise von Luxushotels. Die Guilin **Bravo Hotel Ist** in der Nähe des Schlüssels Sehenswürdigkeiten wie zum Beispiel **Rohrflöte Höhle,Elefantenrüsselberg Und** die**Stadtzentrum**.

Preisspanne (verschiedene Jahreszeiten)

- **Nebensaison (November bis März):400-600 Yuan**(60–90 USD) pro Nacht für ein Standardzimmer.
- **Hochsaison (April bis Oktober):600-1.000 Yuan**(90–150 USD) pro Nacht für ein Standardzimmer.

Standort und Website

- **Adresse**:**Nr. 15, Lijiang Road, Guilin**, China.
- **Webseite**:Das Guilin Bravo Hotel

Nähe zum Bahnhof

- **Bahnhof Guilin**:**10 Minuten Mit** dem Taxi.
- **Nordbahnhof Guilin**:**25 Minuten Mit** dem Taxi.

Transportkosten

- **Taxi**: Um **20-30 Yuan**(3–5 USD) ab Bahnhof **Guilin**.
- **Öffentliche Verkehrsmittel**: Das Hotel ist 5 **Minuten** aus **Busbahnhof Guilin Mit** dem Taxi.

Einrichtungen/Leistungen

- **Zentrale Lage**: Nahe **Haupt Touristenattraktionen,** Restaurants und Geschäfte in Guilin.
- **Blick auf den Fluss**: Zimmerangebot Ansicht ender Li-Fluss Und **Karstgebirge**.
- **Bequemlichkeit**: Gut für Reisende, die einen komfortablen, erschwinglichen Aufenthalt mit einfachem Zugang zum Stadtzentrum Und **Sehenswürdigkeiten**.
- **Essen**: Das Hotel bietet sowohl lokal Und **Westliche Küche**.

4. Banyan Tree Yangshuo (Luxushotel am Flussufer)

Beschreibung

Für diejenigen, die das Ultimative suchen in Luxus, Die **Banyan-Baum Yangshuo Ist ein 5-Sterne-Resort Das kombiniert Opulenz** mit **natürliche Schönheit**. Befindet sich auf dem Yulong-Fluss, bietet dieses Hotel ein friedlicher **Rückzugsort Umgeben** von dramatischen KarstgebirgeDas Hotel ist berühmt für seine traditionelle **Architektur im chinesischen Stil** Und **Weltklasse-Annehmlichkeiten**, darunter ein Spa,gehobene **Küche**, Und **private Villen** mit **privatem Pool Es** ist ideal für diejenigen, die ein luxuriöses **Erlebnis Im** Herzen von Yangshuo.

Preisspanne (verschiedene Jahreszeiten)

- **Nebensaison (November bis März):2.000-3.000 Yuan**(300–450 USD) pro Nacht für ein Standardzimmer.
- **Hochsaison (April bis Oktober):3.500-6.000 Yuan**(520–900 USD) pro Nacht für ein Standardzimmer.

Standort und Website

- **Adresse**:**Nr. 1, Banyan Tree Road, Yangshuo**, Guilin, China.
- **Webseite**:Banyan-Baum Yangshuo

Nähe zum Bahnhof

- **Bahnhof Guilin**:**1,5 Stunden Mit** dem Taxi.
- **Bahnhof Yangshuo**:**30 Minuten Mit** dem Taxi.

Transportkosten

- **Taxi**: Um **150-200 Yuan**(22–30 USD) ab Bahnhof **Guilin**.
- **Pendeln**: Privat **Shuttle Service Stehen** Gästen aus Guilin oder **Yangshuo**.

Einrichtungen/Leistungen

- **Luxury:** Private Villen mit Schwimmbäder,Spa,Fitnesscenter, und **gehobene Küche Optionen.**
- **Blick auf den Fluss**: Atemberaubende Aussicht auf den Yulong-Fluss und das **Karstgebirge**.
- **Gelassenheit**: Ein ruhiger Rückzugsort, ideal zum Entspannen, mit persönlicher **Service** und **lokale Erlebnisse**.
- **Outdoor-Aktivitäten**: Radfahren,**wandern**, Und **Rafting In** der Nähe Yulong-Fluss.

5. Yangshuo West Street Hotel (Boutique-Hotel)

Beschreibung

Befindet sich auf Weststraße In **Yangshuo**, Das **Boutique-Hotel Bietet** eine Mischung aus traditionellem **Chinesisch** Und **moderne ArchitecturEs** ist die perfekte Wahl für alle, die erkunden möchten Yang hu's **pulsierende Kulturszene**, mit **lokale Geschäfte**,**Restaurants**, Und **Kunstgalerien Direkt** vor der Tür. Das Hotel Komfortable **Zimmer** Und **moderne Ausstattung Bieten** einen idealen Ausgangspunkt für die Erkundung der umliegenden Naturschönheiten und lokale **Sehenswürdigkeiten**.

Preisspanne (verschiedene Jahreszeiten)

- **Nebensaison (November bis März)**:**300-500 Yuan**(45–75 USD) pro Nacht für ein Standardzimmer.
- **Hochsaison (April bis Oktober)**:**500-800 Yuan**(75–120 USD) pro Nacht für ein Standardzimmer.

Standort und Website

- **Adresse**:**Nr. 23, Weststraße, Yangshuo**, Guilin, China.
- **Webseite**:Yangshuo West Street Hotel

Nähe zum Bahnhof

- **Bahnhof Guilin**:**1,5 Stunden Mit** dem Taxi.
- **Bahnhof Yangshuo**:**10 Minuten Mit** dem Taxi.

Transportkosten

- **Taxi**: Um **50-80 Yuan**(8–12 USD) ab Bahnhof **Yangshuo**.

Einrichtungen/Leistungen

- **Günstige Lage**: Befindet sich auf der berühmteste **Straße** In **Yangshuo**, in der Nähe von Restaurants,Märkte, Und **Kulturstätten**.

- **Kulturelle Erfahrung**: In der Nähe von lokale **Restaurants Angebot Sichuan-Küche,lokale Märkte**, Und **Kunstgalerien**.
- **Moderner Komfort**: Angebot Stilvolle **Zimmer,W-lan und** einRestaurant dient sowohl lokale **und westliche Gerichte**.

Küche vom Bauernhof und Speisen auf dem Land

Guilin und Yangshuo, eingebettet in die atemberaubende Karstgebirge Und **atemberaubende Flüsse Bieten** mehr als nur schöne Landschaften – sie bieten auch kulinarische **Erlebnisse vom Bauernhof**die den Besuchern ermöglichen,**frisch,lokale Zutaten**in einer ruhigen, natürlichen Umgebung. Die Region ist bekannt für ihre ökologischer **Landbau** Und **Produkte aus der Region Und** die Restaurants in Guilin Und **Yangshuo Bieten** eine köstliche Möglichkeit, die traditionellen Aromen von Guangxi Provinz. Von Familiengeführte **Privatunterkünfte** Zu **gehobene Landrestaurants**, diese Speiselokale präsentieren die besten lokalen Produkte und traditionellen Rezepte.

1. Yangshuo Mountain Retreat (Farm-to-Table-Essen)

Beschreibung

Yangshuo Mountain Retreat Ist einBoutique-Hotel Eingebettet entlang der**Yulong-Fluss**und umgeben von**Karstgebirge**Es bietet Speisen **vom BauernhofmitBio-Produkte Aus** der umliegenden Landschaft. Die Gäste können traditionelle Sichuan Und **Guangxi Gerichte** aus Zutaten aus der Region mit Blick auf die ruhige Landschaft.

Was sie bieten

- **Frühstück**:
  - **Traditionelles chinesisches Frühstück** mit **Reisbrei, eingelegtem Gemüse**, und **gedämpften Brötchen** (Preis: **20-40 Yuan**, ca.**3–6 USD**).
  - **Westliche Optionen** wie zum Beispiel **Omeletts,Pfannkuchen**, und **frisches Obst** (Preis: **30-60 Yuan**, ca.**5–9 USD**).
- **Mittagessen**:
  - **Lokale Spezialitäten** wie **gebratener Flussfisch,geschmortes Hähnchen mit Kastanien**, und **gebratenes Saisongemüse** (Preis: **50-80 Yuan**, ca.**8–12 USD**).
- **Abendessen**:
  - Eine vollständige Menü **mit Zutaten vom Bauernhof** mit **Bio-Fleisch,lokaler Reis,Nudeln**, Und **Gemüse** (Preis: **100-150 Yuan**, ca.**15–22 USD pro** Person).

Vorteile

- **Bio und frisch:** Alle Gerichte bestehen aus Zutaten **aus der Region** und **Bio-Gemüse**.
- **Ruhige Atmosphäre**: Das Restaurant verfügt über eine friedliche Und **ruhige Umgebung** mit **Blick auf den Fluss** Und **Gebirge**.
- **Kulturelle Erfahrung**: Die Gäste können etwas über die örtlichen landwirtschaftlichen Praktiken und den Anbau der Lebensmittel direkt vom Feld erfahren. Umliegende **Bauernhöfe**.

Standort und Website

- **Adresse**:**Nr. 36, Yulong-Fluss, Yangshuo**, Guilin, China.
- **Webseite**:Yangshuo Mountain Retreat

2. Li River Café (Essen auf dem Land)

Beschreibung

Der **Li River Café**ist ein Restaurant am Flussufer in der Landschaft **von Yangshuo**, bietet Speisen **vom Bauernhof Das feiert lokale Aromen Das** Restaurant ist stolz auf die Verwendung Lokal **angebaute Kräuter,frischer Fisch aus dem Li-Fluss**, Und **Saisonales Gemüse Gerichte** zu kreieren, die die regionale **Geschmäcker** von **Guangxi**.

Was sie bieten

- **Frühstück**:

- **Reisbrei** mit **eingelegtes Gemüse**,**gedämpfte Brötchen**, Und **Ich bin Milch** (Preis: **15-30 Yuan**, ca.**2–5 USD**).
  - **Optionen im westlichen Stil** wie **Rührei**,**Toast**, und **frisches Obst** (Preis: **20-40 Yuan**, ca.**3–6 USD**).
- **Mittagessen**:
  - **Gebratene Gerichte nach Sichuan-Art**,**Fisch aus dem Li-Fluss**, und **Knödel** (Preis: **40-70 Yuan**, ca.**6–10 USD pro** Gericht).
- **Abendessen**:
  - **Festes Menü mit Zutaten vom Bauernhof** mit **frischer Flussfisch**,**langsam gegartes Fleisch**, und **lokal angebautem Gemüse** (Preis: **80-120 Yuan**, ca.**12–18 USD**).

Vorteile

- **Blick auf den Fluss**: Genießen Sie eine Mahlzeit mit Panoramablick der Li-Fluss Und **umliegende Berge**.
- **Aus der Region**: Zutaten stammen aus der Region Bio-Bauernhöfe Und die Li-Fluss, was für Frische sorgt.
- **Friedliche Atmosphäre**: Das Restaurant liegt versteckt in einem ruhig Und **entspannte ländliche Umgebung**.

Standort und Website

- **Adresse**:**Nr. 55, Yangshuo Road**, Yangshuo, Guilin, China.
- **Website**:**Li** River Café

3. Das Moon Hill Café (Essen auf dem Land und lokales Erlebnis)

Beschreibung

Liegt am Fuße des berühmten Mondhügel In **Yangshuo**,**Das Moon Hill Café**bietet eine Speise erlebnis **mit Zutaten vom Bauernhof In** einer rustikalen und natürlichen Umgebung. Das Café serviert frisch zubereitete Gerichte mit Zutaten aus der nahe gelegene **Landschaft** Und **Bio-Bauernhöfe**. Der Standort ermöglicht es den Besuchern auch, nach der Erkundung eine Mahlzeit zu genießen Mondhügel.

Was sie bieten

- **Frühstück**:
  - **Frische Obstschalen**,**Sandwiches**, und **Kräutertees** (Preis: **20-40 Yuan**, ca.**3–6 USD**).
  - **Westliche Optionen** wie **Pfannkuchen**,**Eier Benedict**, und **Kaffee** (Preis: **30-50 Yuan**, ca.**5–8 USD**).
- **Mittagessen**:
  - **Vegetarische Pfannengerichte**,**saisonale Salate**, und **lokales Fleisch** (Preis: **40-70 Yuan**, ca.**6–10 USD**).
- **Abendessen**:
  - **Grillen mit Zutaten vom Bauernhof Mit** lokal bezogenen Fleisch,Gemüse, Und **Kräuter** (Preis: **70-100 Yuan**, ca.**10–15 USD pro** Person).

Vorteile

- **Ländliche Umgebung**: Das Café liegt am Fuße des Mondhügel und bietet eine malerische **Aussicht Der** Umgebung.
- **Bio-Zutaten**: Das Café verwendet Zutaten aus lokale **Bauernhöfe Und dient frisches, gesundes Essen**.
- **Einzigartiges Erlebnis**: Genießen Sie eine Mahlzeit nach der Wanderung Mondhügel um die ikonische mondförmiger **Bogen**.

Standort und Website

- **Adresse**:**Mondhügel, Yangshuo**, Guilin, China.
- **Webseite**:Moon Hill Café

4. Giggling Tree Restaurant (lokale und nachhaltige Küche)

Beschreibung

Der **Giggling Tree Restaurant Ist** Teil der Giggling **Tree Hotel In** Yangshuo, bietet eine gemütliche und einladende Vom **Erzeuger auf den Tisch Erlebnis.** Das Restaurant serviert authentische **chinesische und Guangxi-Küche**, mit lokale **Produkte Von** umliegenden Bauernhöfen. Die Gäste können Gerichte genießen aus Bio-Zutaten Während Sie die friedliche Atmosphäre dieses Rückzugsorts auf dem Land genießen.

Was sie bieten

- **Frühstück**:
  - **Eier mit Toast, saniertes Gemüse**, und **lokaler Tee** (Preis: **20-40 Yuan**, ca.**3–6 USD**).
  - **Chinesisches Frühstück** mit **Haferbrei,gedämpfte Brötchen und Soßen** (Preis: **15-30 Yuan**, ca.**2–5 USD**).
- **Mittagessen**:
  - **Nudelgerichte nach Sichuan-Art,lokale Pfannengerichte**, und **sautiertes Gemüse** (Preis: **40-60 Yuan**, ca.**6–9 USD**).
- **Abendessen**:
  - **Menüs mit Zutaten vom Bauernhof** mit **Fleisch aus der Region,Gemüse und Reis** (Preis: **80-120 Yuan**, ca.**12–18 USD pro** Person).

Vorteile

- **Nachhaltige Praktiken**: Das Restaurant ist bestrebt,**aus der Region** und **Bio-Lebensmittel**, mit Schwerpunkt auf Nachhaltigkeit.
- **Gemütliche Atmosphäre**: Eine einladende Umgebung, in der die Gäste genießen können traditionelle **Aromen In** einer entspannten, gemütlichen Umgebung.
- **In der Nähe von Outdoor-Aktivitäten**: Ideal für diejenigen, die wandern oder die Landschaft bevor Sie eine köstliche Mahlzeit genießen.

Standort und Website

- **Adresse**:**Nr. 39, Yulong-Fluss**, Yangshuo, Guilin, China.
- **Webseite**:Kichernder Baum

5. Fuli Town Restaurant (traditionelle Guangxi-Küche)

Beschreibung

Standort Stadt **Fuli**, nahe **Yangshuo**, dieses traditionelle Restaurant ist spezialisiert auf authentische **Guangxi-Küche**, zubereitet mit frischen,**Zutaten aus der Region Die** Stadt ist bekannt für ihre handbemalte **Fächer**, und das Restaurant greift die lokale Kultur auf, indem es ein rustikales **Spielerlebnis auf dem Bauernhof**.

Was sie bieten

- **Frühstück**:
  - **Reisbrei,Dim Sum**, und **gedämpfte Brötchen** (Preis: **15-25 Yuan**, ca.**2–4 USD**).
  - **Vegetarische Pfannengerichte** und **frisches Obst** (Preis: **20-35 Yuan**, ca.**3–5 USD**).
- **Mittagessen**:
  - **Fisch nach Sichuan-Art,geschmortes Fleisch**, und **Nudeln** (Preis: **40-70 Yuan**, ca.**6–10 USD**).
- **Abendessen**:
  - **Eintopf vom Bauernhof**, mit **lokal angebautem Gemüse, frischem Fleisch**, und **saisonaler Fisch** (Preis: **70-120 Yuan**, ca.**10–18 USD pro** Person).

Vorteile

- **Lokale Erfahrung**: Probieren Sie die authentischen **Aromen** von **Guangxi in** einer traditionellen Bauernhaus-Umgebung.
- **Handbemalte Fächer**: Juli ist berühmt für seine traditionelle Fächer Herstellung, und das Restaurant ist umgeben von lokale **Handwerker** Und **Handwerkskunst**.
- **Authentische Gerichte**: Ihr Mi **traditionelle Gerichte aus Guangxi Sie beinhalten frisch,Bio-Zutaten.**

Standort und Website

- **Adresse:Stadt Fuli**, Yangshuo, Guilin, China.
- **Webseite:**Fuli Town Restaurant

Erkundung mit Boot, Fahrrad und Bambusfloß

Guilin und Yangshuo sind bekannt für ihre atemberaubenden Karstlandschaften,Kalkstein Gipfel, Und **Flüsse Die** die Region zu einem der landschaftlich reizvollsten Reiseziele Chinas machen. Egal, ob Sie auf der Suche nach einem abenteuerlich Aktivität oder eine friedliche **Erkunden Bietet** die Gegend vielfältige Möglichkeiten, ihre natürliche Schönheit zu erleben.

1. Erkundung mit dem Boot: Li-Flusskreuzfahrten

Hintergrundgeschichte

Der **Li-Fluss Ist** einer der berühmtesten Flüsse Chinas und ein UNESCO-Weltkulturerbes fließt durch die Karstgebirge von **Guilin** Und **Yangshuo Und** bietet einige der ikonisch Und **atemberaubende Landschaften In** der Welt. Die Bootsfahrt auf dem Li-Fluss ist ein Muss in der Region und bietet spektakuläre Ausblicke auf Kalk steingipfel,mystischer **Nebel Und ruhig Wasserstraßen.**

Was Sie sehen werden

- **Karst sollte**: Während das Boot weiterfährt, passieren Sie hoch aufragende Karsthügel die steil aus dem Wasser aufsteigen und eine dramatische **Landschaft Zu** den bekanntesten Gipfeln gehören Elefantenrüsselberg Und **Neun Pferde Hügel**.
- **Traditionelle Fischerdörfer**: Sehen **kleine Fischerdörfer Entlang** des Flussufers, wo lokales **Leben Ist** noch immer durchdrungen von Tradition.
- **Landschaftliche Schönheit**: Der **neblige Morgen Bieten** eine fast mystische Atmosphäre, während sich der Fluss durch die Gipfel schlängelt.

Bootstouren

- **Guilin nach Yangshuo**: Der **beliebteste Route Ist die 4-stündige Bootsfahrt** aus **Guilin nach Yangshuo Unterwegs** kommen Sie an einigen der schönsten und ikonischen Landschaften der Region vorbei.
- **Lokale Kreuzfahrten in Yangshuo**: Es gibt auch kleinere,**lokale Bootstouren Von** Yangshuo aus erhältlich und bietet eine intime **Erfahrung Des** Flusses.

Preisklasse

- **Kreuzfahrt von Guilin nach Yangshuo**: Normalerweise kostet es zwischen 300-600 **Yuan**(45–90 USD) pro Person.
- **Lokale Bootstouren in Yangshuo**: Die Preise reichen von 100-200 **Yuan**(15–30 USD) pro Person.

Beste Reisezeit

- **Frühling (März-Mai)** und **Herbst (September-November)**: Diese Jahreszeiten bieten das angenehmste Wetter und klarer **Himmel**, was sie zur idealen Zeit für eine Flusskreuzfahrt macht.

Transport

- **Guilin nach Yangshuo:Taxi** oder **Shuttlebus zum Abfahrtsort am Li-Fluss** (etwa **40 Minuten** im **Stadtzentrum von Guilin**).

Aktivitäten auf dem Boot

- **Morgen**: Beginnen Sie Ihre Kreuzfahrt frühzeitig, um Morgennebel über dem Fluss, was eine magische Atmosphäre und beste Fotomöglichkeiten schafft.
- **Mittagszeit**: Genießen Sie eine entspannte Mahlzeit an Bord oder am Flussufer in einem der lokale **Restaurants Die frische Flussfisch.**

- **Abend**: Wenn Sie in Yangshuo, genießen Sie einen Abendspaziergang entlang der Flussufer oder speisen Sie in lokale **Restaurants Mit** Blick auf den Fluss.

2. Mit dem Fahrrad erkunden: Radfahren auf dem Land in Yangshuo

Hintergrundgeschichte

Yangshuo ist berühmt für seine malerische **Landschaft**, mit **fahrradfreundliche Routen**dieser Wind durch grüne **Reisfelder**, traditionell Dörfer, Und **Kalkstein Gipfel.** Der **Yulong-Fluss Ist** ein beliebtes Gebiet für Radfahrer und bietet die Möglichkeit, die Schönheit von ländliches Guangxi Während Sie die Naturlandschaften auf sich wirken lassen.

Was Sie sehen werden

- **Karstgebirge**: Radeln Sie vorbei an hoch **aufragende Karstgipfel**die umgeben Yangshuo, mit malerischen Aussichten auf Schritt und Tritt.
- **Bauerndörfer**: Durchfahren Traditionelle **Dörfer Wo** die Einheimischen anbauen Reis,Tee, Und **Obst**.
- **Yulong-Fluss**: Einer der besten Orte zum Radfahren, bietet friedliche Wege Entlang des Flusses und die Möglichkeit zu erleben lokales **Leben Aus** nächster Nähe.

Fahrradrouten

- **Yulong-Flussroute**: Das **leichte Radroute Bietet** eine herrliche Aussicht auf die Yulong-Fluss, durch Dörfer und Ackerland.
- **Moon Hill-Rundweg**: A **mittelschwere Radtour Das** bringt Sie zu Mondhügel und der berühmte**Mondhügelbogen**, ein natürliches Karstbildung.

Preisklasse

- **Fahrradverleih**: Normalerweise kostet 30-50 **Yuan**(5–8 USD) pro Tag.
- **Geführte Radtouren**: Preise für Führungen reichen von 150-300 **Yuan**(22–45 USD) pro Person.

Beste Reisezeit

- **Frühling (März-Mai)** Und **Herbst (September-November)**: Ideal zum Radfahren mit angenehme **Temperaturen** Und **klarer Himmel**.

Transport

- **Von Yangshuo**: Fahrradverleihe sind überall verfügbar Yangshuo, und es ist einfach, ein Fahrrad zu mieten und von dort aus zu erkunden. Am besten früh **anfangen morgens** für eine ruhige Fahrt.

Aktivitäten

- **Morgen**: Durchlaufen Lokale Dörfer Zu erleben Leben **auf dem Bauernhof** Und **malerische ländliche Landschaften**.
- **Mittagszeit**: Machen Sie eine Mittagspause in einem der Landrestaurants, bietet frisch **zubereitete Gerichte Mit** Zutaten von regionalen Bauernhöfen.
- **Abend**: Genießen Sie eine Fahrradtour **bei Sonnenuntergang Zurück** durch die**Landschaft**mit dem Karst **sollte im** schwindenden Licht leuchtend.

3. Erkundung mit dem Bambusfloß: Yulong-Fluss

Hintergrundgeschichte

Bambusfloß Wurden seit Jahrhunderten von der lokalen Bevölkerung zur Navigation genutzt Yulong-Fluss, ein kleinerer, ruhigerer Nebenfluss des Li-Fluss Heute ist Bambus-Rafting eine beliebte touristische **Aktivität** In **Yangshuo Und** bietet Besuchern eine ruhige und einzigartige Möglichkeit, die Schönheit **des Flusses Die** sanfte Fahrt auf dem Floß bietet ein intimeres Naturerlebnis, während Sie friedlich den Fluss hinunter treiben, umgeben von Karstgebirge Und **üppiges Grün**.

Was Sie sehen werden

- **Blick auf den Yulong-Fluss**: Der Fluss ist gesäumt von hoch **aufragende Kalkstein Gipfel** Und **üppige Vegetation Und** bietet atemberaubende Ausblicke, während Sie flussabwärts treiben.
- **Lokales Leben**: Entlang des Flusses sehen Sie traditionelle Bauerndörfer, und Einheimische beim Angeln oder Rafting.
- **Bambuswälder**: Während das Floß durch dichte **Bambuswälder Haben** Sie die Möglichkeit, die Ruhe der Umgebung zu erleben.

Rafting-Routen

- **Bambus-Rafting auf dem Yulong-Fluss**: Die beliebteste Route ist von Jima-Dorf Zu **Drachenbrücke**, die etwa dauert 1-2 **Stunden**.
- **Huichun-Brücken Route:** Eine malerische, ruhige Route mit weniger Touristen und einer noch entspannte **Atmosphäre**.

Preisklasse

- **Bambus-Rafting**: Normalerweise kostet 100-150 **Yuan**(15–22 USD) pro Person für eine 1–2-stündige Fahrt.

Beste Reisezeit

- **Frühling (März-Mai)** Und **Herbst (September-November)**: Ideal zum Rafting mit angenehmes **Wetter** Und **klares Wasser Für** bessere Aussichten.

Transport

- **Von Yangshuo**: Die meisten Bambus-Rafting-Touren starten bei Jima-Dorf oder **Huichun-Brücke,** die leicht zugänglich ist von Yangshuo von **Taxi** oder **pendeln** (um **10-15 Minuten**).

Aktivitäten

- **Morgen**: Beim Bambus-Rafting am Morgen kann man den Fluss am ruhigsten genießen, da weniger Touristen unterwegs sind.
- **Mittagszeit**: Genießen Sie nach Ihrem Rafting-Abenteuer ein lokales **Mittagessen In** einem der Restaurants am Flussufer mit frischer **Flussfisch** Und **lokales Gemüse**.
- **Abend**: Nach dem Rafting erkunden**Yangshuos Weststraße**, wo Sie einkaufen können lokales **Kunsthandwerk Oder** genießen Sie ein Abendessen **im Sichuan-Stil**.

Fotoguide: Aussichtspunkte für Sonnenauf- und -untergang

Guilin und Yangshuo, bekannt für ihre Karst **sollte,ruhige Flüsse**, Und **atemberaubende Landschaften Bieten** einige der atemberaubende **Fotomöglichkeiten In** China. Die Schönheit der Region wird während der goldene **Stunden** von **Sonnenaufgang** Und **Sonnenuntergang**, wo das Licht über die Kalksteinformationen tanzt, sich in den Flüssen spiegelt und die natürliche **Schönheit Des** Gebiets.

1. Elefantenrüsselberg (Guilin)

Hintergrundgeschichte

Eines der bekanntesten Wahrzeichen in**Guilin,Elefantenrüsselberg**ist ein**natürlicher Kalkstein Hügel Geformt** wie ein Elefant **trinkt aus dem Li-Fluss Der** Hügel ist besonders beeindruckend während Sonnenaufgang Und **Sonnenuntergang**, wenn die Spiegelung **des Flusses Erzeugt** einen magischen Effekt und umrahmt perfekt die Form des Elefant.

Am besten für Sonnenaufgang und Sonnenuntergang

- **Sonnenaufgang**: Das sanfte Licht der Morgendämmerung erhellt die**Elefantenform**von hinten, wirft einen goldener **Glanz Auf** der Kalksteinformation.
- **Sonnenuntergang**: Die Sonne geht hinter dem Hügel unter und wirft rote **und orange Farbtöne Über die Li-Fluss,** was zu dramatischen Reflexionen führt.

Fototipps

- **Zusammensetzung**: Positionieren Sie Ihre Kamera anWasserstand zur Erfassung der Spiegelung des Elefanten.
- **Bester Winkel**: Schießen Sie aus dem Ostseite des Hügels, um die Morgensonne und von der Westseite für **Sonnenuntergang Aufnahmen.**

Standort

- **Adresse**:**Nr. 1, Elefantenrüsselberg, Guilin**, China.
- **Entfernung zum Bahnhof**:**10-15 Minuten Mit** dem Taxi vom Bahnhof **Guilin**.

2. Yulong-Fluss (Yangshuo)

Hintergrundgeschichte

Der **Yulong-Fluss**, auch bekannt als**"kleiner Li-Fluss"**, bietet heitere Bambus-Rafting Erlebnisse umgeben von hoch aufragenden Karstgebirge Die Schönheit des Flusses wird bei Sonnenaufgang und Sonnenuntergang noch verstärkt, wenn die Karst **sollte sind** in warmes Licht getaucht und der Nebel steigt aus dem Wasser auf und erzeugt eine mystische Atmosphäre.

Am besten für Sonnenaufgang und Sonnenuntergang

- **Sonnenaufgang**: Morgennebel und sanftes Licht schaffen eine verträumter **Effekt Über** den Fluss und die umliegenden Gipfel.
- **Sonnenuntergang**: Das warme Licht der untergehenden Sonne verstärkt die goldene **Farbtöne Des** Flusses und der Karstgebirge, ideal für dramatische **Fotos**.

Fototipps

- **Silhouetten**: Verwenden Sie die Bambusflöte Und **Fischer** als **Silhouette Gegen** den leuchtenden Himmel.
- **Reflexionen**: Erfassen Sie dieReflexionender Karstgebirge auf dem ruhigen Wasser, besonders während Sonnenuntergang wenn die Farben am lebendigsten sind.

Standort

- **Adresse**:**Yulong-Fluss, Yangshuo**, Guilin, China.
- **Entfernung zum Bahnhof**:**10-15 Minuten Mit** dem Taxi vom Bahnhof **Yangshuo**.

3. Mondhügel (Yangshuo)

Hintergrundgeschichte

Mondhügel Ist eines der berühmtesten Wahrzeichen in Yangshuo, bekannt für seine natürlicher **Bogen In** Form eines Mondes. Der Hügel ist vor allem bekannt für seine Sonnenaufgangs- **und Sonnenuntergangs Ansichten,** die die dramatischen Kurven des Bogens und der umgebenden Karstlandschaft hervorheben.

Am besten für Sonnenaufgang und Sonnenuntergang

- **Sonnenaufgang**: Das Licht des frühen Morgens wirft lange Schatten über die mondförmiger **Bogen**, wodurch die einzigartige Form des Hügels hervorgehoben wird.
- **Sonnenuntergang**: Das warme Licht der untergehenden Sonne erzeugt dramatische Schatten und lebendige Farben rund um die mondförmiger **Bogen**.

Fototipps

- **Rahmung**: Erfassen Sie die mondförmiger **Bogen** mit **Landschaftselemente** wie **Bäume,Flüsse**, Und **Gebirge Um** ein Gefühl für die Größenordnung zu vermitteln.
- **Bester Winkel:** Für **Sonnenaufgang**, Foto aus dem Fuß **des Hügels**und vom Sonnenuntergang, machen Sie Fotos von höhere **Aussichtspunkte Für** eine breitere Ansicht.

Standort

- **Adresse:Mondhügel, Yangshuo**, Guilin, China.
- **Entfernung zum Bahnhof:30 Minuten Mit** dem Taxi vom Bahnhof **Yangshuo**.

4. Rohrflöte Höhle (Guilin)

Hintergrundgeschichte

Der **Rohrflöten Höhleist** einer der berühmtesten **Höhlen** In **Guilin**, bekannt für seine atemberaubende **Stalaktiten** Und **Stalagmiten In** verschiedenen Farben beleuchtet. Während die Höhle selbst nicht direkt mit Sonnenaufgang oder Sonnenuntergang verbunden ist,**nahe gelegene Landschaft Bietet hervorragende Fotomöglichkeiten in** diesen Zeiten, insbesondere mit der**Morgenlicht**.

Am besten für Sonnenaufgang und Sonnenuntergang

- **Sonnenaufgang**: Das sanfte Morgenlicht erhellt die Kalksteinformationen, in der Nähe des Höhleneingangs bietet sich ein toller**Naturfotografie**.
- **Sonnenuntergang**: Die Umgebung Fluss Und **Gebirge Bieten** eine hervorragende Gelegenheit, das wechselnde Licht über dem Karstlandschaft.

Fototipps

- **Zusammensetzung**: Konzentrieren Sie sich auf die natürliche **Kalksteinformationen**am Eingang der Höhle während Sonnenaufgang oder **Sonnenuntergang**.
- **Bester Winkel**: Positionieren Sie Ihre Kamera In **der Nähe des Flussufers Zur** Erfassung der Spiegelung der Landschaft bei Sonnenuntergang.

Standort

- **Adresse:Nr. 1, Reed Flute Cave Road, Guilin**, China.
- **Entfernung zum Bahnhof:15 Minuten Mit** dem Taxi vom Bahnhof **Guilin**.

5. Die zwei Flüsse und vier Seen (Guilin)

Hintergrundgeschichte

Der **Zwei Flüsse und vier Seen Malerischen** Gegend in Guilin ist ein Netzwerk von Seen und Flüssen, umgeben von Karst **sollte** Und **üppiges Grün**Es ist ein beliebtes Ort **für Nachtfotografie**sondern bietet auch erstaunliche Sonnenaufgangs- **und Sonnenuntergangs Ansichtenaufgrund** des ruhigen, reflektierenden Wassers.

Am besten für Sonnenaufgang und Sonnenuntergang

- **Sonnenaufgang**: Erfassen Sie die Morgennebelüber die**ruhige Gewässer**mit de umliegende **Berge Sanft** beleuchtet im frühen Licht.
- **Sonnenuntergang**: Die untergehende Sonne schafft schöne **Reflexionen Auf** dem Wasser, wobei die umliegenden Karstformationen**Silhouetten**vor dem leuchtenden Himmel.

Fototipps

- **Reflexionen**: Nutzen Sie die stilles Wasser Während des Sonnenaufgangs oder Sonnenuntergangs, um**Reflexionen**der**Karst sollte** Und **Pagoden**.
- **Bester Winkel**: Der **Zwei Flüsse und vier Seen Bereich** bietet mehrere Standpunkte, experimentieren Sie also mit verschiedenen Winkeln, um die besten Reflexionen und die beste Beleuchtung zu erzielen.

Standort

- **Adresse:Landschaftsgebiet der zwei Flüsse und vier Seen, Guilin**, China.
- **Entfernung zum Bahnhof:10-15 Minuten Mit** dem Taxi vom Bahnhof **Guilin**.

6. Xingping (Yangshuo)

Hintergrundgeschichte

Xingping, einem kleinen Dorf in der Nähe Yangshuo, bietet einige der besten Sonnenaufgangs- **und Sonnenuntergangs Ansichten** im **Li-Fluss**Bereich. Die Landschaftlich **reizvolles Gebiet** um **Xingping Verfügt** über einige der berühmtesten **Karstgebirge Formationen Und** es ist die Heimat der**"Neun-Pferde-Hügel"**Landschaft, dargestellt auf der Chinesische **20-Yuan-Note**.

Am besten für Sonnenaufgang und Sonnenuntergang

- **Sonnenaufgang**: Der neblige**Morgenlicht**schafft**sanfte Reflexionen Auf der Li-Fluss,** mit **Karst sollte im** Hintergrund.
- **Sonnenuntergang**: Der **untergehende Sonne Abgüsse goldenes Licht Über** den Fluss und die umliegenden Hügel, was es perfekt für dramatische Fotos macht.

Fototipps

- **Ikonischer Aussichtspunkt**: Einer der besten Spots ist von der Standpunkt nahe **Altstadt von Xingping**, wo Sie die Neun **Pferde Hügel** Und **Li-Fluss Auf** einen Schlag.
- **Bester Winkel**: Verwenden Sie dieFlussufererstellenReflexionen derKarstformationen.

Standort

- **Adresse:Xingping, Yangshuo**, Guilin, China.
- **Entfernung zum Bahnhof:1 Stunde Mit** dem Taxi vom Bahnhof **Yangshuo**.

Allgemeine Fototipps für Sonnenauf- und -untergang

- **Goldene Stunde**: Kommen Sie zu Ihrem Standpunkt über 30-45 **Minuten vor Sonnenaufgang** oder **Sonnenuntergang Um** das beste Licht einzufangen.
- **Stativ**: Ein Stativ ist unerlässlich für Langzeitbelichtungen um das sanfte Licht und die Reflexionen im Wasser einzufangen.
- **Neutraldichtefilter**: Erwägen Sie die Verwendung eines ND-Filter Um die Belichtung zwischen dem hellen Himmel und der dunkleren Landschaft auszugleichen.

SHANGHAI: STILVOLLER OST-WEST-TREFFPUNKT

Historische Entwicklung: Vom Fischerdorf zur Megastadt

Shanghai, heute ein geschäftiges globales **Finanzzentrum Und** eine der dynamischsten und kosmopolitischen Städte Chinas, hat seit ihren bescheidenen Anfängen als Fischerdorf zum Megastadtes ist heute. Seine historische Entwicklung spiegelt eine tiefe Mischung aus traditionelle **chinesische Kultur** Und **Westliche Einflüsse**, dessen Vergangenheit von bedeutenden Ereignissen, wirtschaftlichen Veränderungen und kulturellem Austausch geprägt ist.

Frühe Anfänge: Ein Fischerdorf (vor dem 19. Jahrhundert)

Lange bevor Shanghai an Bedeutung gewann, war es eine kleine Fischerdorf liegt an der Mündung des Jangtsekiang. Diese strategische Lage, in der Nähe der Ostchinesisches **Meer**, machte Shanghai zu einem wichtigen Hafen für Handel und Gewerbe, blieb jedoch hinsichtlich der regionalen Macht relativ unbedeutend.

- **Landwirtschaft und Handel**: Die Wirtschaft des frühen Shanghai drehte sich um Landwirtschaft,Angeln, Und **Salzproduktion**. Das Dorf florierte dank seiner Zugang **zum Meer**, aber es wurde von anderen nahegelegenen Städten überschattet wie Hangzhou Und **Nanjing**.
- **Historischer Kontext**: Shanghai war ursprünglich Teil der Provinz **Jiangsu Und** regiert als kleine Stadt ohne nennenswerten Einfluss.

Opiumkriege und die Öffnung Shanghais (1840er-1850er Jahre)

Der **Opiumkriege Des** 19. Jahrhunderts markierte einen entscheidenden Wendepunkt in der Geschichte Shanghais. Als Folge der Vertrag **von Nanking** In **1842 Shanghai** wurde gezwungen, sich zu öffnen für Außenhandel gemäß den Bedingungen der Ungleiche **Verträge Auferlegt** vom Britischen Empire, Frankreich und den Vereinigten Staaten.

- **Eröffnung des Hafens**: Im Jahr 1843 wurde Shanghai offiziell ein**Vertragshafen**und wurde geöffnet für Ausländer Die Briten, Amerikaner und Franzosen etablierten Konzession in Shanghai, was bedeutete, dass bestimmte Bereiche der Stadt unter ausländische **Kontrolle**. Diese **Konzessionen Waren** geprägt von ihrer unverwechselbare **Architektur im westlichen Stil Und** bildet damit einen starken Kontrast zum traditionellen Chinesische **Gebiete Von** Shanghai.
- **Schnelles Wachstum**: Die Eröffnung Shanghais als internationaler Hafen löste ein schnelles Wachstum aus und verwandelte die Stadt in eine blühendes Handelszentrum. Händler aus aller Welt strömten in die Stadt und brachten nicht nur Waren mit, sondern auch Ideen,Architektur, Und **Kultur**.

Die Entstehung des Internationalen Zahlungsausgleichs (Ende des 19. Jahrhunderts)

Im späten 19. Jahrhundert war Shanghai eine lebendige, kosmopolitische Stadt geworden, in der Ost von **West In** einer eklektischen Mischung aus Chinesische **Tradition** Und **ausländischer Einfluss In** dieser Zeit wurde die Internationaler **Zahlungsausgleich**, ein Gebiet, das von Ausländern kontrolliert wurde, aber eine beträchtliche chinesische Bevölkerung hatte.

- **Ausländischer Einfluss**: Während dieser Zeit wird die**britisch** Und **Französischgebaut Grandiose Gebäude**, entworfen in neoklassisch,Art **Deco**, Und **viktorianisch Stile,** neben den traditionellen Chinesische **Pagoden Und** Märkte.
- **Wirtschaftskraft**: Shanghais Wirtschaft boomte im späten 19. Jahrhundert, insbesondere in Finanzen,Opiumhandel, Und **Versand Und** festigt damit seine Position als Chinas Wirtschaftsmacht Der Bau von Eisenbahnen und die Entwicklung von Fabriken trug ebenfalls zum Wachstum der Stadt bei.

Anfang des 20. Jahrhunderts: Der Aufstieg Shanghais zur globalen Metropole

Das frühe 20. Jahrhundert war eine Zeit dramatischer Veränderungen und Modernisierung für Shanghai, selbst als politische Instabilität und nationale Unruhen die weitere Landschaft Chinas prägten.

- **Die Revolution von 1911**: Der **Untergang der Qing-Dynastie Und** die Gründung der Republik **China Hatte** einen großen Einfluss auf Shanghai, das trotz der politischen Umwälzungen wirtschaftlich und kulturell weiter expandierte. Während dieser Zeit zog Shanghai Internationale **Investitionen Und** wurde eine Weltstadt, wo fremde Kultur blühte.

- **Shanghais Goldenes Zeitalter**: Der **1920er und 1930er Jahre Werden** oft als Shanghais bezeichnet Goldenes **Zeitalter**, eine Zeit, in der die Stadt bekannt wurde als**„Paris des Ostens“**. Der **Bund**, Die **berühmte Ufergegend**am Huangpu-Fluss, wurde zum Symbol der Stadt Shanghai Globale Bedeutung Mit seiner Sammlung von großartige **Gebäude In** dem sich Banken, Clubs und Hotels befinden.
- **Shanghais kultureller Einfluss**: Dies war auch eine Zeit, in der Shanghai eine wichtige Rolle bei der Entwicklung von Chinesisches **Kino,Kunst**, Und **Literatur Die** Stadt wurde zu einem kulturellen Knotenpunkt, an dem sich chinesische Traditionen vermischten mit Hollywood-Glamour,Jazz, Und **europäischE einflüsse.**

Nachkriegszeit: Kommunistische Herrschaft und der Niedergang von Shanghais globalen Status (1949–1970er Jahre)

Nach der Gründung der Volksrepublik **China** In **1949 Shanghai** erlebte, wie der Rest des Landes, große politische und soziale Veränderungen unter Mao **Zedongs kommunistisches Regime**.

- **Verstaatlichung der Industrie**: Die Kommunistische Partei Verstaatlicht Ausländischer Unternehmen und Industrien, wodurch Shanghais Position als globales **Handelszentrum Die** wirtschaftliche Entwicklung der Stadt stagnierte, da die Regierung Zentralisierte **Planung** Und **Politik hinter verschlossenen Türen**.
- **Kulturrevolution**: Während der Kulturrevolution(1966–1976) erlebte Shanghai weitere Turbulenzen.**Öffentliches Leben Wurde** eingeschränkt, und viele der Städte Ausländische **Einflüsse Wurden** entfernt, um sich auf Chinesische **revolutionäre Kultur**.

Trotz dieser Herausforderungen ist Shanghai Historische **Bedeutung** Und **strategische Lage Ermöglichte** es der Stadt, sich zu erholen und in den späteren Jahrzehnten ihre Bedeutung wiederzuerlangen.

Wiedereröffnung für die Welt: Wirtschaftsreformen und der Aufstieg des modernen Shanghai (1980er-Jahre bis heute)

Der **Wirtschaftsreformen von 1978** unter **Deng Xiaoping Markierte** eine neue Ära für Shanghai, in der die Stadt wieder zu einem zentralen Teil von Chinas **Modernisierung** Und **Globalisierung**.

- **Eröffnung von Pudong**: Im Jahr 1990 bezeichnete die chinesische Regierung Pudong, ein Bezirk auf der anderen Seite des Huangpu-Flusses gegenüber dem Bund, als Wirtschaftszone für Entwicklung. Die Umwandlung von Pudong in ein modernes Finanz- und Geschäftsviertel wird oft als das entscheidende Ereignis angesehen, das Shanghais Wiederaufstieg als internationale **Megastadt**.
- **Skyline-Transformation**: Die Entwicklung der LujiazuiViertel in Pudong mit seinen ikonische **Wolkenkratzer Wie** zum Beispiel die Shanghai-Turm(das höchste Gebäude Chinas),Jin-Mao-Turm Und die Shanghai **World Financial Center**, hat die Skyline der Stadt neu definiert und sie zu einem globales **Symbol des modernen China**.
- **Wirtschaftsmotor**: Heute ist Shanghai eines der weltweit führenden Finanz- und Handelszentren. Es beherbergt die Shanghaier **Börse**, eine der größten der Welt, und die Stadt ist bekannt für ihre florierende Industrie und Finanzen,Technologie,Herstellung, und **Import-/Exporthandel**.

Die Mischung aus Ost und West: Das moderne Shanghai

Shanghais Entwicklung zu einem globale **Megastadt Ist** definiert durch seine Fähigkeit zu integrieren Östliche **Traditionen** und **Westliche Einflüsse Die** Stadt behält ihre kulturelles Erbe Durch historische Stätten wie die Yu-Garten,Jade Buddha-Tempel Und die Shanghai-Museumund gleichzeitig die Modernität durch ihre futuristische **Skyline Und** Rolle als globales **Finanzzentrum**.

- **Architektonische Fusion**: Der **Bund Ist** das perfekte Beispiel für Shanghais Fähigkeit, sich zu vermischen Östliche **und westliche Stile**. Der **neoklassizistische Gebäude Entlang** des Flusses stehen neben moderne **Wolkenkratzer**, symbolisiert die Verschmelzung von Chinas **Vergangenheit** Und **gegenwärtig**.
- **Kulturelle Synthese**: Shanghai hat seine traditionelle **chinesische Werte Während** westliche Ideen in Wirtschaft, Technologie und Mode übernommen wurden. Diese kulturelle Fusion zeigt sich in der Stadt Kulinarische **Szene,Mode**, Und **Kunst**, wo Sie alles finden von Sichuan-Eintopf Zu **Französisches Gebäck,Kunstgalerien** Zu **internationale Filmfestivals**.

Sehenswürdigkeiten: Bund, Yu-Garten, Shanghai Tower

1. Der Bund

Hintergrundgeschichte

Der **Bund(外滩)** ist eines der bekanntesten Wahrzeichen Shanghais und erstreckt sich entlang der Huangpu-Fluss In der Stadt Zentrales **Geschäftsviertel Der** Bund ist das Zentrum von Shanghai Geschäftsleben seit über einem Jahrhundert und ist ein Symbol der kolonialen Vergangenheit Shanghais und internationaler **Einfluss Historisch** gesehen war es die ausländisches **Konzessionsgebiet Wo** westliche Länder bauten prächtige **Gebäude im Kolonialstil**, von denen viele noch heute stehen. Die**Bund**bietet eine atemberaubende **Gegenüberstellung** von **historische Architektur Neben** dem**moderne Skyline** von **Pudong Mit dem Shanghai-Turm Und** andere Wolkenkratzer, die auf der anderen Seite des Flusses sichtbar sind.

Transport

- **Mit der U-Bahn**: Der Bund ist leicht erreichbar über Bahnhof **East Nanjing Road**(U-Bahn-Linien 2 und 10).
- **Mit dem Taxi**: Es ist ein **kurze Fahrt Aus** beliebten Gegenden wie Platz **des Volkes** oder **Nanjing-Straße** (um **5-10 Minuten**).
- **Zu Fuß**: Aus **Nanjing-Straße**, es ist nur ein 5 **Minuten zu Fuß Zur** Hauptpromenade des Bundes.

Eintrittspreise

- **Die Bund-Promenade**: Eintritt frei. Besucher können kostenlos entlang der Promenade schlendern und die Aussicht genießen.
- **Shanghai Bund Sightseeing Tunnel**: 50 Yuan (7 USD) für ein einzigartiger **unterirdischer Tunnel Erfahrung,** die den Bund verbindet mit Pudong.

Unterkunft in der Nähe des Bundes

- **Waldorf Astoria Shanghai on the Bund**: Luxushotel mit atemberaubendem Blick auf den Bund und die Skyline **von Pudong**. Zimmerpreise beginnen bei 1.500-3.000 **Yuan**(225–450 USD) pro Nacht.

- **The Bund Hotel**: Eine Mittelklasse-Option in der Nähe des Bundes mit bequemem Zugang zur Promenade. Die Zimmer reichen von 500-1.000 **Yuan**(75–150 USD) pro Nacht.
- **Das Peninsula Shanghai**: Luxushotel am Bund mit erstklassiger Ausstattung. Preise ab 2.500-4.500 **Yuan**(375–675 USD) pro Nacht.

Aktivitäten beim Bund

- **Morgen**: Nehmen Sie ein Morgenspaziergang entlang des Bundes, um zu sehen, wie die Stadt erwacht, mit weniger **Menschenmassen Und** eine friedliche Atmosphäre. Ideal für Fotografie.
- **Mittagszeit**: Besuchen Sie die Bund **Sightseeing Tunnel Oder** erkunden Sie die Shanghai **History Museum Befindet** sich in der Nähe bei Pudong.
- **Abend**: Der Bund ist besonders schön bei Nacht, mit der beleuchtete **Gebäude Und die leuchtende Lichterder Skyline von Pudong**. A **Nachtkreuzfahrt**auf der Huangpu-Fluss Bietet einen spektakulären Blick auf die Skyline der Stadt.

Webseite

- **Offizielle Website des Bundes**:Tourismus in Shanghai

2.Yu-Garten (Yuyuan-Garten)

Hintergrundgeschichte

Yu-Garten (Yu Garden), ein Klassiker Chinesischer **Garten Im** Herzen von Shanghais **Altstadt**, wurde erstmals während der Ming-Dynastie(1559) von Pan **Yunduan**, ein Regierungsbeamter, als privaten Garten für seine Familie. Der Garten ist bekannt für seine landschaftliche **Schönheit Mit traditionellen Steingärten,Pavillons,alte Bäume**, Und **Teiche**. Der **Yu-Garten Ist** ein ruhiger Rückzugsort von den geschäftigen Straßen Shanghais und präsentiert klassische chinesische Gartengestaltung mit einem Schwerpunkt auf Gleichgewicht,Symmetrie, Und **natürliche Elemente**.

Transport

- **Mit der U-Bahn**: Nehmen **U-Bahnlinie 10** zur U-Bahnstation **Yu-Garten**(Ausgang 1).
- **Mit dem Taxi**: Der Garten befindet sich im Altstadt Fläche, etwa 10 **Minuten Mit** dem Taxi vom Bund.
- **Zu Fuß**: Wenn Sie in der Altstadt, es ist nur ein 5-10 **Minuten zu Fuß** aus **Stadtgott-Tempel**.

Eintrittspreise

- **Eintritt zum Yu-Garten:40 Yuan**(6 USD) für Erwachsene. Für Kinder und Senioren gibt es Ermäßigungen.
- **Yu-Garten und Basar Gebiet:** Der Besuch des umliegenden Basars und der Einkaufsviertel ist kostenlos, für den Eintritt in den Garten selbst fällt jedoch eine Eintrittsgebühr an.

Unterkünfte in der Nähe von Yu-Garten

- **Das Langham, Shanghai**: Luxushotel in der Nähe von Yu-Garten Und bietet eine perfekte Mischung aus traditionelle **Eleganz Und** moderne Annehmlichkeiten. Zimmerpreise beginnen bei 1.500-2.500 **Yuan**(225–375 USD) pro Nacht.
- **City Hotel Shanghai**: Mittelklassehotel in der Nähe des Gartens, bietet komfortable Aufenthalte mit Preisen ab 400-700 **Yuan**(60–100 USD) pro Nacht.
- **Shanghai Fish Inn Bund**: Eine preisgünstige Option mit grundlegenden Annehmlichkeiten in der AltstadtBereich. Preise beginnen bei 200-400 **Yuan**(30–60 USD) pro Nacht.

Aktivitäten im Yu-Garten

- **Morgen**: Kommen Sie früh, um den Menschenmassen auszuweichen und den Garten zu erkunden Pavillons,Steingärten, Und **Teiche In** einer friedlichen Atmosphäre.
- **Mittagszeit**: Nach dem Besuch des Gartens schlendern Sie durch die nahegelegene Du **Basara traditioneller Markt Gefüllt** mit lokalem Kunsthandwerk, Snacks und Souvenirs.
- **Abend**: Der Garten ist nachts wunderschön beleuchtet und bietet eine magische **Atmosphäre** für **Abendfotos**. Sie können auch Restaurants in der Nähe erkunden, die lokale **Shanghai-Küche**.

Webseite

- **Offizielle Website des Yu-Gartens**:Yuyuan-Garten

3. Shanghai Tower

Hintergrundgeschichte

Der **Shanghai-Tower Ist** das höchste Gebäude in China und das zweithöchste der Welt mit einer Höhe von 632 **Meter**(2.073 Fuß) hoch. Der 2015 fertiggestellte Turm verfügt über futuristische **Architektur Mit einem verdrehtes Design Das** es ermöglicht, standzuhalten starke **Winde** Und **Erdbeben**. Der **Shanghai-Tower Ist** ein Emblem von Shanghais **Ambitionen Und** Modernität, mit Büros, Einzelhandelsflächen und einer Aussichtsplattform von Weltklasse, die einen atemberaubenden Blick auf die Stadt und die**Huangpu-Fluss**.

Transport

- **Mit der U-Bahn**: Die nächste U-Bahn-Station ostBahnhof **Lujiazui**(Linie 2), von wo aus es nur ein kurzer Fußweg zum Turm ist.
- **Mit dem Taxi**: Es geht um 5-10 **Minuten** aus **Platz des Volkes** oder **Der Bund Mit** dem Taxi.
- **Zu Fuß**: Der Turm befindet sich im Finanzviertel **Lujiazui**, nur wenige Gehminuten von vielen anderen Wolkenkratzern entfernt.

Eintrittspreise

- **Aussichtsplattform des Shanghai Tower**:**180 Yuan**(27 USD) für Erwachsene. Für Kinder und Senioren gibt es Ermäßigungen.
- **Andere Attraktionen**: Der **360-Grad-Aussichtsplattform Auf der 118. Stock Bietet** einen unvergleichlichen Panoramablick auf Shanghai.
- **Museum & Shopping**: Der Shanghai Tower verfügt außerdem über ein Museum über seine Geschichte und sein Design und ein Einkaufszentrum in den unteren Etagen.

Unterkunft in der Nähe des Shanghai Tower

- **Four Seasons Hotel Shanghai at Pudong**: Ein Luxushotel mit atemberaubender Aussicht auf die Shanghai-Turm Und **Bezirk Lujiazui**. Zimmerpreise beginnen bei 2.500-4.500 **Yuan**(375–675 USD) pro Nacht.
- **Grand Kempinski Hotel Shanghai**: Ein 5-Sterne-Hotel in der Nähe des Shanghai-Tower Und bietet Komfort und Bequemlichkeit. Die Preise beginnen bei 1.500-2.500 **Yuan**(225–375 USD) pro Nacht.
- **IBIS Shanghai Lianyang**: Budget Freundliche Option in der Nähe Lujiazui, mit grundlegenden Annehmlichkeiten. Die Preise beginnen bei 400-600 **Yuan**(60–90 USD) pro Nacht.

Aktivitäten in Shanghai Tower

- **Morgen**: Nehmen Sie die Aufzug **zur Aussichtsplattform Früh** morgens zu erleben klare **Sicht Der** Stadt, wenn sie erwacht.
- **Mittagszeit**: Genießen Sie eine Mahlzeit **oder Getränk An** einem der Türme Restaurants mit **Panoramablick Der** Stadt.
- **Abend**: Die Aussichtsplattform ist ideal für Sonnenuntergang aufnahmen und bietet einen atemberaubenden Blick auf die Huangpu-Fluss Und die Skyline der Stadt, wenn die Lichter angehen.

Webseite

- **Offizielle Website des Shanghai Tower**:Shanghai-Turm

Beste Viertel zum Übernachten: French Concession, Pudong

Shanghais vielfältige Viertel bieten einzigartige Erlebnisse, von der charmante, **von Bäumen gesäumte Straßen der französischen Konzession Zur Moderne Skyline von Pudong Jeder** Bezirk bietet eine Vielzahl von Hotelunterkunft **vorhanden**, die auf unterschiedliche Budgets und Vorlieben zugeschnitten sind.

1. Die französische Konzession

Beschreibung

Der **Französische Konzession Ist** eine der begehrtesten Gegenden Shanghais, bekannt für seine Architektur **im europäischen Stil**,**Alleen**, Und **historischer Charme Dieses** Gebiet war einst eine französische Kolonialsiedlung und hat noch immer viel von seiner Charakter **der alten Welt**, mit Boutiquen,Kunstgalerien,Cafés, Und **Restaurants Die** Französische Konzession ist ideal für diejenigen, die die authentischer **Charme Von** Shanghai, mit einfachem Zugang zu den**moderne Attraktionen**während des Aufenthalts in einem malerische **Wohnumgebung**.

Unterkünfte in der französischen Konzession

- **Das Middle House Shanghai**: A **Luxushotel Mischen modernes Design** mit **traditioneller Shanghai-Stil**. Im Herzen der französischen Konzession gelegen, bietet dieses Hotel Stilvolle **Zimmer**, A **Spa**,**Fitnesscenter**, Und **Restaurants**.
  - **Preisklasse**:**1.500-3.000 Yuan**(225–450 USD) pro Nacht.
  - **Einrichtungen/Leistungen**:**Pool auf dem Dach**, in der Nähe von Xintiandi(ein trendiges Viertel mit Bars und Restaurants) und nur wenige Gehminuten von der Metro.
- **Das PuLi Hotel und Spa**: In der Nähe des West-Nanjing-Straße, das ist ein 5-Sterne Hotel mit Luxus Spa-Dienstleistungen,gehobene **Küche Und** geräumige Zimmer mit elegante **Innenraum Es** ist eine der Top-Optionen in der Französische **Konzession** Bereich.
  - **Preisklasse**:**2.500-5.000 Yuan**(375–750 USD) pro Nacht.
  - **Einrichtungen/Leistungen**:**Hochwertige Ausstattung**,**Luxus-Spa**, und **Nähe zu den wichtigsten Sehenswürdigkeiten** wie **Platz des Volkes** und **Der Bund**.
- **Lanson Place Jinlin Tiandi Serviced Residences**: Ein mehr erschwinglich Und **heimelige Option** mit **voll ausgestattete Apartments**, ideal für längere Aufenthalte oder Familien. Im Herzen der französischen Konzession gelegen, bietet dies einfachen Zugang zum historische **Gebiete** Und **moderne Einkaufszentren**.
  - **Preisklasse**:**800-1.500 Yuan**(120–225 USD) pro Nacht.
  - **Einrichtungen/Leistungen**:**Kochnischen**,**Fitnesscenter**, in der Nähe von Xintiandi und einfacher Zugang zu Metro.

Standort und Website

- **Standort**: Der **Französische Konzession Befindet** sich im Zentrum von Shanghai, südlich von die **Straße nach Huahai**.
- **Webseite**:Die französische Konzession

Nähe zum Bahnhof

- **U-Bahnlinie 1** (Xintiandi-Station):**5-10 Minuten Mit** dem Taxi.
- **Bahnhof Shanghai**:**15-20 Minuten Mit** dem Taxi.

Transportkosten

- **Taxi**: Um **20-40 Yuan**(3–6 USD) vom Französische **Konzession Zu** wichtigen Bereichen wie Platz **des Volkes** oder **Der Bund**.
- **Metro**: Um **3-5 Yuan**(0,50–1 USD) für eine einfache Fahrt mit Linie 1.

Einrichtungen/Leistungen

- **Charmante Umgebung**: Von Bäumen gesäumte Straßen, historische Architektur und Boutiquen.
- **Kulturelle Erfahrung**: Übernachten Sie in einem Viertel reich an Geschichte,Kunst, und **Lokalkolorit**.
- **Günstige Lage**: Nähe zu Xintiandi,Tianzifang, und **Nanjing-Straße**.

2. Pudong

Beschreibung

Pudong Ist Shanghais modernster Stadtteil und beherbergt die ikonische Skyline, mit dem Shanghai-Turm,Jin-Mao-Turm Und die Shanghai **World Financial Center**. Dieser Bezirk ist die Heimat von Shanghai Finanz- **und Handelszentrum**, mit viel Luxushotels,Luxus-Einkaufszentren, Und **Touristenattraktionen Wie die Shanghai Disneyland Resort Wenn** Sie in Pudong übernachten, haben Sie direkten Zugang zum futuristische **Seite Von** Shanghai und einen einzigartigen Blick auf die Huangpu-Fluss Und die Bund gegenüber.

Unterkünfte in Pudong

- **Das Ritz-Carlton Shanghai, Pudong**: Ein Luxushotel Angebot Spektakuläre **Aussichtender Huangpu-Flussund** die**Bund**Es verfügt über elegante **Zimmer**, ein **Innenpool**, Und **gehobene Küche**.
  - **Preisklasse**:**2.500-4.500 Yuan**(375–675 USD) pro Nacht.
  - **Einrichtungen/Leistungen**:**Blick auf den Fluss,Spa Und** in der Nähe von Finanzviertel **Lujiazui**.
- **Four Seasons Hotel Shanghai at Pudong**: Dieses 5-Sterne-Hotel bietet zeitgenössischen Luxus mit einem Panoramablick **auf die Skyline von Shanghai**. Es ist perfekt für diejenigen, die im Herzen der Finanzviertel und genießen erstklassige Dienstleistungen und eine ideale Lage.
  - **Preisklasse**:**2.000-3.500 Yuan**(300–525 USD) pro Nacht.
  - **Einrichtungen/Leistungen:Schwimmbad,Luxus-Dinner Und** die Nähe zu Shanghai-Turm Und **U-Bahn-Station Lujiazui**.
- **Novotel Shanghai Atlantis**: Ein mehr erschwingliche **Mittelklasse-Option**, dieses Hotel ist bekannt für seine moderne **Annehmlichkeiten** Und **unmittelbare Nähe** Zum Geschäftsviertel **Pudong**.
  - **Preisklasse**:**600-1.200 Yuan**(90–180 USD) pro Nacht.
  - **Einrichtungen/Leistungen:Fitnesscenter,Restaurant Und** die Nähe zur U-Bahnlinie **2**.

Standort und Website

- **Standort**: Pudong liegt gegenüber der Huangpu-Fluss Aus dem Bund und die Gegend ist bekannt für ihre Skyline Und **Finanzviertel**.
- **Webseite**:Bezirk Pudong

Nähe zum Bahnhof

- **U-Bahnlinie 2** (Lujiazui-Station):**5-10 Minuten Mit** dem Taxi oder zu Fuß von das **Herz von Pudong**.
- **Bahnhof Shanghai**:**20-30 Minuten Mit** dem Taxi.

Transportkosten

- **Taxi**: Um **30-50 Yuan**(4,50–7 USD) Pudong Zu **Platz des Volkes Oder die Bund.**
- **Metro**: Eine Reise von Lujiazui Zu **Platz des Volkes Kostet rund 4-6 Yuan**(0,50–1 USD).

Einrichtungen/Leistungen

- **Moderne Umgebung**: Bleiben Sie in der Stadt Finanzplatz mit einem futuristischen Skyline.
- **Ikonische Ansichten:Blick auf den Fluss Shanghai-Turm Und die Bund.**
- **Günstige Lage**: Direkter Zugang zu Lujiazui,Einkaufszentren Und die Internationaler **Flughafen Pudong**.

Was man in Chinas kosmopolitischer Stadt essen kann

Shanghai, ein Schmelztiegel der Kulturen und ein globales Finanzzentrum, bietet eine vielfältige **kulinarische Szene Das** spiegelt sowohl seinen Reichtum Chinesisches **Erbe Und** internationalen Einflüssen. Von traditionellen Gerichte **nach Shanghai-Art** Zu **Fusionsküche Das** Essen in Shanghai ist von verschiedenen Kulturen aus aller Welt beeinflusst und ebenso kosmopolitisch wie seine Skyline.

1. Shanghai-Küche (Hu Cai)

Shanghai-Küche, bekannt als **Cai**, betont frische **Zutaten,leichte Würze Und** ein Gleichgewicht von süß Und **herzhafte Aromen**. Bekannt für seine würzige **Brühen,Pfannengerichte**, Und **gedämpfte Gerichte Die** Shanghai-Küche weist besondere Merkmale auf, die sie in der chinesischen Esskultur einzigartig machen.

Gerichte, die Sie unbedingt probieren müssen:

- **Xiaolongbao** (Gedämpfte Brötchen):**Mit Suppe gefüllte Teigtaschen Die** in einem Bambuskorb gedämpft werden.
- **Sheng Jian Bao** (Gebratene Brötchen):**Gebratene Knödel Mit** knusprigem Boden und saftiger Schweinefleischfüllung.
- **Dongpo-Schweinefleisch** (Dongpo-Schweinefleisch): Langsam **geschmorter Schweinebauch Gericht** benannt nach dem berühmten Dichter und Staatsmann Su **Dongpo**.
- **Süß-saurer Mandarinfisch** (Süß-saurer kleiner gelber Umberfisch): Ein typisches Shanghai-Gericht aus gebratenem **Fisch Und eine süß-scharfe Sauce**.

Restaurants mit Shanghai-Küche:

- **Din Tai Fung**: berühmt für seine**Xiaolongbao**und andere Knödel. Bietet eine gehobene **Küche Erfahrung** in einem ungezwungenen Rahmen.
    - **Frühstück:Xiaolongbao, gedämpfte Brötchen undReisbrei(Preis:** 30–50 Yuan, ca. 5–8 US-Dollar).
    - **Mittagessen:Sheng Jian Bao,Schweinebrötchen,Nudelsuppen(Preis:** 50–100 Yuan, ca. 7–15 USD).
    - **Abendessen:Dongpo-Schweinefleisch,Meeresfrüchte Gerichte,Gedämpfter Fisch**(Preis: 80–150 Yuan, ca. 12–23 USD).
    - **Standort:Lujiazui,Xintiandi Und** andere Standorte.
    - **Website:Von** Tai Fung
- **Der alte Jesse**: Bekannt für traditionelle Gerichte **nach Shanghai-Art** wie **Dongpo-Schweinefleisch** und **geschmorter Fisch**, mit einem gemütlichen, authentischen **Atmosphäre**.
    - **Frühstück**: Nicht verfügbar; jedoch Spezialitäten sind zum Mittag- und Abendessen beliebt.
    - **Mittagessen:Geschmortes Huhn,Geschmortes Schweinefleisch,Gemüsepfanne**(Preis: 60–120 Yuan, ca. 9–18 USD).
    - **Abendessen:Dongpo-Schweinefleisch,Geschmorter Fisch,Shanghai-Suppe**(Preis: 100–200 Yuan, ca. 15–30 USD).
    - **Standort:Nr. 41, Yongjia Road, Bezirk Xuhui**.
    - **Webseite:**Der alte Jesse

2. Dim Sum (kantonesische Küche)

Obwohl **Dim Sum Stammt** aus**Guangdong**Provinz,**Dim Sum nach kantonesischer Art**ist in Shanghai weit verbreitet, insbesondere in gehobenen Restaurants. Diese Mundgerechte **Snacks Kann sein gedämpft,gebraten,** oder **gebacken**, und werden normalerweise mit Tee serviert.

Gerichte, die Sie unbedingt probieren müssen:

- **Hat Gow** (Garnelen-Teigtaschen):Garnelen Knödel In zarten Reismehlteig eingewickelt.
- **Siu Mai** (Siomai):Schweinefleisch Knödel Gekrönt mit Fischrogen.
- **Char Siu Bao** (Gegrillte Schweinebrötchen):BBQ-Schweinefleisch Brötchen Gefüllt mit süßem, herzhaftem Schweinefleisch.

Restaurants, die Dim Sum anbieten:

- **Jade Garten:** Berühmt für seine Dim **Sum,traditionelle kantonesische Gerichte Und** elegantes Ambiente. Es ist ein beliebter Ort für Nachmittagstee Und **Dim Sum Liebhaber.**
    - **Frühstück:Dim-Sum-Platten,Haferbrei und gebratenes Brötchen**(Preis: 60–100 Yuan, ca. 9–15 USD).
    - **Mittagessen:Hat Gow,Char Siu Bao,Nudeln mit Garnelen**(Preis: 100–200 Yuan, ca. 15–30 USD).
    - **Abendessen:Fisch nach kantonesischer Art,Braten,Reis und Pfannengerichte**(Preis: 150–300 Yuan, ca. 23–45 USD).
    - **Standort:Xintiandi,Pudong**.
    - **Webseite:**Jadegarten
- **Kristall Jade:** Eine renommierte Restaurantkette bietet Luxus-Dim **Sum** und **kantonesische Spezialitäten**.
    - **Frühstück:Dim-Sum-Sets,Eierkuchen, gedämpfte Brötchen**(Preis: 30–80 Yuan, ca. 5–12 USD).
    - **Mittagessen:Siu Mai,Dim Sum,Reisbrei**(Preis: 60–120 Yuan, ca. 9–18 USD).
    - **Abendessen:Entenbraten,Schweinefleisch nach Peking-Art, gebratener Meeresfrüchte**(Preis: 100–250 Yuan, ca. 15–40 USD).
    - **Standort:Nanjing-Straße,Lujiazui,Pudong**.
    - **Webseite:Kristall Jade**

3. Internationale Küche und Fusion Food

Als einer der kosmopolitische **Städte**in China,Shanghai Bietet eine breite Palette von internationale **Küche**, aus **Französisch** Zu **Italienisch**,**japanisch**, Und **amerikanisch**, oft mit einem Fusion **Twist**.

Gerichte, die Sie unbedingt probieren müssen:

- **Sushi**(Japanisch): Frisch Sushi,Sashimi, und **Tempura** aus **gehobenen japanischen Restaurants**.
- **Französische Küche**:**Foie gras**,**Schnecken**, Und **Steak mit Pommes In** eleganten Restaurants im französischen Stil.
- **Westliches Frühstück**:**Eier Benedict**,**Pfannkuchen**, Und **Bagels Mit** lokalen Besonderheiten.

Restaurants mit internationaler Küche:

- **M am Bund**: Ein anspruchsvolles Restaurant, das bietet Europäisch **und mediterran inspirierte Gerichte** mit **schöne Aussichten der Bund** Und **Skyline von Shanghai**.
    - **Frühstück**:**Avocado-Toast**,**Eier Benedict, frisches Gebäck**(Preis: 80–150 Yuan, ca. 12–23 USD).
    - **Mittagessen**:**Mediterranes Lamm, gegrillter Lachs**,**Brathähnchen**(Preis: 150–300 Yuan, ca. 23–45 USD).
    - **Abendessen:Steak mit Pommes**,**Foie gras**,**Meeresfrüchterisotto**(Preis: 200–400 Yuan, ca. 30–60 USD).
    - **Standort**:**Nr. 5, Der Bund.**
    - **Webseite**:M am Bund
- **Das Nest**: Ein trendiges Spot-Angebot Moderne **europäische Küche** mit **Fusion Einflüsse.**
    - **Frühstück**:**Bagels mit geräuchertem Lachs**,**Kokosnusspfannkuchen**,**Eier-Avocado-Bowl**(Preis: 80–150 Yuan, ca. 12–23 USD).
    - **Mittagessen**:**Gegrillter Wolfsbarsch**,**Pastagerichte**,**Frische Salate**(Preis: 100–250 Yuan, ca. 15–38 USD).
    - **Abendessen**:**Trüffelpasta**,**Entenbrust**,**Lammkoteletts**(Preis: 150–350 Yuan, ca. 23–53 USD).
    - **Standort**:**Nr. 7, Xiangyang Road**.
    - **Webseite**:Das Nest
- **Element Fresh**: Bekannt für gesunde, **internationale Fusion-Gerichte**, Element Fresh bietet eine Auswahl an Salate,Schüsseln, und **Smoothies**, perfekt für alle, die nach leichteren, nahrhaften Mahlzeiten suchen.
    - **Frühstück**:**Granola-Bowls**,**Omeletts**,**Kokosjoghurt**(Preis: 40–80 Yuan, ca. 6–12 USD).
    - **Mittagessen**:**Knuspriger Hühnersalat**,**Poke Bowls**,**Burger**(Preis: 70–150 Yuan, ca. 10–22 USD).
    - **Abendessen:Pizza, gegrillter Fisch**,**Gemüsepfannen**(Preis: 120–250 Yuan, ca. 18–38 USD).
    - **Standort**:**Xintiandi**,**Lujiazui**,**Jingan**.
    - **Webseite**:Element Fresh

4. Street Food und Snacks

Shanghais **Streetfood-Szene Bietet ein zwangloses kulinarisches Erlebnis Für** diejenigen, die es versuchen möchten lokale **Snacks** Und **schnelle Happen**. Aus **Bohnenkraut** Zu **süß**, Shanghais **Nachtmärkte** Und **Straßenhändler** Angebot **erschwinglich** Und **leckeres Essen**.

Gerichte, die Sie unbedingt probieren müssen:

- **Chuan Chuan** (Zeichenfolge):Fleischspieße Und Gemüse gekocht in einem würzige **Brühe**.
- **Sheng Jian Bao** (Gebratene Brötchen):**Gebratene Brötchen Mit** Schweinefleischfüllung.
- **Tanghulu** (Zucker-Weißdorn):**Kandierte Früchte Am** Spieß, ein beliebter süßer Snack.

Streetfood-Bereiche:

- **Fußgängerzone Nanjing Road**: Ein beliebtes Einkaufsviertel, das verschiedene Straßen Gerichte anbietet, wie Xiaolongbao,Sheng Jian Bao, und **Chuan Chuan**.
  - **Preis:10-30 Yuan**(1,50–5 USD) für einen Snack.
- **Essensstraße Wujiang Road**: Bekannt für seine vielfältige Auswahl an lokale **Snacks**.
  - **Preis:10-50 Yuan**(1,50–7 USD).

Festivals: Frühlingsfestival, Internationale Filmwoche

Shanghai ist eine pulsierende Stadt mit einem reiches **kulturelles Erbe Und eine blühende moderne Kunstszene Und** ist damit ein Knotenpunkt für eine Vielzahl von Feste Und **Veranstaltungen Das** ganze Jahr über. Zu den beliebtesten gehören die Frühlingsfest(Chinesisches Neujahr) und Internationale **Filmwoche**, die beide große Menschenmengen anziehen und ein einzigartiges Erlebnis von Shanghai Kulturelle **Mischung** von **Tradition** Und **Modernität**.

1. Frühlingsfest (Chinesisches Neujahr)

Hintergrundgeschichte

Der **Frühlingsfest** (Frühlingsfest) oder Chinesisches **Neujahr Ist** das wichtigste und am meisten gefeierte Fest in China. Es markiert den Beginn der**Mondneujahr**und wird gefeiert für 15 **Tage**, gipfelnd in der Laternenfest Das Festival ist tief verwurzelt in Chinesische **Tradition Es** ist eine Zeit, in der Familien wieder zusammenkommen, ihre Vorfahren ehren und sich auf Glück im kommenden Jahr freuen.

Shanghai ist einer der bedeutendsten kosmopolitische **Städte**, feiert das Frühlingsfest mit einer Mischung aus traditionelle **chinesische Bräuche Und moderne Unterhaltung.** In dieser Zeit erwacht die Stadt zum Leben mit Feierlichkeiten,kulturelle **Darbietungen Und** eine Vielzahl von Veranstaltungen.

Wichtige Ereignisse und Aktivitäten

- **Laternenfest**: Der **Yu-Garten** Und **Platz des Volkes Sind** wunderschön beleuchtet mit bunte **Laternen**, repräsentiert viel **Glück** Und **Wohlstand**. Der **Laternendisplays**oft darstellen Tiere aus dem chinesischen Tierkreis,**berühmte Szenen**, Und **kulturelle Symbole**.
- **Parade zum chinesischen Neujahr**: In Bereichen wie Xintiandi können Sie erleben eine lebhafte **Parade**mit**traditionelle Löwentänze,Drachentänze**, Und **Kampfkunst Vorführungen.**
- **Tempel Messen:** An Orten wie Longhua-Tempel oder **Stadtgott-Tempel Können** Besucher traditionelle Darbietungen, Essensstände mit Shanghai-Snacks Und die Chance,**Glücksbringer kaufen**.
- **Feuerwerk und Knallkörper**: Während Feuerwerke im Stadtzentrum generell eingeschränkt sind, gibt es in manchen Gegenden wie Bezirk **Yangpu** Gastgeber **Feuerwerk Die** Geräusche von Feuerwerkskörpern und das Knistern des Feuerwerks tragen wesentlich zur festlichen Atmosphäre bei.

Essen und besondere Erlebnisse

- **Traditionelle Lebensmittel**: Während des Frühlingsfestes genießen die Einheimischen Gerichte wie Knödel,Nian **Gao**(Klebreiskuchen),**ganzer Fisch**, Und **süße Reisbällchen** (Tangyuan), alles symbolisieren Wohlstand,Familieneinheit, Und **Glück**.
- **Restaurants**: Viele Restaurants in Shanghai bieten spezielle Menüs **zum chinesischen Neujahr mit** traditionellen Festtagsgerichten.

- Zum Beispiel, **M am Bund Bietet** spezielle**Bankettmahlzeiten**mit einem Blick **auf den Bund**, die traditionelle Aromen mit modernen Präsentationen kombinieren.

Unterkunft & Anreise

- Während des Frühlingsfestes können die Unterkünfte teurer sein und schnell **ausgebucht werden, insbesondere** in beliebten Gegenden wie Der **Bund** oder **Pudong**. Es ist eine gute Idee, Ihr Hotel rechtzeitig im Voraus zu buchen.
- **Öffentliche Verkehrsmittel**: Shanghais U-Bahn und Busse fahren normal, können aber überfüllt, insbesondere rund um Chinesisches **Neujahr**. Vielleicht möchten Sie die Stadt auch zu Fuß oder mit dem Taxi um Staus zu vermeiden.

Beste Reisezeit

- **Januar oder Februar(die** genauen Daten variieren je nach Mondkalender). Das Frühlingsfest dauert in der Regel von Silvester(ein oder zwei Tage vor dem eigentlichen Festival) bis zum Laternenfest, das normalerweise auf Mitte Februar fällt.

2. Internationale Filmwoche Shanghai

Hintergrundgeschichte

Der **Internationale Filmwoche Shanghai Ist** eines der am meisten erwarteten künstlerische **Veranstaltungen Und** ist Teil der Internationales **Filmfestival Shanghai**(SIFF), eines der größten und renommiertesten Filmfestivals in Asien. Erstmals ins Leben gerufen in 1993, zielt es darauf ab,**internationales Kino**, feiern **Filmkultur Und** bieten eine Plattform für aufstrebende **Filmemacher**.

Im Laufe der Jahre Internationale **Filmwoche Shanghai**ist zu einem Mittelpunkt geworden für Cineasten und Branchenexperten aus der ganzen Welt. Es vereint eine Mischung aus Vorführungen,Filmpremiere,Workshops, Und **Panels,** anziehend Filmemacher,Schauspieler, Und **Regisseure Aus** der ganzen Welt.

Wichtige Ereignisse und Aktivitäten

- **Filmvorführungen**: Die Woche bietet eine große Auswahl an Filmen, von globale **Blockbuster** Zu **Independent-Filme** Und **Dokumentationen Das** Publikum kann beides sehen Internationales Und **lokale chinesische Filme**.
- **Preisverleihung**: Der **Goldener Pokal**, einer der Höhepunkte des Festivals, wird den besten Filmen in verschiedenen Kategorien verliehen, darunter bester **Film,beste Regie**, Und **bester Schauspieler**.
- **Besondere Gäste und Panels**: Filmemacher, Schauspieler und Regisseure nehmen oft teil an**Frage-und-Antwort-Runden** Und **Podiumsdiskussionen Dies** bietet eine seltene Gelegenheit, Einblicke in die kreativen Prozesse und die Zukunft des globalen Kinos zu gewinnen.
- **Filmmarkt**: Die Veranstaltung bietet auch eine Filmmarkt Hier können Branchenexperten Kontakte knüpfen, Geschäfte aushandeln und entdecken aufstrebende **Talente** aus aller Welt.

Essen und besondere Erlebnisse

- **Kulturelle Veranstaltungen**: Die Shanghai International Film Week wird oft von verschiedenen Kunstausstellungen,Theateraufführungen, und **Sondervorführungen**, darunter Filmabende im Freien und Veranstaltungen in ikonischen Veranstaltungsorten wie dem Shanghai **Grand Theatre**.
- **Fallbezogenes Essen**: Viele Restaurants und Cafés rund um die Kulturviertel veranstalten Sie besondere Events, Themenabende und bieten vom **Kino inspirierte Menüs Beliebte** Gebiete sind**Der Bund,Xintiandi Und die Französische Konzession**, wo Sie nach einer Filmvorführung eine Mahlzeit genießen können.

Unterkunft & Anreise

- **Hotels in der Nähe der Festivalzeit:** In der Nähe bleiben Platz **des Volkes** oder **Xintiandi Ist** ideal, da die meisten Festivals Veranstaltungen, einschließlich Filmvorführungen, in diesen Bereichen stattfinden.
  - Hotels wie Das **Langham,Das Peninsula Shanghai**, Und **Hotel Indigo Bieten** praktische Standorte in der Nähe der wichtigsten Festivals Orte.

- **Öffentliche Verkehrsmittel**: Shanghai verfügt über eine umfangreiche Metro Und **Bus System,** wodurch es einfach ist, zu verschiedenen Vorführ Orten zu gelangen und kulturelle Orte Während des Festivals. Viele Veranstaltungsorte bieten auch Shuttleserviceum die Besucher zu den wichtigsten Festivals Orten und wieder zurück zu transportieren.

Beste Reisezeit

- **Juni**(Termine variieren je nach Jahr). Das Festival findet typischerweise statt inJuni mit dem Filmwoche kandidiert für 7-10 **Tage**.

Kunst, Shopping und Nachtleben-Highlights

Shanghai, eine Stadt, die auf wunderbare Weise ihr reiches **historisches Erbe** mit **moderne Einflüsse**, bietet eine vielseitige Mischung aus Kunst,Einkaufen, Und **Nachtleben Das** spiegelt seinen kosmopolitischen Charakter wider. Von Weltklasse Museen Und **Kunstgalerien Zu** lebendig**Einkaufsstraßen** Und **Nachtclubs Shanghai** ist ein Reiseziel, das für jedes Interesse und jeden Stil etwas bietet. Egal, ob Sie ein Kunstliebhaber, A **Kaufsüchtig Oder** jemand, der das erleben möchte das **pulsierende Nachtleben der Stadt Shanghai** hat für jeden etwas zu bieten.

1. Kunst-Highlights in Shanghai

Shanghai ist die Heimat einer beeindruckende **Kunstszene**, mit einer Mischung aus traditionelle **chinesische Kunst** Und **moderne internationale Ausstellungen.** Ob Sie einen ruhigen Kunstgalerie oder eine dynamische Raum **für zeitgenössische Kunst**, Shanghai ist zu einem Kulturhauptstadt mit vielfältigen Angeboten für Kunstinteressierte.

Kunst Ziele, die man unbedingt besuchen muss

- **Das Shanghai Museum**
  - **Beschreibung**: Befindet sich in Platz **des Volkes**, Die **Shanghai-Museum Ist** eines der bedeutendsten Museen Chinas und zeigt eine umfangreiche Sammlung von alte **chinesische Kunst Das** Museum verfügt über 120.000 **Werke**, einschließlich **antike Keramik,Gemälde,Kalligraphie**, Und **Jade Artefakte.**
  - **Highlights**: Der **antike Bronze Sammlung Und die Kalligraphie sind** herausragende Merkmale des Museums.
  - **Eintrittspreis**: frei.
  - **Webseite**:Shanghai-Museum
- **Das Kraftwerk der Kunst**
  - **Beschreibung**: Dieses Museum für zeitgenössische Kunst befindet sich in einem ehemaligen Kraftwerk und ist Shanghais erstes staatliches Museum, das sich dem zeitgenössische **Kunst Das** Museum beherbergt regelmäßig Ausstellungen von Chinesische **und internationale Künstler**, mit Schwerpunkt auf hochmoderner Kunst in allen Formen.
  - **Highlights:Biennale-Ausstellungen Und** wechselnde Ausstellungen zeitgenössischer Kunst.
  - **Eintrittspreis**: 20–30 Yuan (3–5 USD).
  - **Webseite**: Kraftwerk der Kunst
- **M50 Kunstviertel**
  - **Beschreibung**: Bekannt als Shanghais **Mekka für zeitgenössische Kunst**, Die **M50 Kunstviertel Ist** ein ehemaliges Industriegebiet, das sich zu einem blühenden Zentrum der unabhängige **Kunstgalerien,Studios**, Und **Ausstellungsraum Es** ist ein großartiger Ort zum Erkunden Topaktuelle **lokale und internationale Kunst**.
  - **Highlights:Straßenkunst,unabhängige Galerien und aufstrebende Künstler.**
  - **Eintrittspreis**: kostenlos (einige Galerien verlangen jedoch für Sonderausstellungen eine Gebühr).
  - **Standort**:**Moganshan-Straße**, Bezirk Putuo.

Beste Zeit für den Besuch von Kunststätten

- **Frühling (März-Mai)** und **Herbst (September-November)**sind die ideale Zeit für einen Besuch, da das Wetter mild ist und viele große Ausstellungen in diese Jahreszeiten fallen.

2. Shopping-Highlights in Shanghai

Shanghai ist ein Einkaufsparadies mit allem, von High-End-Designer-Boutiquen bis hin zu einzigartigen lokale **Märkte**Angebot**authentisch**Souvenirs und traditionelles **Handwerk**Ob Sie nach Luxusgüter,Straßenmode, oder **einzigartige handgefertigte Artikel Shanghai** bietet für jeden Käufer etwas.

Einkaufsviertel, die man unbedingt besuchen muss

- **Nanjing-Straße** (Nanjing-Straße)
  - **Beschreibung**: Eine der beliebtesten Einkaufsstraßen der Welt,Nanjing-Straße Bietet eine Kombination aus Luxus boutiquen,Kaufhäuser, Und **internationale Marken**. Dieses Gebiet ist ideal für diejenigen, die erleben möchten Shanghais **Einkaufskultur In** seiner glamourösesten Form.
  - **Highlights:Shanghai Times Square,Plaza 66,Wangfujing Mall.**
  - **Am besten für:Exklusives Einkaufen** und **internationale Marken**.
  - **Standort:Nanjing Oststraße**, Bezirk Huangpu.
- **Xintiandi** (Neue Welt)
  - **Beschreibung:Xintiandi Mischungen traditionelle Shanghai-Architektur** mit **moderner Luxus Das** Gebiet ist voll von Boutiquen,Designerläden, und **Cafés**, eingebettet in eine historische **Kulisse** von **Gebäude im Shikumen-Stil**.
  - **Highlights**: Hochwertige Mode boutiquen,Kunstgalerien, Und **Lifestyle-Läden**.
  - **Am besten :Luxus-Shopping** und **exklusive Boutiquen**.
  - **Standort:Xintiandi**, Bezirk Huangpu.
- **Tianzifang** (Tianzifang)
  - **Beschreibung**: Bekannt für seine künstlerische **Atmosphäre,Tianzifang Ist** ein Labyrinth aus engen Gassen voller lokales **Kunsthandwerk,Kunstateliers,Boutiquen**, Und **Cafés**. Es ist perfekt für diejenigen, die nach einzigartige handgefertigte **Waren,Vintage-Fundstücke**, Und **künstlerische Souvenirs**.
  - **Highlights:Chinesische Kunst,Antiquitäten**, und **lokale Designerkleidung**.
  - **Am besten für:Einzigartige Erinnerungen** und **Kunsthandwerk**.
  - **Standort:Tasse. Taikang-Straße 210**, Bezirk Huangpu.

Beste Zeit zum Einkaufen

- **Frühling und Herbst Sind** die besten Zeiten zum Einkaufen, da Verkäufe Und **Mode-Events Fallen** oft mit diesen Jahreszeiten zusammen. Das Wetter ist auch angenehm für den Einkauf im Freien auf Märkten.

3. Highlights des Nachtlebens in Shanghai

Shanghais **Nachtleben Ist** legendär und bietet alles von schick Dachbars Zu **Underground-Clubs** Und **traditionelle Teehäuser Ob** Sie Lust auf einen mondänen Abend oder eine Party die ganze Nacht durch haben, das Nachtleben von Shanghai ist so vielfältig wie die Stadt selbst.

Nachtlokale, die man gesehen haben muss

- **Der Bund**
  - **Beschreibung**: Der **Bund Ist** die Heimat einiger der berühmtesten Dach bars Und **Lounges Und** bietet einen unglaublichen Blick auf die Skyline **von Pudong** Und **Huangpu-Fluss Genießen** Sie eineCocktail beim Anblick der moderne **Wolkenkratzer Von** Pudong und der historische **Architektur Des** Bundes.
  - **Top-Spots:Cloud 9 Bar,Rote Bar**, und **Flair Rooftop**.
  - **Am besten für:Getränke auf dem Dach,Stadtansichten**, und **luxuriöse Atmosphäre**.
- **Fuxing-Parkgebiet (ehemalige französische Konzession)**
  - **Beschreibung**: Das französische Konzessionsgebiet mit seinen trendigen Barren,Cafés, Und **Flüsterkneipen**bietet eine entspannte Atmosphäre im europäischen Stil. Diese Gegend ist ideal für Cocktail-Liebhaber Oder diejenigen, die ein ruhiger **Abend**.
  - **Top-Spots:Das Kamel,Der Unterschlupf und Der Baron**.
  - **Am besten für: anspruchsvolle Bars,gemütliche Lounges**, und **Late-Night-Partys**.
- **M1NT Club**
  - **Beschreibung**: Einer von Shanghai Exklusivsten **Nachtclubs,M1NT**bietet ein energiegeladenes **Nachtleben-Erlebnis Mit unglaublichen Ansichten,** ein gehobenes Publikum undTop-DJs Drehen an den Plattentellern.
  - **Highlights:Private Lounge,VIP-Bereiche,** und **Luxus-Cocktails**.
  - **Am besten :Exklusives Nachtleben,Promi-Spotting**, und **Tanzen**.
  - **Standort:Nr. 24, Fenyang Straße**, Bezirk Xuhui.
- **Karaoke-Bar (KTV)**
  - **Beschreibung:Karaoke Ist** ein beliebter Zeitvertreib in Shanghai, und die Stadt hat eine Vielzahl von KTV-Club Die einen unterhaltsamen Abend bieten. Diese Veranstaltungsorte bieten Privatzimmer,umfangreiche **Songauswahl**, und Getränke, während Sie Ihre Lieblingsmusik schmettern.
  - **Am besten für:Spielgruppen,Singen Mit** Freunden und lokale **Kultur**.
  - **Standort**: In ganz Shanghai, mit Beliebte **Gebiete** In **Xujiahui** Und **Jing'an**.

Beste Zeit, um das Nachtleben zu erleben

- **Das ganze Jahr über**: Das Nachtleben in Shanghai ist das ganze Jahr über lebendig, mit Höhepunkten während Wochenenden Und **Feiertage**. Der **Sommermonate**(Juni-August) bieten die beste Zeit für Outdoor-Dächer und Bars **am Flussufer**, während **Herbst**(September-November) bietet eine mehr milde **Atmosphäre Um** Shanghais berühmtes Nachtleben zu genießen.

PRAKTISCHE REISETIPPS

Kombination von Zügen mit anderen Verkehrsmitteln: Flugzeuge, U-Bahnen, Boote

China Verkehrsnetz ist riesig, effizient und hochgradig vernetzt, was es Reisenden leicht macht,**Züge mit anderen Verkehrsmitteln zu kombinieren** wie **Flugzeuge,U-Bahnen**, und **Boote**. Egal, ob Sie eine Reise quer durchs Land planen oder bestimmte Regionen erkunden, das Wissen, wie Sie diese Verkehrsmittel kombinieren können, kann Ihre Reise angenehmer machen.Effizient und **kostengünstig**.

1. Bahn + Flugzeug: Überland- und Regional Reisen

Warum kombinieren Sie Zug und Flugzeug ?

Züge in China sind unglaublich bequem, aber für Fernreisen(vor allem zwischen den Provinzen), die Kombination Hochgeschwindigkeitszüge mit **Inlandsflüge Kann** Ihnen Zeit sparen und Flexibilität bieten.Zug Kann ideal sein für kurze **bis mittlere Distanzen**, während **Flugzeuge Sind** schneller für Langstreckenreisen.

So kombinieren Sie Züge und Flugzeuge

- **Zug zum Flughafen**: Viele Großstädte in China, wie zum Beispiel Peking,Shanghai,Guangzhou, Und **Shenzhen**, haben **Bahnhöfe Die** sich entweder in oder mit einfachem Zugang zu Flughäfen. Dies ermöglicht Ihnen, einen Zug vom Stadtzentrum zum Flughafen, wodurch Verkehrs Stress und lange Transfers minimiert werden.
    - **Beispiel**: Nehmen Sie ein Hochgeschwindigkeitszug aus **Bahnhof Shanghai Hongqiao** Zu **Internationaler Flughafen Shanghai Pudong**, was etwa dauert 10-15 **Minuten**.
- **Flüge für lange Distanzen**: Verwenden **Hochgeschwindigkeitszüge Für** Reisen innerhalb einer Region oder in nahegelegene Städte, dann fliegen Sie für längere Reisen zu entfernten Zielen (z. B. von Shanghai Zu **Xi'an** oder **Lhasa**).
    - **Zug zum Flugzeug Ist** eine gängige Kombination bei Reisen in Städte, die nicht an ein Hochgeschwindigkeitsnetz angeschlossen sind.

Flughäfen und Bahnhöfe mit einfachen Transfers

- **Peking**: Der **Südbahnhof Peking Verbindet** sich direkt mit Internationaler **Flughafen Peking Über die Flughafen-Expresszug(nimmt 20 Minuten)**.
- **Shanghai**:**Bahnhof Shanghai Hongqiao Verbindet** sich mit Internationaler **Flughafen Shanghai Hongqiao Mit** der U-Bahn-Linie 2 oder eine kurze Taxifahrt (um **10-15 Minuten**).
- **Guangzhou**: Der **Südbahnhof Guangzhou Verbindet** sich mit Internationaler **Flughafen Guangzhou Baiyun**über die Flughafen-ExpressBus oder U-Bahn Linie 3.

Buchungstipps

- **Bahn- und Flugkombinationen**: Es ist einfach, Züge und Flüge über Online-Plattformen wie**Trip.com** oder **12306.cn**. Sie können oft ein Zugticket und einen Flug zusammen buchen, um eine nahtlose Reise zu gewährleisten.

2. Zug + U-Bahn: Fortbewegung in Städten

Warum kombinieren Sie Zug und U-Bahn ?

Für die Fortbewegung Stadtgebiete oder erkunden Attraktionen **in der Nähe**, kombiniert Züge Und **U-Bahnen**in Großstädten kann beides sein komfortabel Und **erschwinglich In** Städten wie Peking,Shanghai, Und **Guangzhou**, U-Bahnen sind die effektivste Art zu reisen, nachdem Sie mit dem Zug angekommen sind, und ihre Verbindungen sind gut in das Hochgeschwindigkeitsbahnsystem integriert.

So kombinieren Sie Züge und U-Bahnen

- **Zug zur U-Bahn**: Sobald Sie an einem Hochgeschwindigkeits bahnhof(normalerweise außerhalb des Stadtzentrums gelegen), können Sie leicht in die U-Bahn Um zu Ihrem Hotel oder Touristenziel zu gelangen.

- **Beispiel**: In **Shanghai,Bahnhof Shanghai Hongqiao Verbindet** sich mit Flughafen **Hongqiao Und** ist auch verbunden mit U-Bahnlinie **2**, die Sie zum Platz **des Volkes In etwa 30 Minuten**.
- **Hochgeschwindigkeitszüge ins Stadtzentrum**: In einigen Städten Hochgeschwindigkeitszüge ankommen bei Bahnhöfe, **die weit vom Stadtzentrum entfernt liegen**, aber Sie können bequem eine U-Bahn Zu Ihrem gewünschten Ziel. Zum Beispiel Südbahnhof Peking Verbindet sich mit dem U-Bahn-System(Zeile 4, Zeile 14) und Shanghai Hongqiao Verbindet sich mit U-Bahnlinie **2**.

Top-Städte mit guter Zug- und U-Bahn-Anbindung

- **Peking:Südbahnhof Peking Ist** gut an die U-Bahn angebunden, einschließlich Linie **4** Und **Linie 14**, wodurch es einfach ist, Touristenattraktionen wie die Verbotene **Stadt** Und **Platz des Himmlischen Friedens**.
- **Shanghai:Bahnhof Shanghai Hongqiao Verbindet** sich mit Linie **2** Und **Zeile 10 und** ist gut an die wichtigsten Sehenswürdigkeiten der Stadt angebunden, darunter Der **Bund,Platz des Volkes**, Und **Xintiandi**.
- **Guangzhou:Südbahnhof Guangzhou Verbindet** sich mit U-Bahnlinie **2**, was das Reisen zwischen dem Bahnhof und Gebieten wie Canton **Tower** Und **Peking-Straße**.

Buchungstipps

- **Bahntickets**: Sie können Ihre Zugtickets im Voraus auf der offiziellen**12306 Website**oder Apps wie**Trip.com** Und **Höhepunkte Chinas**. Für U-Bahn-Fahrten können Fahrkarten an U-Bahn-Stationen oder über Mobile **Zahlungs-Apps**.

3. Zug + Schiff: Panoramafahrten und Flusskreuzfahrten

Warum kombinieren Zug und Schiff ?

Für eine**malerisches Reiseerlebnis**, kombiniert Züge mit **Bootsfahrten Ermöglicht** Ihnen, sowohl die Landschaft Und **Wasserstraßen**. Beliebte Flusskreuzfahrten und malerische Bootstouren finden in der Nähe von Bahnhöfen statt, sodass Sie problemlos zwischen den Verkehrsmitteln wechseln können.

So kombinieren Sie Züge und Boote

- **Zug zu Kreuzfahrthäfen**: Große Städte entlang Chinas Flüsse, wie zum Beispiel **Shanghai,Chongqing**, Und **Guilin**, Angebot **Zugverkehr Die** direkt verbunden sind mit Häfen **für Bootsfahrten**.
  - **Beispiel**: Nehmen Sie ein Hochgeschwindigkeitszug aus **Guilin** Zu **Yangshuo Und** genießen Sie dann eine Bootsfahrt **auf dem Yulong-Fluss Die** Bootsfahrt bietet eine schöne **Aussicht derKarstgebirgeund** ist vom Bahnhof aus leicht zu erreichen.
- **Flusskreuzfahrten ab Bahnhöfen**: In **Shanghai Können** Sie einen Zug Zu **Pudong Und** nehmen Sie dann eine Kreuzfahrt **auf dem Huangpu-Fluss** aus **Der Bund** oder **Lujiazui Für** einen unvergesslichen Blick auf die Stadt Skyline Und **historische Wahrzeichen**.

Beliebte Bootsrouten, die mit dem Zug erreichbar sind

- **Kreuzfahrten auf dem Jangtse**: Sie können einen Zug aus **Chongqing Sich** auf eine Reise begeben Kreuzfahrt **auf dem Jangtse Der** Bahnhof befindet sich in der Nähe desHafen und vieleFlusskreuzfahrten entlang des Jangtse bieten luxuriöse **Reisen Mit** malerischer Aussicht auf die Drei **Schluchten**.
- **Li-Fluss-Kreuzfahrten**: Aus **Guilin**, nehmen Sie einen Zug **nach Yangshuo Und** dann genießen Sie eine Bootsfahrt entlang der Li-Fluss, eine der berühmtesten und landschaftlich reizvollsten Wasserrouten Chinas.
- **Hangzhou Westsee-Kreuzfahrten**: Nach der Einnahme eines Zug **nach Hangzhou**, gehen Sie zu**Westsee**für eine malerische Bootsfahrt das erforscht die UNESCO-WelterbeStätte und ihre wunderschönen Pagoden.

Buchungstipps

- **Bahntickets**: Sie können buchenBahnticketsüber12306 oder Plattformen wie Trip.com. Für Flusskreuzfahrten buchen Sie direkt bei lokale **Dock Oder** Online-Plattformen wie Ctrip.
- **Bootstouren**: Buchen Sie Ihre Bootstour im Voraus, insbesondere in der Hauptreisezeit, über Websites wie Ctrip oder direkt über lokale Reisebüros an den Bahnhöfen.

4. Allgemeine Tipps zur Kombination von Zug und anderen Verkehrsmitteln

- **Routenplanung**: Wenn Sie mehrere Verkehrsmittel kombinieren, achten Sie darauf,**ausreichend Zeit für Transfers.Chinesische Bahnhöfe** Und **Flughäfen Kann** beschäftigt sein, und durchzukommen Sicherheitskontrollen kann einige Zeit dauern.
- **Mobiles Bezahlen:WeChat Pay** und **Sei glücklich sind** in China weithin akzeptiert für beide Bahntickets Und **öffentliche Verkehrsmittel**(U-Bahn und Busse). Sie können sie auch für Bootstickets oder **Taxifahrten**.
- **Buchung im Voraus**: Für **Fernreisen**, buchen Sie Ihre Zug Und **Flugtickets Im** Voraus, um Ihre Plätze zu sichern, insbesondere während Feiertage Und **Hauptreisezeiten**.

Sicherheitstipps und Notfallkontakte

China ist ein Land großer Vielfalt mit moderne **Städte,Naturwunder Und** ein reiches kulturelles Erbe. Auf Reisen ist es wichtig, informiert zu bleiben und auf unerwartete Situationen vorbereitet zu sein.

1. Allgemeine Sicherheitstipps

Persönliche Sicherheit

- **Bleiben Sie in überfüllten Bereichen wachsam**: Großstädte wie Shanghai,Peking, Und **Xi'an Kann** überfüllt sein, besonders während Feiertage Und **Feste**. Seien Sie vorsichtig vor Taschendieben, insbesondere auf überfüllten Märkten, Bahnhöfen und Touristenattraktionen.
  - **Tipp**: Bewahren Sie Ihre Wertgegenstände wie Geldbörsen,Reisepässe, und **Telefone**, in sicheren Taschen oder einem Geldgürtel.
- **Respektieren Sie lokale Bräuche**: Die chinesische Kultur legt großen Wert auf Höflichkeit Und **Etikette**. Beachten Sie die örtlichen Gepflogenheiten, wie z. B. die Anrede mit der richtigen Titel Und **Respekt zeigen** die Ältesten.
  - **Tipp**: Beim Besuch Tempel,Schreine, oder **Kultstätten**, kleiden Sie sich bescheiden und vermeiden Sie laute Gespräche.
- **Sprachbarriere**: Während Großstädte wie Shanghai Und **Peking Obwohl** es in vielen Touristengebieten englischsprachiges Personal gibt, kann die Sprache in kleineren Städten immer noch eine Barriere darstellen.
  - **Tipp:Lernen Sie ein paar Schlüsselsätze In** Mandarin oder verwenden Sie ein Übersetzungs-App wie **Google Übersetzer** oder **Harnischwels Um** Grundbedürfnisse zu kommunizieren.
- **Ausreichend Flüssigkeit zu sich nehmen**: Das Klima in China ist regional sehr unterschiedlich. Wenn Sie heiße Städte wie Xi'an oder **Chengdu**, unbedingt trinken viel **Wasser Um** ausreichend Flüssigkeit zu sich zu nehmen, insbesondere in den Sommermonaten.
  - **Tipp**: Trinken **Wasser in Flaschen Und** vermeiden Sie Leitungswasser, es sei denn, es wurde gekocht.

Gesundheit & Wohlbefinden

- **Vermeiden Sie den Verzehr von Straßenessen (bei empfindlichem Magen)**: Obwohl chinesisches Straßenessen köstlich sein kann, erleben manche Reisende Verdauungsprobleme durch unbekannte Zutaten oder Hygienestandards.
  - **Tipp**: Entscheiden Sie sich für saubere, **seriöse Restaurants** oder **Gastronomiebereiche in** Einkaufszentren für sicherere Essensmöglichkeiten.
- **Reiseversicherung**: Stellen Sie sicher, dass Sie Ausreichende **Reiseversicherung Das deckt medizinische Notfälle,Reisestornierungen,Diebstahl**, Und **verlorenes Gepäck**.
  - **Tipp**: Behalten Sie eine Kopie **Ihrer Versicherungsdaten Griffbereit** und geben Sie die Notfall Kontaktinformationen an ein Familienmitglied oder einen Freund weiter.

2. Sicherheitstipps für bestimmte Verkehrsmittel

Bahnreisen

- **Bahnsteig- und Zugsicherheit**: Beachten Sie die Zugfahrpläne und Durchsagen auf den Bahnsteigen.**Bahnhöfe**, insbesondere große wie Shanghai **Hongqiao** oder **Peking West**, Plattformen können voll werden.
  - **Tipp**: Bleiben Sie hinter dem**Sicherheitsleinen** Und **Behalten Sie Ihre Sachen im Auge Jederzeit.**
- **Hochgeschwindigkeitszüge**: Chinas Hochgeschwindigkeitszüge sind sicher und effizient, aber Sie sollten immer Ihre Bahntickets Und **AUSWEIS zur** Fahrkartenkontrolle bereit.
  - **Tipp**: Ankommen **30 Minuten Vor** der Abfahrt, um Hektik zu vermeiden und sicherzustellen, dass Sie am richtigen Bahnsteig sind.

Öffentliche Verkehrsmittel (U-Bahnen und Busse)

- **U-Bahn-Massen**: Shanghai,**Peking**, Und **Guangzhou Haben** große U-Bahn-Netze, die während der Stoßzeiten. Achten Sie auf Ihren Besitz in engen Räumen.
    - **Tipp**: Vermeiden Sie Stoßzeiten, wie z. B.**8:00 - 9:30 Uhr** und **17:00 - 19:00 Uhr**, wenn die Züge am stärksten ausgelastet sind.
- **Taxi-Sicherheit**: Taxis in China sind im Allgemeinen sicher, aber es ist besser,**seriöse Taxidienste** oder **Mitfahr-Apps** wie **DiDi für** zusätzlichen Komfort.
    - **Tipp**: Stellen Sie sicher, dass der Treiber diaMeter Wenn der Fahrer sich weigert, steigen Sie am besten aus und suchen sich ein anderes Taxi.

Boote

- **Flusskreuzfahrten**: Wenn Sie eine Flusskreuzfahrt oder **Bootsfahrt**, stellen Sie sicher, dass das Boot Schwimmwesten und das Sicherheitsverfahren sind vorhanden.
    - **Tipp**: Vermeiden **Bootsfahrten** im rauen **Wetter oder** wenn das Boot überfüllt ist.

3. Notfallkontakte

Notrufnummern in China

- **Polizei**:**110**– Im Falle einer Verbrechen oder **Notfall Wenn** es um die Sicherheit geht, wenden Sie sich sofort an die Polizei.
- **Medizinischer Notfall**:**120**– Für alle medizinische **Notfälle Oder** wenn Sie einen Krankenwagen, Anruf **120**.
- **Feuerwehr**:**119**– Zur Meldung von Bränden oder anderen Notfallsituationen Feuerwehr erforderlich.
- **Verkehrsunfallmeldung**:**122**– Für alle Verkehrsunfälle oder Vorfälle mit Fahrzeugen.
- **Notfallkontakte des Konsulats**: Wenn Sie Ihren Reisepass oder ernsthafte Probleme auftreten, können Sie sich an die Konsulat.
    - **US-Botschaft in Peking**:**(+86) 10-8531-4000**
    - **Britische Botschaft in Peking**:**(+86) 10-5192-4000**
    - **Australische Botschaft in Peking**:**(+86) 10-5140-4111**
    - **Kanadische Botschaft in Peking**:**(+86) 10-5139-4000**

Weitere nützliche Kontakte

- **Lokale Notrufnummern für bestimmte Gebiete**:
    - **Shanghai**:**110 (Polizei)**,**120 (Medizinisch)**,**119 (Feuer)**
    - **Peking**:**110 (Polizei)**,**120 (Medizinisch)**,**119 (Feuer)**
    - **Xi'an**:**110 (Polizei)**,**120 (Medizinisch)**,**119 (Feuer)**
    - **Guangzhou**:**110 (Polizei)**,**120 (Medizinisch)**,**119 (Feuer)**
- **Sprachunterstützung**: Wenn Sie nicht in der Lage sind, auf Mandarin zu kommunizieren, ist es hilfreich, die lokale **Botschaft Oder** einHotel-Concierge Bieten Hilfe bei Notfall übersetzung oder den Notdienst zu kontaktieren.

4. Tipps zum Umgang mit gesundheitlichen Notfällen

- **Leichte Erkrankungen**: Viele Apotheken in China, insbesondere in Großstädten, verkaufen gängige Medikamente. Wenn Sie brauchen rezeptfreie **Arzneimittel** wie **Paracetamol** oder **Antihistaminika**, diese sind weithin verfügbar.
    - **Tipp**: Wenn Sie in entlegene Gebiete reisen, bringen Sie Basismedikamente wie **Schmerzmittel**,**Erkältungsmittel**, und **Pflaster**.
- **Ärzte und Krankenhäuser**: Wenn Sie einen Arzt, Großstädte wie Peking,Shanghai, Und **Guangzhou** haben **internationale Krankenhäuser** Und **Kliniken Wo** Englisch gesprochen wird.
    - **Top-Krankenhäuser in Shanghai**:
        - **Vereinigte Familien Gesundheitsversorgung:** Bietet englischsprachiges medizinisches Fachpersonal und eine Vielzahl von Dienstleistungen.
        - **Shanghai United Family Hospital**: ein zuverlässiges Privatkrankenhaus, das umfassende Gesundheitsdienstleistungen anbietet.

5. Sicherheitstipps für Naturkatastrophen

Erdbeben:

Obwohl Erdbeben in China nicht so häufig sind wie in anderen Regionen, können sie vorkommen, insbesondere an Orten wie Sichuan.

- **Tipp**: Bleiben **drinnen** Und **von Fenstern weg wenn** ein Erdbeben auftritt. Im Falle eines starkes **Nachbeben**, bleiben **unter stabilen Möbeln**.

Taifune:

Taifun Kann beeinflussen südlichen Küstenregionen wie **Guangzhou,Hongkong**, Und **Shanghai**, insbesondere während der Sommer- und frühen Herbstmonate.

- **Tipp**: Wenn Sie während der Taifunsaison reisen (normalerweise Mai **bis November), beachten Sie Wetterwarnungen** und vermeiden hochwassergefährdete **Gebiete**.

6. Reise Sicherheitstipps für Frauen und Alleinreisende

- **Alleinreisende**: China ist im Allgemeinen Sicher **für Alleinreisende**, aber es ist immer am besten, auf Ihre Umgebung zu achten, insbesondere an überfüllten Orten.
  - **Tipp**: Verwenden **vertrauenswürdiger Transport Und vermeiden isolierte Gebiete Nachts.**
- **Reisende Frauen**: Frauen können in China sicher reisen, aber wie in jedem Land ist Vorsicht geboten in überfüllten **Orten Oder** im Umgang mit Fremden.
  - **Tipp**: Wählen **seriöse Taxis** oder **Mitfahr-Apps** (z.B., **DiDi**) und vermeiden Sie es, spät in der Nacht alleine zu reisen.

Gesundheit, sauberes Wasser und lokale Kliniken

Reisen nach China bieten eine große Auswahl an kulturelle **Erlebnisse**, aber es ist wichtig, auf Gesundheit und Sicherheit zu achten, insbesondere im Hinblick auf sauberes **Wasser,medizinische Leistungen Und die lokales Gesundheitssystem**.

1. Gesundheitstipps für Reisende

Impfungen

Bevor Sie nach China reisen, sollten Sie sicherstellen, dass Ihre Routineimpfungen auf dem neuesten Stand sind und zusätzliche reise spezifische Impfungen in Betracht ziehen. Wenden Sie sich für eine individuelle Beratung an Ihren Arzt.

- **Routineimpfungen**: Stellen Sie sicher, dass Sie geimpft sind gegen Masern, **Mumps, Röteln,Tetanus,Diphtherie**, Und **Hepatitis A** und **B**.
- **Zusätzliche Impfstoffe**: Abhängig von Ihrer Reiseroute,**Typhus,Japanische Enzephalitis,Cholera**, Und **Tollwut**Impfungen können empfehlenswert sein, insbesondere wenn Sie ländliche Gebiete besuchen oder mit Tieren arbeiten möchten.

Reise-Gesundheitsset

- **Grundlegende Medikamente**: Immer tragen über **den Ladentisch Medikamente zur Schmerzlinderung,Erkältungssymptome,Antihistaminika,** Und **Verdauungsprobleme**.
- **Andere wichtige Dinge**: Packung Händedesinfektionsmittel,Gesichtsmasken, Und **Insektenschutzmittel**(insbesondere bei Reisen in ländliche oder tropische Gebiete).

2. Sauberes Wasser in China

Leitungswasser

- **Vermeiden Sie das Trinken von Leitungswasser in** China, insbesondere in kleineren Städten oder ländlichen Gebieten, wo die Wasser- und Sanitärversorgung möglicherweise nicht den internationalen Standards entspricht.
  - **Tipp**: Am besten trinkt man Wasser **in Flaschen** oder **abgekochtes Wasser**. Wasser in Flaschen ist in Supermärkten und Convenience Stores im ganzen Land weit verbreitet.
  - **Gängige Marken:Nestlé, Pure Life,Wow**, Und **Das ist gut**.

Wasseraufbereitung

- Wenn Sie in abgelegene Gebiete reisen oder Leitungswasser bevorzugen, sollten Sie ein**tragbarer Wasserfilter** oder **Wasserreinigungstabletten Um** sauberes Trinkwasser zu gewährleisten.

Kochendes Wasser

- Viele Hotels und Pensionen bieten Warmwasser zum Kochen, insbesondere in ländlichen Gebieten. Achten Sie darauf,**Wasser kochen bevor** Sie es trinken, um sicherzustellen, dass es unbedenklich ist.

3. Lokale Kliniken und Gesundheitsversorgung in China

China verfügt über eine umfangreiche Gesundheitssystem, aber die Qualität der Gesundheitsversorgung kann je nach Region unterschiedlich sein, insbesondere zwischen Großstädten und ländlichen Gebieten.**Internationale Krankenhäuser** Und **Kliniken In** Städten wie Shanghai,Peking, Und **Guangzhou Sind** von hohem Standard und bieten Englischsprachiges **Personal**, während kleinere Kliniken in ländlichen Gebieten möglicherweise nur über begrenzte Ressourcen verfügen.

Allgemeine Gesundheitsinformationen

- **Krankenhäuser**: Großstädte haben öffentliche **Krankenhäuser Die bieten allgemeine medizinische Versorgung**, aber für eine spezialisierte Behandlung,**private internationale Krankenhäuser** Und **Kliniken Werden** empfohlen.
- **Apotheken**: Apotheken sind weit verbreitet in Stadt und bieten beides Rezept Und **über den Ladentisch Medikamente.** Gängige Medikamente für leichte Erkrankungen und Verletzungen sind in der Apotheke vor Ort erhältlich.

Internationale Krankenhäuser in China

- **Beijing United Family Healthcare**
  - **Beschreibung**: Eines der bekanntesten privaten Krankenhäuser in Peking mit Englischsprachiges **Personal** Und **Westliche medizinische Standards**.
  - **Standort**:**Nr. 2 Jiangtai Road**, Bezirk Chaoyang, Peking.
  - **Webseite**:Vereinigte Familien Gesundheitsversorgung
- **Shanghai United Family Hospital**
  - **Beschreibung**: Eine Top-Wahl für Expats bietet hochwertige medizinische Leistungen in einem modernen Umfeld. Es verfügt über mehrere Fachabteilungen Und **Englischsprachige Ärzte**.
  - **Standort**:**1139 Xianxia-Straße**, Bezirk Changning, Shanghai.
  - **Webseite**:Shanghai United Family
- **Internationales Medizinisches Zentrum in Guangzhou**
  - **Beschreibung**: Angebote Umfassende **Gesundheitsdienstleistungen**für Reisende, einschließlich Notfallversorgung,Routineuntersuchungen, Und **Impfdienste**.
  - **Standort**:**208 Tianhe Nordstraße**, Bezirk Tianhe, Guangzhou.
  - **Webseite**:Internationales Medizinisches Zentrum
- **Pudong New Area (Shanghai)**:**Raffles Medical Group Bietet** medizinische Dienstleistungen auf internationalem Niveau in Shanghai, einschließlich **Impfungen,routinemäßige Gesundheitschecks**, Und **Notfallversorgung**.
  - **Standort**:**1311, Nr. 1, Century Avenue**, Pudong, Shanghai.
  - **Webseite**:Raffles Medical

Rettungsdienst

- **Notfallambulanz**: Zifferblatt 120 Für einen Krankenwagen im Notfall. Beachten Sie, dass Reaktionszeiten **des Krankenwagens Kann** in ländlichen Gebieten unterschiedlich sein.
- **Notfallhilfe**: Wenn Sie brauchen dringend, **die**, ist es ratsam, direkt zu gehen zu internationale **Krankenhäuser**, da sie für die Handhabung von Englischsprachige **Patienten Und bieten erstklassige Betreuung**.
- **Reiseversicherung**: Stellen Sie sicher, dass Ihr ReiseversicherungAbdeckungenmedizinische **Notfälle**und beinhaltet Krankenhausaufenthalt Und **Repatriierung Falls** erforderlich.

Lokale Kliniken in ländlichen Gebieten

- In ländlichen oder weniger entwickelten Gebieten können Gesundheitseinrichtungen Basic, mit **lokale Kliniken Bietet** Grundversorgung und Traditionelle **Chinesische Medizin**(TCM).
    - **Tipp**: Wenn Sie abgelegene Gebiete besuchen, ist es eine gute Idee, eine Liste mit medizinische **Einrichtungen In** nahegelegenen Städten für eine fortgeschrittenere Versorgung.
    - **Traditionelle Chinesische Medizin (TCM)**: TCM ist ein integraler Bestandteil von Chinesisches **Gesundheitswesen**, und viele Kliniken bieten Dienstleistungen wie Akupunktur,Kräuter Behandlungen, Und **Moxibustion Wenn** Sie an diesen alternativen Therapien interessiert sind, können Sie einen TCM-Klinik Für eine Beratung.

4. Häufige Gesundheitsprobleme bei Reisenden in China

- **Durch Lebensmittel und Wasser übertragene Krankheiten**: Reisende können manchmal erleben Magen-Darm-Probleme Aufgrund ungewohnter Nahrungsmittel oder durch Wasser übertragener Krankheiten.
    - **Tipp**: Bleiben Sie bei abgefülltes **oder abgekochtes Wasser**, vermeiden **Rohkost** oder **ungeschälte Früchte**, und essen Sie in angesehenen Restaurants.
- **Luftverschmutzung**: Großstädte wie Peking Und **Shanghai Kann** ein hohes Maß an Luftverschmutzung während der Wintermonate, was Personen mit Atemwegserkrankungen beeinträchtigen kann.
    - **Tipp**: Tragen Sie eine Maske (wie **N95**) während Zeiten starker Verschmutzung, insbesondere in smog gefährdete **Gebiete**.
- **Reisedurchfall**: Aufgrund unterschiedlicher Standards bei der Lebensmittelzubereitung kann es bei manchen Reisenden zu Magenprobleme.
    - **Tipp**: Tragen **orale Rehydration Salze,Medikamente gegen Durchfall**, Und **Mittel gegen Übelkeit**.

5. Krankenversicherung für Reisende

- **Reisekrankenversicherung**: Es wird dringend empfohlen, dass Reisende kaufen umfassende **Reisekrankenversicherung Das beinhaltet medizinische Evakuierung,Krankenhausaufenthalt**, Und **Repatriierung Im** Falle einer schweren Erkrankung in Ihr Heimatland.
- **Versicherungsanbieter**: Anbieter wie**Weltnomaden,Allianz Travel**, und **Global Bupa**bieten spezifische Pläne für Reisende **nach China**.
- **Notrufnummern**: Stellen Sie sicher, dass Ihre Versicherung des Unternehmens Notrufnummernwerden für medizinische Notfälle auf Ihrem Telefon gespeichert.

6. Lokale Apotheken und Gesundheitsressourcen

- **Apotheken**: Am meisten **Großstädte Haben** leicht zugänglich Apotheken(oft mit internationalen Ketten), wo Reisende finden können Basismedikamente für Beschwerden wie Erkältungen,Kopfschmerzen, Und **Allergien**.
- **Öffentliche Gesundheitsdienste**:**Öffentliche Krankenhäuser** Und **Kliniken Sind** in allen Städten weit verbreitet, aber es ist ratsam, zu besuchen private **Krankenhäuser Für** eine schnellere und zuverlässige Versorgung.

Wie man mit Sprachbarrieren umgeht

Reisen nach China können eine lohnende **Erfahrung sein, aber** die Sprachbarriere kann für viele Reisende eine Herausforderung sein, insbesondere wenn man kein Mandarin spricht. Mit ein paar einfachen Strategien und Hilfsmitteln können Sie jedoch die Sprachunterschiede überwinden und Ihre Reise angenehmer und stressfreier gestalten.

1. Lernen Sie wichtige Sätze auf Mandarin

Obwohl viele Menschen in China nicht fließend Englisch sprechen, ist es ratsam, ein paar grundlegende Sätze in**Mandarin-Chinesisch**kann viel dazu beitragen, Kontakte zu knüpfen und die Kommunikation zu erleichtern.

Wichtige Sätze, die Sie kennen sollten:

- **Hallo**: Hallo
- **Danke**: Danke (Xièxiè)
- **Auf Wiedersehen**: Auf Wiedersehen
- **Ja**: Ja
- **NEIN**: Nicht

- **Bitte**: Bitte
- **Entschuldigen Sie**: Es tut mir Leid
- **Wieviel kostet das?**: Wieviel kostet das?
- **Wo ist…?**: Wo ist…?
- **Ich verstehe nicht**: Ich verstehe nicht
- **Sprechen Sie Englisch?**: Sprechen Sie Englisch?

Tipp:

- **Aussprache üben**: Mandarin verwendet Töne, sodass selbst eine kleine Veränderung des Tons die Bedeutung eines Wortes verändern kann. Sie können Online-Apps oder **Sprachlernplattformen** wie **Duolingo** oder **Memrise, um** die Aussprache zu üben.

2. Verwenden Sie Übersetzungs-Apps

Dank der Technologie Übersetzungs-Apps Sind eine großartige Möglichkeit, Kommunikationslücken zu schließen. Mit diesen Apps können Sie Text oder Sprache in Echtzeit übersetzen, wodurch das Verständnis von Schildern und Speisekarten sowie die Kommunikation mit Einheimischen erleichtert wird.

Empfohlene Übersetzungs-Apps:

- **Google Übersetzer**: Diese App ist weit **verbreitet und** bietet Text-, Sprach- und Kamera Übersetzung Funktionen. Es unterstützt auch Offline-Übersetzung(Sie können das Sprachpaket vor der Reise herunterladen).
- **Harnischwels**: A **Chinesisch-Wörterbuch-App**das bietet**Zeichenerkennung,Audio-Aussprache**, Und **Strichfolge Um** beim Lesen und Schreiben zu helfen.
- **iTranslate**: Eine weitere beliebte App mit Text Und **Sprachübersetzung**, zusammen mit Offline-Funktionen.
- **So geht's**: Spezialisiert auf Bildübersetzung für **Menüs** und **Zeichen**, nützlich beim Lesen chinesischer Schriftzeichen.

Tipp:

- **Offline-Modus**: Laden Sie Offline-Übersetzungsdateien auf Ihr Telefon herunter, falls Sie auf Reisen keinen Internetzugang haben.

3. Verwenden Sie Handgesten und Körpersprache

Wenn Worte fehlen,**Gesten** Und **Körpersprache Können** wirkungsvolle Kommunikationsmittel sein.**Nonverbale Hinweise Überwinden** oft Sprachbarrieren und können dazu beitragen, Ihre Botschaft klarer zu vermitteln.

Häufige Gesten, die Sie kennen sollten:

- **Zeigen**: Wenn Sie auf etwas hinweisen müssen, zeigen Sie direkt darauf.**Auf eine Karte zeigen oder** mit Ihrem Finger um anzuzeigen, wie viele Artikel Sie benötigen, kann hilfreich sein.
- **Aktionen nachahmen**: Wenn Sie so etwas brauchen wie Essen,Wasser, oder **mit dem Taxi**, kann das Ausagieren der Handlung hilfreich sein.**So tun, als würde man trinken**wenn Sie nach Wasser fragen oder ahmen **die Wirkung des Schlafens nach wenn** Sie nach einem Hotelzimmer fragen.
- **Lächeln**: Lächeln ist ein universelles Zeichen der Freundlichkeit und kann helfen, in ungewohnten Situationen das Eis zu brechen.

4. Verwenden Sie visuelle Hilfsmittel

In vielen Fällen Bilder Und **visuelle Hilfsmittel Können** Ihre Bedürfnisse ohne Worte effektiv kommunizieren.**Beschilderung**in Großstädten wie Peking,Shanghai, Und **Hongkong Beinhaltet** oft Piktogramme oder **Symbole**.

Was Sie tun können:

- **Zeigen Sie ein Bild oder eine Karte**: Wenn Sie verloren gehen oder nach einem bestimmten Ort suchen, zeigt ein Bild oder eine Karte **des Gebiets Kann** effektiver sein als eine Erklärung auf Englisch.

- **Restaurant Menüs:** Viele Restaurants in größeren Städten haben**Fotomenüs** oder **Menü Übersetzung Verfügbar.** Sie können auch Apps wie Google **Lens Zum** Scannen und Übersetzen der Menüpunkte.

Tipp:

- Tragen Sie eine gedruckte **Adresse Oder die Name Ihres Hotels auf Chinesisch Wenn** Sie sich verlaufen haben oder nach dem Weg fragen müssen, zeigen Sie einem Einheimischen die Adresse, damit er Ihnen hilft.

5. Übernachten Sie in internationalen Hotels oder Touristengebieten

Am meisten **internationale Hotels**in China haben Englischsprachiges **Personal Und** bieten Hilfestellung bei Transport,Wegbeschreibung, Und **lokale Dienste Ein** Aufenthalt in diesen Hotels kann den ersten Teil Ihrer Reise erheblich erleichtern.

In Touristengebieten:

- **Touristen-Hotspots** wie zum Beispiel **Peking,Shanghai,Xian,** Und **Guangzhou Gibt** es oft Geschäfte, Restaurants und Dienstleistungen, die sich an ausländische **Touristen Mitarbeiter** in diesen Bereichen sind eher etwas **Englisch sprechen**, und Sie werden auch finden Beschilderung auf Englisch.

Tipp:

- Stellen Sie sicher, dass Sie die Adresse **Ihres Hotels auf Chinesisch Damit** Sie es im Falle einer Missverständnisse dem Taxifahrer vorzeigen können.

6. Lokale Reiseführer engagieren

Wenn Sie planen, mehr zu besuchen Fernbedienung oder **weniger touristische Gebiete**, die Einstellung eines lokaler **Führer Wer** spricht**Englisch**oder Ihre Muttersprache kann unglaublich hilfreich sein. Guides helfen nicht nur bei Übersetzungen sondern kann auch bieten**Einblick**ein die lokale Kultur,**Geschichte**, Und **Traditionen**.

Wo Sie Anleitungen finden:

- **Reiseveranstalter**: Viele Reisebüros in China bieten Englischsprachige **Reiseleiter Sie** können einen Reiseführer im Voraus buchen über Dienste wie Klook,GetYourGuide, oder lokale Reisebüros.
- **Hoteldienstleistungen**: Fragen Sie Ihr Hotel, ob es personalisierte **Führungen Oder** kann einen empfehlen lokaler **englischsprachiger Reiseleiter**.
- **Private Touren**: Für mehr Flexibilität können Sie einen Privatführer. Websites wie**ToursByLocals** oder **Viator Bieten** maßgeschneiderte Erlebnisse mit lokale **englischsprachige Reiseleiter**.

7. Navigieren mit chinesischen Apps

China ist ein technikaffines **Land Und** verschiedene Apps können Ihnen dabei helfen Navigation,Transport Und sogar Basis übersetzung:

Nützliche Apps:

- **WeChat**: Diese All-in-One-App ist unverzichtbar für Kommunikation, Zahlungen und sogar Hotelbuchungen. Sie können auch WeChat **Übersetzer Um** in Echtzeit mit Menschen zu kommunizieren.
- **Didi**: Eine Mitfahr-App wie **Uber**, aber in China beliebter. Obwohl die App auf Chinesisch ist, ist sie recht einfach zu navigieren und zeigt oft den Namen des Fahrers und das Automodell in Englisch.
- **Baidu-Karten**: Es ist das Chinesisches **Äquivalent** von **Google Maps Und Angebote Wegbeschreibung,öffentliche Verkehrsmittel**, Und **Taxi-Anrufen**.

Tipp:

- Laden Sie diese Apps herunter vor Ihre Reise und stellen Sie sicher, dass Ihre Mobilgerät ist eingerichtet mit VPN Dienste, falls Sie diese benötigen.

8. Hilfe von Einheimischen erhalten

Am meisten **Chinesen** Sind **Begrüßung Und** werden ihr Bestes tun, um Ihnen zu helfen, wenn Sie Hilfe brauchen, auch wenn sie kein Englisch sprechen.Nicht-Englischsprachige Können ihre Telefone benutzen oder Google **Übersetzer Um** Ihnen zu helfen.

Was Sie tun können:

- **Mit Freundlichkeit an die Sache herangehen**: Wenn Sie in einer schwierigen Situation sind, lächeln Sie und höflich **fragen um** Hilfe. Eine freundliche Haltung trägt wesentlich dazu bei, dass die Einheimischen Ihnen helfen.
- **Sei geduldig**: Wenn dich jemand nicht versteht, versuche vereinfachen Ihre Anfrage oder Nutzung Gesten Und **visuelle Hilfsmittel**.

Tipps für umweltfreundliches Reisen und Unterstützung lokaler Gemeinschaften

Chinas rasante Stadtentwicklung hat zu erheblichen Umweltproblemen geführt, doch in den letzten Jahren konzentriert man sich zunehmend auf nachhaltiges **Reisen**. Als Reisender ist es wichtig, Maßnahmen zu ergreifen, um unsere Umweltbelastung zu minimieren und aktiv zu unterstützen lokalen **Gemeinschaften Wir** besuchen.

1. Tipps für umweltfreundliches Reisen in China

Nutzen Sie öffentliche Verkehrsmittel und Hochgeschwindigkeitszüge

Chinas Hochgeschwindigkeitsnetz ist eine der modernsten und umweltfreundlichsten Möglichkeiten, durch das Land zu reisen. Die Hochgeschwindigkeitszüge sind nicht nur effizient, sondern reduzieren auch die CO2-Emissionen im Vergleich zu Flüge oder **Privatwagen**.

- **Tipp**: Entscheiden Sie sich, wann immer möglich, für Züge über **Flüge Für** Fernreisen. Chinas**Hochgeschwindigkeitszug**verbindet Großstädte wie Peking,Shanghai,Guangzhou,Xi'an, Und **Chengdu**, wodurch Bahnreisen nicht nur umweltfreundlich, sondern auch bequem werden.
- **Öffentliche Verkehrsmittel**: In Städten verwenden Sie die Metro,Busse, Und **Taxen** (besonders **Elektrotaxis**), um Ihren CO2-Fußabdruck zu reduzieren. Viele chinesische Städte haben umfangreiche und erschwingliche **öffentliche Verkehrsmittel Die** dazu beitragen, Verkehrsstaus und Umweltverschmutzung zu reduzieren.

Umweltfreundliche Unterkünfte

Viele Hotels und Hostels in China haben nachhaltige **Praktiken**um ihren ökologischen Fußabdruck zu reduzieren. Suchen Sie nach Unterkünften, die fördern**Energieeffizienz**,**Abfallreduzierung**, Und **Wasserschutz**.

- **Tipp**: Wählen Sie Hotels mit Öko-Zertifizierungen, wie zum Beispiel **Grüner Schlüssel** oder **EarthCheck zertifizierte** Eigenschaften. Zum Beispiel Das **PuLi Hotel In** Shanghai setzt sich für nachhaltige Praktiken ein, darunter Initiativen zum Wassersparen und umweltfreundliche Annehmlichkeiten.
- **Grüne Optionen**: Überlegen Sie, in Hotels,Boutique-Hotels, oder **Öko-Lodges Die** sich auf lokale **Nachhaltigkeit Und** bietet Erlebnisse wie Bio-Mahlzeiten Und **lokale Ressourcennutzung**.

Reduzieren, Wiederverwenden, Recyceln

Während Chinas Abfallwirtschaft Systeme verbessern sich,Recycling Praktiken entwickeln sich immer noch. Tragen Sie als verantwortungsbewusster Reisender Ihren Teil dazu bei,**Abfall reduzieren** Und **recyceln wo** möglich.

- **Tipp**: Tragen Sie eine wiederverwendbare **Wasserflasche**,**wiederverwendbare Einkaufstaschen**, Und **Besteck** (wie zum Beispiel **Metall Strohhalme** oder **Essstäbchen**), um Einweg Plastik zu vermeiden.
- **Recycling**: In **Großstädten** achten Sie auf Recyclingbehälter und trennen Sie Ihren Müll entsprechend. Im Zweifelsfall fragen Sie Einheimische oder Hotelpersonal nach der richtigen Entsorgung.

Nachhaltige Lebensmittelauswahl

Wenn es ums Essen geht, wählen Sie Aus **der Region,Bio**, Und **saisonal**Speisemöglichkeiten.**Traditionelle chinesische Küche Dreht** sich oft um frische **Zutaten Und** der Verzehr regionaler Produkte kann beides unterstützen nachhaltige **Landwirtschaft** Und **lokale Bauern**.

- **Tipp**: Entscheiden Sie sich für Vegetarier oder **pflanzliche Mahlzeiten Um** die Umweltauswirkungen der Tierhaltung zu reduzieren.
- **Vom Erzeuger auf den Tisch**: Viele Städte in China haben eine wachsende Bewegung **„Vom Erzeuger auf den Tisch"**mit Restaurants, die sich auf nachhaltige **Praktiken Suchen** Sie nach Restaurants, die Zutaten **lokal und** vermeiden Sie verarbeitete Lebensmittel.

Umweltfreundliche Aktivitäten

Zusätzlich zu umweltfreundlicher **Transport**, Sie können auch Aktivitäten wählen, die die Natur respektieren und lokale Naturschutz Bemühungen unterstützen.

- **Tipp**: Suchen Sie nach Ökotourismus-Aktivitäten wie Nachhaltige **Wanderreisen,Radausflüge**, Und **Naturerlebnisse**. Zum Beispiel, **Yangshuo Ist** berühmt für seine Karst-Mountainbiketouren, die malerische Ausblicke bieten, ohne die Umwelt zu schädigen.
- **Naturschutz Touren:** Unterstützen Sie lokale Naturschutzprojekte durch geschützte **Parks** wie **Jiuzhaigou-Tal** oder **Guilins Li-Fluss**, die sorgfältig gepflegt werden, um ihre Ökosysteme zu erhalten.

2. Unterstützung lokaler Gemeinschaften in China

Einer der lohnendsten Aspekte des Reisens ist die Möglichkeit, mit anderen in Kontakt zu treten und Unterstützung **lokaler Gemeinschaften Im** Zuge der Modernisierung Chinas stehen viele lokale Gemeinden vor der Herausforderung, ihr kulturelles Erbe und ihre wirtschaftliche Nachhaltigkeit zu bewahren. Hier sind einige Möglichkeiten, wie Sie die Orte, die Sie besuchen, positiv beeinflussen können.

Übernachten Sie in Unterkünften in lokalem Besitz

Unterstützen Lokale Unternehmen Ist eine wirksame Möglichkeit, zur wirtschaftlichen Entwicklung der von Ihnen besuchten Gebiete beizutragen. Anstatt bei großen internationalen Hotelketten zu buchen, wählen Sie lokal geführte Pensionen,Gastfamilien, Und **Boutique-Hotels**.

- **Tipp**: Bleiben Sie bei einheimischen **Familien** In **Gastfamilien Zu erleben authentische chinesische Kultur Und** gleichzeitig dazu beitragen, der lokalen Gemeinschaft Einkommen zu verschaffen. Websites wie Airbnb bieten auch die Möglichkeit, Zimmer bei Einheimischen zu buchen, sodass Sie die Gegend aus einer persönlichen Perspektive erleben können.
- **Beispiel**: In **Yangshuo**, können Sie bei lokalen Bauernhöfen Hier werden Ihnen frische, lokal angebaute Lebensmittel serviert und Sie erfahren etwas über nachhaltige Anbaumethoden.

Kaufen Sie lokales Kunsthandwerk und Souvenirs

China hat eine reiche Tradition der Handwerkskunst in Bereichen wie Seidenweberei,Holzschnitzerei,Porzellan, Und **Kalligraphie**Einkauf**lokales Kunsthandwerk Direkt** von**Handwerker**trägt zur Sicherung ihres Lebensunterhalts bei und stellt sicher, dass traditionelle Handwerkskunst erhalten bleibt.

- **Tipp**: Besuchen **lokale Märkte**, wie zum Beispiel **Tianzifang** oder **Seidenstraßen Markt,** kaufen authentisch Und **handgemachte Souvenirs**. Stellen Sie sicher, dass Sie kaufen vom Handwerker und nicht bei großen Massenmarkt Anbietern, da so sichergestellt wird, dass Ihr Kauf die Community direkt unterstützt.

Unterstützen Sie fairen Handel und ethische Unternehmen

Suchen Unternehmen Und **Tourismusunternehmen Die** sich aufethisch Praktiken, einschließlich fairer Löhne, ökologischer Nachhaltigkeit und Respekt für lokale **Kulturen**.

- **Tipp**: Suchen Sie Ökotourismus-Agenturen Und **lokale Handwerker Die** fairen Handel priorisieren, wie zum Beispiel diejenigen, die Bio-Produkte,ethische **Touren**, oder **kulturelle Austauschprogramme Die** marginalisierte Gemeinschaften unterstützen.

- **Beispiel**: Erwägen Sie einen Beitritt**Kulturreisen**die einen authentischen Blick auf ethnischen Minderheiten Gemeinschaften, wie zum Beispiel die Miao-Volk In **Guizhou**. Diese Touren nutzen oft lokale **Reiseführer Und fördern gemeindebasierter Tourismus**.

Nehmen Sie an verantwortungsvollen Wildtier- und Naturtouren teil

China ist die Heimat einiger der berühmtesten Wildtiere der Welt, darunter Große **Pandas** und **Tibetische Antilopen Um** den Schutz dieser Arten und ihrer Lebensräume zu unterstützen, wählen Sie Touren, die den Schwerpunkt legen auf ethischer Wildtier Tourismus.

- **Tipp**: Besuchen **Panda-Schutzgebiete** wie **Chengdus Panda-Station** oder **Bifengxia Panda-Reserve,** die zum Schutz der Pandas beitragen und pädagogische Erlebnisse bieten. Diese Einrichtungen konzentrieren sich oft auf Schutz **der Tierwelt** Und **Erhaltung natürlicher Lebensräume**.
- **Beispiel**: In **Xishuangbanna Können** Sie die Tropischem **Regenwald-Naturschutzgebiet**, wo Sie sich engagieren können mit lokale Naturschutz mühungenZiel ist der Schutz seltener Arten und die Erhaltung der Artenvielfalt in der Region.

Engagieren Sie sich ehrenamtlich für lokale Anliegen

Wenn Sie Zeit haben, überlegen Sie Freiwilligenarbeit während Ihrer Reisen. Viele gemeinnützige Organisationen in China konzentrieren sich auf Bereiche wie Ausbildung,Umweltschutz, und **Gemeindeentwicklung**.

- **Tipp**: Treten Sie Organisationen bei oder Community-basierte **Projekte Die** es Reisenden ermöglichen, sich an lokalen Initiativen zu beteiligen. Freiwilligenarbeit an Orten wie abgelegene **Dörfer** In **Yunnan Oder** helfen**Tibetische Gemeinschaften In** den Bereichen Bildung und Gesundheitsversorgung können nachhaltige Auswirkungen haben.
- **Beispiel**: Programme wie Das **China-Freiwilligenprogramm Ermöglichen** Ihnen, mitzuhelfen Englisch **unterrichten,Unterstützung bei der Gemeindeentwicklung**, oder **Arbeit in örtlichen Krankenhäusern**.

Packen für Zwischenstopps in der Stadt und auf dem Land

China ist ein Land der großen Kontraste, mit geschäftigen, kosmopolitischen Städten und ruhigen, ländlichen Landschaften. Egal, ob Sie nach Shanghai, Die **Hochgeschwindigkeits-Bahnknotenpunkt Oder** die Erkundung der Bergregionen von **Yunnan,Tibet**, oder **Guizhou**, clever packen für beide urban Und **ländlich Zwischenstopps** sind der Schlüssel zu einer komfortablen und angenehmen Reise.

1. Packen für Zwischenstopps in der Stadt

Chinas Großstädte, wie zum Beispiel **Peking,Shanghai,Guangzhou**, Und **Hongkong**, sind lebendig, modern und gut ausgestattet für Touristen. Während Sie finden Luxushotels,gehobene **Restaurants**, Und **moderne Verkehrsnetz Ist** es dennoch wichtig, beim Packen für eine städtische Umgebung sowohl auf Stil als auch auf Komfort zu achten.

Kleidung und Schuhe

- **Bequeme Wanderschuhe**: Städte wie Shanghai Und **Peking Erfordern** viel Gehen, insbesondere bei der Erkundung wichtiger Touristenattraktionen. Packen Sie bequem und dennoch stilvoll Wanderschuhe oder **Turnschuhe**.
  - **Tipp**: Entscheiden Sie sich für leichte **Turnschuhe** oder **flache Schuhe Für** lange Spaziergänge und Warteschlangen an Touristenattraktionen.
- **Elegante Freizeitkleidung**: Viele Restaurants, Cafés und gehobene Hotels in Stadt erwartet von den Gästen, dass sie sich kleiden elegante **Freizeitkleidung Verpackung ordentliche, gut sitzende Kleidung**für Abendessen oder Abendausflüge ist unerlässlich.
  - **Tipp**: Ein Paar Abendschuhe oder **formelle Schuhe Wird** empfohlen, wenn Sie planen, im High-End-Veranstaltungsorte.
- **Wettergerechte Kleidung**: Städtische Gebiete wie Peking Und **Shanghai Kann** unterschiedliche Klimazonen haben, bringen Sie also geeignete Kleidung für die Jahreszeit:
  - **Sommer**:**Leichte Stoffe,Shorts,T-Shirts**, Und **Hüte Zum** Schutz vor der Sonne.
  - **Winter: warme Mäntel,Schals,Handschuhe**, und **Winterstiefel**, insbesondere bei Reisen in Nordchina.
  - **Frühling/Herbst: Mehrere Kleidung**, wie zum Beispiel **Jacken** oder **Strickjacken**, für schwankende Temperaturen.

Elektronik & Reisezubehör

- **Tragbares Ladegerät**: Städtische Zentren bieten reichlich Wlan Und **Ladestationen**, aber ein tragbares **Ladegerät Ist** immer nützlich für lange Sightseeing-Tage oder Geschäftstreffen.

- **Tipp**: Bringen Sie ein Powerbank die unterstützen können mehrere **Geräte Für** Ihr Smartphone, Tablet und Ihre Kamera.

- **Reiseadapter**: China verwendet Typ **A, C und Stecker** mit einem 220V elektrische Anlage. Packen Sie eine geeignete Universaladapter um sicherzustellen, dass Ihre Geräte funktionieren.
- **Reise Rucksack oder Tragetasche**: A **Rucksack** oder **kleine Tragetasche Ist** ideal für den Transport wichtiger Dinge wie Karten,persönliche **Gegenstände,Wasserflaschen**, Und **Snacks Während** Sie die Stadt erkunden.

Toilettenartikel und Körperpflege

- **Gesichtsmasken**: In einigen städtischen Gebieten, insbesondere in Peking Und **Shanghai Kann** die Luftqualität gelegentlich schlecht sein aufgrund von Verschmutzung. Bringen Sie eine hochwertige **Maske**(wie zum Beispiel ein N95 Maske), um Ihre Atemwege zu schützen.
- **Kosmetik- und Hautpflegeprodukte**: Großstädte bieten eine Vielzahl von Schönheits geschäfte, aber es ist immer eine gute Idee, Ihre persönlichen Hautpflegeprodukte wenn Sie empfindliche Haut haben.
- **Händedesinfektionsmittel und Feuchttücher**: Während die meisten städtischen Gebiete in China Saubere **öffentliche Toiletten**, ist es nützlich zu tragen Händedesinfektionsmittel Und **Feuchttücher Für** Komfort unterwegs.

2. Packen für Zwischenstopps auf dem Land

Das ländliche China bietet ein ganz anderes Reiseerlebnis – ruhigere Landschaften, raueres Gelände und ein langsameres Lebenstempo. Beim Packen für ländliche Gebiete, wie zum Beispiel Tibet,Yunnan, oder **Guizhou Der** Schwerpunkt sollte auf Komfort,Praktikabilität, und **Wetterbeständigkeit**.

Kleidung und Schuhe

- **Robuste Wanderschuhe**: Wenn Sie in ländliche oder bergige Regionen reisen,**robuste Wanderschuhe Sind** für Trekking in der Natur unerlässlich. Diese sind auch nützlich, wenn Sie durch Gebiete mit unebenes **Gelände** oder **staubige Straßen**.
  - **Tipp**: Suchen Sie nach wasserdichte **Wanderschuhe Die** für unterschiedliche Wetterbedingungen atmungsaktiv sind.
- **Mehrlagige Kleidung**: In ländlichen Gebieten können extreme Temperaturen herrschen, insbesondere wenn Sie in Bergregionen oder an Orte mit große **Höhen**. Für ein angenehmes Tragegefühl sind mehrere Schichten entscheidend.
  - **Basisschicht:Thermo Oberteile** oder **Langarmhemden**.
  - **Mittlere Schicht:Pullover** oder **Fleece Für** Wärme.
  - **Äußere Schicht:Winddicht** Und **wasserdichte Jacken** mit plötzlichen Veränderungen fertig zu werden.
- **Sonnenschutz**: In **ländlich** Und **Berggebiete Kann** die Sonne intensiv sein bei große **Höhen**.
  - **Tipp**: Bringen **breitkrempige Hüte,UV-Schutzkleidung,Sonnenbrille**, Und **Sonnenschutzmittel mit hohem Lichtschutzfaktor Zum** Schutz Ihrer Haut.

Elektronik & Reisezubehör

- **Offline-Karten:Ländliche Gebiete Möglicherweise Eingeschränkter Zugriff auf mobile Daten** oder **W-LanEs** ist ratsam, Offline-Karten auf Apps wie herunterzuladen Google **Maps** oder **Maps.me bevor** Sie losfahren.
  - **Tipp**: Tragen Sie eine lokale **SIM-Karte Oder** ein internationales Datentariffalls Sie brauchenWegbeschreibung oder einen lokalen Reiseführer kontaktieren möchten.
- **Taschenlampe oder Stirnlampe**: In mehr abgelegenen **Gebieten**, insbesondere bei Aufenthalten in Dörfer Die Stromversorgung ist möglicherweise nicht so zuverlässig wie in städtischen Zentren.
  - **Tipp**: A **Scheinwerfer Kann** hilfreich sein, um die Hände frei zu haben, insbesondere wenn Sie im Freien unterwegs sind oder nachts spazieren gehen.
- **Wasserdichte Tasche**: Bei Reisen durch ländliche Gebiete, insbesondere währendRegenzeiten oder Trekking in Bergregionen, A **wasserdichte Tasche Kann** Ihre Sachen trocken halten.

Toilettenartikel und Körperpflege

- **Grundlegendes Erste-Hilfe-Set**: In ländlichen Gebieten sind medizinische Einrichtungen möglicherweise nicht so gut erreichbar. Bringen Sie Erste-Hilfe-Kasten mit **Pflaster,Schmerzmittel,Antiseptikum,Antibiotika**(falls empfohlen) und verschreibungspflichtige **Medikamente**.
- **Wasserreinigungstabletten**: Der Zugang zu sauberem Trinkwasser kann eingeschränkt sein im Fernbedienung Regionen. Tragen Wasserreinigungstabletten oder ein**tragbarer Wasserfilter Um** sicheres Trinkwasser zu gewährleisten.

- **Insektenschutzmittel**: Wenn Sie in ländliche Gebiete oder tropischen **Gebieten** wie **Yunnan** oder **Guizhou Ist** es wichtig,Mückenschutz Um Bisse zu verhindern Malaria oder **Dengue-Fieber**.
- **Taschentücher und Toilettenpapier**: In vielen ländlichen Gebieten Öffentliche **Toiletten Stellt** möglicherweise kein Toilettenpapier zur Verfügung, daher ist es hilfreich,**Feuchttücher** oder **Klopapier In** deiner Tasche.

Snacks und Essen

- **Haltbare Snacks**: Bei Reisen in mehr abgelegene **Orte**, kann es schwierig sein, zu finden Fertiggerichte Packung Müsliriegel,Nüsse, Und **Trockenfrüchte Um** Ihnen auf langen Fahrten Energie zu geben.
- **Lokale Spezialitäten**: Erkunden **lokale Märkte Für** einzigartige Snacks oder frische **Produkte**. In ländlichen Gebieten können Sie auch authentische regionale Gerichte finden, die Sie probieren können, wie zum Beispiel Wurzelbrot oder **wilde Pilze**.

3. Allgemeine Packtipps für Stadt- und Landkreisen

- **Packen Sie leicht und effizient**: Versuchen Sie zu packen leicht aber effizient für beide urban Und **ländlich Ziele.** PackKleidung die vielseitig sind und geschichtet werden können, und entscheiden Sie sich für funktionale Gegenstände, die mehreren Zwecken dienen (z. B.Mehrzweck Rucksäcke).
- **Dokumente sicher aufbewahren**: Stellen Sie sicher, dass Ihr Reisepass,alle **von ihnen**, Und **wichtige Dokumente Werden** sicher gespeichert in einem wasserdichter **Beutel** oder **Geldgürtel**.
- **Respektieren Sie die lokale Kultur**: Beachten Sie beim Packen Lokale **Bräuche** Und **Kleiderordnung**, insbesondere in ländlichen und Regionen **mit ethnischen Minderheiten**.

Budgetplanung für Ihre Reise: Kostenaufschlüsselung nach Städten

China bietet eine breite Palette an Reiseerlebnissen, von den geschäftigen Straßen von**Shanghai**zum**historische Tempel** von **Xi'an Und** die natürliche Schönheit von Guilin. Die Reisekosten können je nach Reiseziel erheblich variieren, daher ist es wichtig, für jedes Reiseziel ein effektives Budget zu haben.

1. Shanghai: Moderne Metropole

Unterkunft

- **Budget**: Hostels und Gästehäuser reichen von 100-300 **Yuan**(15–45 USD) pro Nacht.
- **Mittelklasse:3-Sterne-Hotel Oder** Privatzimmer in Boutique-Hotels kosten zwischen 500-1.200 **Yuan**(75–180 USD) pro Nacht.
- **Luxus**:**5-Sterne-Hotels** wie **Die Halbinsel** oder **Das Ritz-Carlton** kosten **1.500-3.000 Yuan**(225–450 USD) pro Nacht.

Essen

- **Straßenessen**: Um **15-50 Yuan**($2-$7 USD) für lokale Spezialitäten wie Xiaolongbao oder **Shengjian Bao(gebratene** Knödel).
- **Budget-Restaurants**:**30-80 Yuan**(5–12 USD) für eine Mahlzeit in einem zwanglosen Lokal.
- **Mittelklasse-Restaurants**:**100-300 Yuan**(15–45 USD) für eine Mahlzeit in einem gehobenen Restaurant.
- **Luxuriöses Essen**: Feines Essen kann reichen von 400-800 **Yuan**(60–120 USD) pro Person bei Mit **einem Michelin-Stern ausgezeichnet Restaurants.**

Transport

- **Metro**: Eine Einzelfahrt kostet ca.**3-7 Yuan**(0,50–1 USD), mit Tageskarten für **15-30 Yuan**(2–4 USD).
- **Taxen**: Der Startpreis beträgt 14 **Yuan**(2 USD) für die ersten 3 Kilometer, dann 2,5 **Yuan**(0,40 USD) pro Kilometer.
- **Öffentliche Busse**: Die Preise reichen von 2-5 **Yuan**(0,30–0,75 USD) je nach Entfernung.

Sehenswürdigkeiten

- **Der Bund**: Der Besuch und der Spaziergang sind kostenlos.
- **Shanghai-Turm**:**180 Yuan**(27 USD) für die Aussichtsplattform.

- **Yu-Garten**:**40 Yuan**(6 USD) Eintrittsgebühr.
- **Museum**: Das **Shanghai-Museum Der** Eintritt ist frei.

2. Peking: Antike trifft Moderne

Unterkunft

- **Budget**: Hostels und Pensionen beginnen bei 80-250 **Yuan**(12–35 USD) pro Nacht.
- **Mittelklasse:3-Sterne-Hotels Reichen** von 400-1.000 **Yuan**(60–150 USD) pro Nacht.
- **Luxus**:**5-Sterne-Hotels** wie **Das Peninsula Beijing** Und **Waldorf Astoria Reichen von 1.200-2.500 Yuan**(180–375 USD) pro Nacht.

Essen

- **Straßenessen**: Genießen **Peking-Enten Brötchen** oder **Knödel** für **15-50 Yuan**(2–7 USD).
- **Budget-Restaurants**: Einfache Mahlzeiten können kosten 30-80 **Yuan**(5–12 USD).
- **Mittelklasse-Restaurants**: Erwarten Sie zu zahlen 100-250 **Yuan**($15-$38 USD) für eine Mahlzeit in einem lokaler **Favorit** oder **internationales Restaurant**.
- **Gehobene Küche**: Gehobene Restaurants reichen von 400-1.000 **Yuan**(60–150 USD) pro Person.

Transport

- **Metro**: Die Tarife liegen bei 3-6 **Yuan**(0,50–1 USD) pro Fahrt, mit Tageskarten verfügbar für 12-20 **Yuan**(2–3 USD).
- **Taxen**: Der Basistarif beginnt bei 13 **Yuan**(2 USD) für die ersten 3 Kilometer, dann 2,3 **Yuan**(0,35 USD) pro zusätzlichem Kilometer.
- **Öffentliche Busse**: Die Tarife liegen im Allgemeinen zwischen 2-5 **Yuan**(0,30–0,75 USD).

Sehenswürdigkeiten

- **Verbotene Stadt**:**60 Yuan**(9 USD) Eintrittsgebühr.
- **Chinesische Mauer (Mutianyu)**: Um **40-60 Yuan**(6–9 USD) für den Zutritt zur Mauer zuzüglich der Transportkosten dorthin.
- **Himmelstempel**:**35 Yuan**(5 USD) Eintrittsgebühr.
- **Sommerpalast**:**45 Yuan**(7 USD) für den Eintritt, extra für Bootsfahrten.

3. Xi'an: Das Herz der chinesischen Geschichte

Unterkunft

- **Budget**: Schlafsäle oder Gästehäuser kosten ca.**80-200 Yuan**(12–30 USD) pro Nacht.
- **Mittelklasse**: Ein privates Zimmer in einem 3-Sterne-Hotel Reicht von 300-600 **Yuan**(45–90 USD).
- **Luxus**: Gehobene Hotels wie das Sofitel Xian oder **Großer Park Xi'an Reichen** von 800-1.500 **Yuan**(120–225 USD).

Essen

- **Straßenessen:Xi'an Ist** berühmt für seine Straßenessen wie zum Beispiel **roujiamo**(chinesischer Hamburger) und Yangrou **Paomo**(Brot und Hammelsuppe). Die Preise reichen von 10-50 **Yuan**(1,50–7 USD).
- **Budget-Restaurants**: Eine typische Mahlzeit in einem lokales **Restaurant Kann kosten 30-60 Yuan**(5–9 USD).
- **Mittelklasse-Restaurants**: Für ein Essen im Sitzen müssen Sie mit 80-150 **Yuan**(12–23 USD).
- **Luxuriöses Essen**:**Gehobene Restaurants Kann** reichen von 200-500 **Yuan**(30–75 USD).

Transport

- **Metro**: Xi'ans U-Bahn-System hat günstige **Tarife**, typischerweise 2-5 **Yuan**(0,30–0,75 USD).

- **Taxen**: Der Einstiegspreis beträgt 8 **Yuan**(1,20 USD) für die ersten 3 Kilometer, dann 2 **Yuan**(0,30 USD) pro zusätzlichem Kilometer.
- **Öffentliche Busse**: Busse sind erschwinglich, die Fahrpreise liegen normalerweise bei 1-2 **Yuan**(0,15–0,30 USD).

Sehenswürdigkeiten

- **Terrakotta-Krieger**:**120 Yuan**(18 USD) Eintrittsgebühr.
- **Stadtmauer: 5 Yuan(8** USD) für den Eintritt.
- **Große Wildganspagode:50 Yuan**(7 USD) für den Eintritt.

4. Guilin: Natürliche Schönheit

Unterkunft

- **Budget**: Hotels oder Gästehäuser beginnen bei 80-200 **Yuan**(12–30 USD) pro Nacht.
- **Mittelklasse:3-Sterne-Hotels Reichen** von 300-600 **Yuan**(45–90 USD).
- **Luxus-Sterne-Hotels** wie zum Beispiel **Shangri-La Hotel** oder **Guilin Bravo Hotel** kosten **700-1.500 Yuan**(100–225 USD) pro Nacht.

Essen

- **Straßenessen**: Guilin Reisnudeln(Guilin mifen) sind ein Muss, und sie kosten etwa 10-30 **Yuan**(1,50–4 USD).
- **Budget-Restaurants**: Erwarten Sie Mahlzeiten in zwanglosen Restaurants von 20-50 **Yuan**(3–7 USD).
- **Mittelklasse-Restaurants**: Für ein gehobenes Essen zahlen Sie möglicherweise 80-150 **Yuan**(12–23 USD).
- **Luxuriöses Essen**: Für gehobene Küche müssen Sie mit 200-500 **Yuan**(30–75 USD).

Transport

- **Busse**: Die Tarife liegen bei 2-5 **Yuan**(0,30–0,75 USD) pro Fahrt.
- **Taxen**: Der Basistarif beträgt 8 **Yuan**(1,20 USD) für die ersten 3 Kilometer, dann 2,5 **Yuan**(0,40 USD) pro Kilometer.
- **Boote**: In **Guilin**, wobei einE-Fluss-Kreuzfahrt Kostet rund 300-800 **Yuan**(45–120 USD), abhängig vom Bootstyp und der Tourdauer.

Sehenswürdigkeiten

- **Li-Fluss-Kreuzfahrt**:**300-800 Yuan**(45–120 USD), je nach Tour.
- **Rohrflöte Höhle:90 Yuan**(14 USD) Eintrittsgebühr.
- **Elefantenrüsselberg**:**75 Yuan**(11 USD) Eintrittsgebühr.

KULTURELLE ERLEBNISSE ZUM GENIEßEN

Teezeremonien und Kalligraphie Kurse

China ist nicht nur für seine geschäftigen Städte und sein reiches kulturelles Erbe bekannt, sondern auch für seine jahrhundertealten Traditionen, wie zum Beispiel **Teezeremonien** Und **Kalligraphie Diese** Praktiken bieten eine immersive Möglichkeit, die chinesische Kultur zu erleben, und die Teilnahme daran kann tiefe Einblicke in die chinesische Philosophie, Kunst und Bräuche bieten. Ob Sie Kunstliebhaber, Kulturreisender oder einfach nur neugierig auf diese alten Praktiken sind, die Teilnahme an einem Teezeremonie oder **Kalligraphie-Klasse Ist** eine einzigartige Möglichkeit, sich mit chinesischen Traditionen auseinanderzusetzen.

1. Teezeremonien in China

Überblick

Chinesisch Teekultur hat eine Geschichte, die sich erstreckt Tausenden **von Jahren Im** Gegensatz zu den aufwendigen japanischen Teezeremonie, eine chinesische Teezeremonie ist typischerweise informeller, betont aber dennoch die ästhetische **Präsentation**, Die **Rituale Der** Teezubereitung und der spirituelle **Aspekte Des** Teetrinkens. Tee ist tief in der chinesischen Kultur verwurzelt und symbolisiert oft respektieren,Gastfreundschaft, Und **Weisheit**.

Was Sie bei einer Teezeremonie erwartet

Ein traditionelle Chinesische Teezeremonie Beinhaltet typischerweise:

- **Auswahl des Tees**: China hat eine große Vielfalt an Teesorten, jeder mit seinen einzigartigen Eigenschaften, darunter grüner **Tee,Oolong-Tee,schwarzer Tee,weißer Tee**, und **Pu-Erh-Tee**.
- **Rituale der Teezubereitung**: Der Gastgeber führt Sie durch den Prozess der Tee **aufbrühen** In **kleine Teekannen aus Porzellan**, unter Verwendung hochwertiger loser **Tee**. Der **Gongfu-Teezeremonie Ist** die berühmteste, wo Tee in einem kleinen Teekanne und diente in kleine **Tassen**.
- **Verkostung und Wertschätzung**: Während der Zeremonie wird der Tee Geschmeckt Für seinen Geschmack,Aroma, Und **Aussehen**. Gäste werden oft ermutigt, an den Blättern zu riechen, die Farbe des Tees zu beobachten und den Geschmack zu genießen.

Top-Städte für Teezeremonien

- **Hangzhou**: Bekannt für seine Longjing-Tee(Drachenbrunnentee),Hangzhou Ist einer der besten Orte, um eine traditionelle chinesische Teezeremonie zu erleben. Viele Teehäuser hier bieten geführte **Teezeremonien Wo** Sie etwas über die Teekultur erfahren und Teeverkostung.
- **Peking**: Die Hauptstadt ist die Heimat vieler traditionelle **Teehäuser**, wo Sie an einer zeremoniellen Teeverkostung teilnehmen können.
- **Chengdu**: Berühmt für seine Teekultur,Chengdu Bietet sowohl traditionelle **Teezeremonien Und modern Teeläden die** zeigen,**Teekultur von Sichuan**.
- **Taiwan**: Obwohl Taiwan nicht auf dem Festland liegt, bietet es einige der besten Oolong-Teezeremonien Aufgrund seiner berühmte **Teeplantagen**.

Teezeremonie-Kurse

- **Hangzhou**: Sie finden**Teekulturschulen**bietet Kurse in Longjing-TeeBrauen und die Gongfu-Teezeremonie Diese Kurse beinhalten oft eine praktische **Erfahrung Und** ein tiefer Einblick in die Geschichte Und **Philosophie Tee.**
  - **Klasse Details:** Der **Hangzhou Teemuseum** Und **Chinesisches Nationales Teemuseum Bieten** Kurse in beiden Teezeremonie Und **Wertschätzung von Tee**.
- **Peking:Das Teehaus in Peking Bietet** interaktive Teezeremonien, oft gepaart mit kulturellen Darbietungen, bei denen Sie etwas über verschiedene Chinesische **Tees** Und **Bautechniken.**
- **Shanghai**: In der pulsierenden Metropole finden Sie Teehäuserbietet private Teezeremonie-Sitzungen Die einen tiefen Einblick in die Chinesische **Teekultur**.

2. Kalligraphie-Kurse in China

Überblick

Chinesische Kalligraphie gilt als eine der höchsten Formen der**Kunst**in China, kombiniert Schönheit,Philosophie, Und **Geschichte In** einen einzigen, fließenden Ausdruck. Es ist eine Möglichkeit, das auszudrücken,**innerer Geist**, und jeder Pinselstrich ist mit Bedeutung und Intentionalität erfüllt. Mit seinem Bürsten,Tinte,Papier, Und **Tuschesteine Die** chinesische Kalligraphie verwendet einen anderen Ansatz zum Schreiben als westliche Alphabete und konzentriert sich mehr auf die künstlerische Aspekt jedes Striches als auf die Lesbarkeit.

Was Sie in einem Kalligrafie Kurs erwartet

Ein typischer Kalligraphie-Klasse Beinhaltet:

- **Pinselstriche**: Sie werden eingeführt in verschiedene **Bürstentyp Und** Techniken, mit Schwerpunkt auf der Beherrschung grundlegender Schläge wie horizontale,Vertikale,Diagonale, Und **Punktstriche**.
- **Charakter Schreiben:** Sobald Sie die Schläge gelernt haben, üben Sie Chinesische **Schriftzeichen schreiben Einige** Kurse führen Sie in das Schreiben eine klassische **Poesie** oder **berühmte Sprüche**.
- **Tinten Vorbereiten:** Sie lernen, wie Sie die Tinte Und **mahlen Sie es auf** der**Tuschestein**, ein Prozess, der in der chinesischen Kultur selbst als meditativ und bedeutsam gilt.
- **Philosophische Aspekte**: Kalligraphie wird oft gesehen als meditative **Praxis**. Lehrer können auch diskutieren, wie unterschiedliche Schreibstile die Persönlichkeit des Autors widerspiegeln Persönlichkeit Und **Geist**.

Top-Städte für Kalligrafie Kurse

- **Peking**: Als kulturelles Herz Chinas,Peking Ist ein ausgezeichneter Ort, um in traditionelle Chinesische **Kunst Viele** Kunstschulen und Kulturzentren bieten Kalligraphie-Workshops.
- **Xi'an**: Als historische Hauptstadt Xi'an bietet Kalligrafie Kurse an, in denen Sie lernen können antike **Stil Des** Schreibens, einschließlich derjenigen, die in der Tang-Dynastie.
- **Hangzhou**: Bekannt für seine Kunst und Kultur,Hangzhou Bietet Workshops in traditionelle **chinesische Pinselkalligraphie**und ist die Heimat einiger der begabtesten Kalligrafen Chinas.
- **Shanghai**: Shanghai verfügt über eine große Auswahl anKunstakademien dieses Angebot Kalligraphie unterricht, aus **Kurzzeit-Workshops** Zu **Langzeitkurse**.

Kalligrafie Kurse und -erlebnisse

- **Die Pekinger Akademie für Kalligraphie und Malerei**: Angebot Einzelunterricht Und **Gruppenunterricht Für** Anfänger und Fortgeschrittene. Der Unterricht konzentriert sich auf traditionelle **chinesische Stile Und** werden unterrichtet von erfahrene **Kalligraphen**.
- **Shanghai Calligraphy Academy**: Bietet Kalligraphiekurse in beiden traditionell Und **modern Style,** mit Schwerpunkt auf beiden Kunst Und **Kompetenzentwicklung**.
- **Xi'an**: Besuchen Sie die Xi'an **Kalligraphie-Institut**, wo Sie nehmen können Privatunterricht In **klassische chinesische Kalligraphie Sie** haben auchKurzworkshops die das Schreiben mit alten Pinsel Stilen lehren.

3. So wählen Sie die richtige Teezeremonie oder den richtigen Kalligrafiekurs

- **Kompetenzniveau**: Überlegen Sie,**Erfahrungsniveau**. Wenn Sie Anfänger sind, suchen Sie nach Einführungskurse Teezeremonie oder **Kalligraphie**Kurse. Viele Orte bieten Kurzkurse für Touristen, die einfach nur einen Eindruck von der Kultur bekommen möchten.
- **Gruppen- vs. Privatunterricht**: Wenn Sie ein persönlicheres Erlebnis wünschen, entscheiden Sie sich für Privatunterricht. Gruppenunterricht ist geselliger und günstiger, es fehlt möglicherweise an individueller Betreuung.
- **Standort**: Für eine authentische **Erfahrung**, wählen Sie einen Kurs oder eine Zeremonie, die in einem traditionelles **Ambiente**, wie beispielsweise ein Teehaus oder ein Kunstakademie.

4. Kosten für Teezeremonie und Kalligraphie Kurse

Aktivität	Durchschnittliche Kosten pro Person	Dauer
Teezeremonie (Gruppe)	**150-500 Yuan**(22–75 USD)	1-2 Stunden
Teezeremonie (privat)	**300-1.000 Yuan**(45–150 USD)	1-2 Stunden
Kalligraphiekurs (Gruppe)	**100-300 Yuan**(15–45 USD)	1-3 Stunden
Kalligraphiekurs (privat)	**300-800 Yuan**(45–120 USD)	1-3 Stunden

Traditionelle Chinesische Medizin & Massage

Die Traditionelle Chinesische Medizin (TCM) hat eine Geschichte von über 2.000 **Jahre Und** bleibt einer der wichtigsten Aspekte der chinesischen Kultur. Neben Kräutermedizin,Akupunktur, Und **Schröpftherapie**, eine der von Touristen am meisten nachgefragten TCM-Praktiken ist Chinesische **Massage**(oft bezeichnet als König **Na**). Diese Therapien können unglaubliche gesundheitliche **Vorteile**, bieten Linderung bei verschiedenen Beschwerden und geben Ihnen die Möglichkeit, sich intensiv mit einer der alten Heiltraditionen Chinas auseinanderzusetzen.

1. Traditionelle Chinesische Medizin (TCM)

Überblick über TCM

Die Traditionelle Chinesische Medizin ist ein ganzheitliches Medizinsystem, das auf den Prinzipien der Gleichgewicht Und **Harmonie**zwischen dem**Körper,Geist**, Und **Geist TCM** verwendet natürliche **Heilmittel**beide zu behandeln chronisch Und **akuten Zuständen Und** arbeitet daran, das Gleichgewicht des Körpers wiederherzustellen Qi **(Lebenskraft)**Zu den Hauptbestandteilen der TCM gehören:

- **Kräutermedizin**: Die Verwendung von Kräuterformel um eine breite Palette von Bedingungen zu behandeln.
- **Akupunktur**: Das Einführen dünner Nadeln an bestimmten Punkten entlang der Meridiane um den Fluss von Qi.
- **Schröpftherapie**: Die Verwendung von erhitzten Schröpfköpfen auf der Haut, um ein Vakuum zu erzeugen und die Durchblutung zu verbessern.
- **Diättherapie**: Die Verwendung von Nahrungsmitteln und Diäten, um die Energien des Körpers auszugleichen.

Gängige TCM-Behandlungen

- **Akupunktur:Nadeln Werden** an bestimmten Stellen des Körpers eingesetzt, um Energie **freisetzen und** die Gesundheit wiederherstellen.
  - **Tipp**: Akupunktur wird oft verwendet zur Behandlung Schmerzlinderung,Stress, und **Verdauungsprobleme**.
- **Kräutermedizin**: Verschieden **Kräutertees** oder **Pillen Werden** verwendet zur Behandlung Spezifische **Beschwerden** wie **Schlaflosigkeit,Erkältungssymptome**, Und **Verdauungsprobleme**.
  - **Tipp**: Pflanzliche Heilmittel werden oft individuell an die Bedürfnisse des Einzelnen angepasst Verfassung Und **Gesundheitszustand**.
- **Schröpftherapie**: Glas oder Plastikbecher werden auf die Haut gelegt, um einen Sog zu erzeugen, der Blutfluss und entlastend Muskelverspannungen.
  - **Tipp**: Schröpfen wird häufig verwendet zur Behandlung Atemwegsprobleme,Muskelschmerzen, Und **Stagnation Im** Körper.

Wo Sie TCM erleben können

- **Peking**: Der **Krankenhaus für Traditionelle Chinesische Medizin Peking Bietet** Beratungen mit qualifizierten TCM-Ärzten an und Donghuamen-Nachtmarkt Ist ein beliebter Ort für Touristen, um pflanzliche **Heilmittel** Und **Akupunktur**.
- **Shanghai**: Der **Shanghai TCM Krankenhaus Und mehrere Akupunktur kliniken** Angebot **traditionelle Therapien**.
- **Hangzhou**: Bekannt für Longjing-Tee Können Sie auch besuchen**Teehäuser**dieses Angebot Pflanzliche **Heilmittel** Und **Konsultationen Mit** TCM-Therapeuten.

Kosten einer TCM-Behandlung

- **Akupunktur**:**100-500 Yuan**(15–75 USD) pro Sitzung, abhängig von der Erfahrung und dem Standort des Therapeuten.
- **Schröpftherapie**:**100-300 Yuan**(15–45 USD) pro Sitzung.
- **Kräutermedizin**: Die Preise variieren je nach Kraut oder **Formel Gebraucht,** aber rechnen Sie mit etwa 50-300 **Yuan**(7–45 USD) für eine einwöchige Behandlung.

2. Chinesische Massage (Tui Na)

Überblick über Tui Na

König Na (Tuina) ist eine Form **der therapeutischen Massage Verwendet** in Chinesische **Medizin Um** das Gleichgewicht wiederherzustellen und den Fluss von Qi im ganzen Körper. Das Wort „Tuina" bedeutet „**drücken** Und **Prise**," beschreibt die Massagetechniken, die zur Behandlung einer Vielzahl von Beschwerden eingesetzt werden, darunter Muskelschmerzen,Stress, Und **Gelenkprobleme**.

Arten der chinesischen Massage

- **Tui Na (Massage)**: A **traditionelle chinesische Massage Das** beinhaltet eine Kombination aus**Massagestriche**,**Kneten**, Und **Akupressur Zur** Anregung des Energieflusses und zur Linderung Muskelverspannung Es wird verwendet für Muskelkater,Stressabbau, Und **Verbesserung der Durchblutung**.
- **Shiatsu**: Eine Form von Akupressur massage bei dem es auf das Drücken bestimmter Punkte entlang der Körpermitte ankommt Meridiane Blockaden zu lösen und zu verbessern Qi fließen.
- **Fußreflexzonenmassage**: Konzentriert sich auf die Ausübung von Druck auf bestimmte Punkte an den Füßen, die anderen Bereichen des Körpers entsprechen, wodurch die Durchblutung verbessert und Schmerzen in verschiedenen Körperteilen gelindert werden.
- **Schröpfmassage**: Dies kombiniert Schröpftherapie Und **Massage**Techniken. Der Therapeut platziert Schröpfköpfe auf bestimmten Körperstellen und massiert dabei die Haut darunter, um die Muskeln zu lockern und die Durchblutung anzuregen.

Vorteile von Tui Na und Massage

- **Schmerzlinderung**: Hervorragend geeignet zur Behandlung Muskelkater,Gelenkschmerzen,Rückenschmerzen Und sogar Kopfschmerzen.
- **Stressabbau**:**Akupressur** und **Tiefengewebsmassagen können** helfen, den Körper zu entspannen und Stress abzubauen.
- **Verbesserte Durchblutung**: Der **Kneten** Und **Presstechniken Helfen,** die Durchblutung zu steigern, was Müdigkeit lindern und die allgemeine Energie steigern kann.
- **Verdauung Gesundheit:** Tuina wird oft verwendet, um zu verbessern Verdauung Und **Blähungen lindern**.

Wo Sie Tui Na und chinesische Massage erleben können

- **Peking**: Viele **Spas** Und **Wellnesszentren** Angebot **Folgen Sie Na Massage**. Sie können auch therapeutische Massagen im Himmelstempel oder in traditioneller Gesundheitskliniken.
- **Shanghai**: Das **Krankenhaus für Traditionelle Chinesische Medizin In** Shanghai bietet eine Vielzahl von Massagetherapien, einschließlich Tuina, als Teil seines ganzheitlichen Heilungsansatzes.
- **Chengdu**: Bekannt für seine entspannter **Lebensstil**, Chengdu ist ein großartiger Ort, um ein traditionelles König **Na Massage** in einem der lokale **Wellnesszentren**.
- **Ländliche Gebiete**: In ländlichen Gebieten oder Kleinstädten finden Sie möglicherweise lokale **Kräuterkundige** oder **Spa-Zentren Die** traditionelle Massagen anbieten.

Kosten für Tuina und Massage

- **Tui Na Massage**: CA 60-minütige **Sitzung Kostet** typischerweise zwischen 150-400 **Yuan**(22–60 USD), je nach Ort und Arzt.
- **Fußreflexzonenmassage**:**100-300 Yuan**($15-$45 USD) für eine 30-60-minütige **Sitzung**.
- **Schröpftherapie mit Massage**:**200-500 Yuan**(30–75 USD) für eine kombinierte Sitzung.

3. Kombination von TCM und Massage für maximale Vorteile

Viele Thermen,**Wellnesszentren**, Und **TCM-Klinikenin** China bieten integrierte Dienstleistungen an, die**Kräuterbehandlungen**,**Akupunktur**,**Schröpfen**, Und **Folgen Sie Na Massage In** einem einzigen Paket für maximalen Nutzen

- **Tipp**: Wenn Sie ein umfassendes Erlebnis suchen, buchen Sie einT CM-Wohlfühlpaket Das beinhaltet Kräutermedizin-Beratung,Akupunktur, Und **Folgen Sie Na Massage**. Viele **traditionelle Spas** oder **Teehäuser Solche** Pakete anbieten.
- **Beliebte Wellnesszentren mit TCM und Massage**:
  - **Banyan Tree Spa** In **Shanghai** Und **Peking Bietet integrierte TCM Behandlungen,** die Akupunktur und pflanzliche **Heilmittel** mit **Massage.**
  - **Mandarin Oriental**(Shanghai) bietet luxuriöse **Tui Na-Massage Zusammen** mit anderen ganzheitlichen Therapien.

4. Was Sie bei einer Massage oder TCM-Behandlung erwartet

- **Erstberatung**: Beim Besuch einer TCM-Klinik oder eines Massagezentrums kann der Therapeut oder Arzt zunächst eine Erstberatung um Ihre Gesundheitsbedürfnisse zu beurteilen. Dies könnte beinhalten Pulsmessung,Zungen Inspektion Oder eine Diskussion über Ihre Symptome.
- **Komfortniveau**: Chinesische Massagen, insbesondere Tuina, können manchmal intensiv weil sie darauf ausgelegt sind,**Muskelsteifheit** Und **Qi-Ungleichgewicht Wenn** Sie druckempfindlich sind, informieren Sie Ihren Therapeuten vor Beginn der Sitzung.
- **Nachbehandlung**: Nach einem Massage- **oder Akupunktursitzung**ist es üblich, sich zu fühlen entspannt aber auch **ein bisschen wund für** ein oder zwei Tage.**Viel Wasser trinken nach** einer Massage kann helfen beim Entgiften.

Lokale Märkte, Kunsthandwerk und Kunsthandwerk Funde

Eine der besten Möglichkeiten, die Kultur wirklich zu erleben China ist durch seine lokale **Märkte**,**Kunsthandwerk**, Und **Kunsthandwerk Erfunde.** Von geschäftigen Straßen Märkten inPeking zu ruhigen Handwerker Dörfern in**Yunnan**bieten diese Orte einen Einblick in Chinas reiche Traditionen Und **Handwerkskunst**. Ob Sie suchen nach einzigartige **Erinnerungen**,**handgefertigte Waren**, oder einfach nur das Leben vor Ort erkunden möchten, Chinas Märkte und Kunsthandwerksläden sind Schätze, die darauf warten, entdeckt zu werden.

1. Lokale Märkte in China

Peking – Seidenmarkt & Liulichang-Straße

- **Seidenmarkt**(Xiushui Straße): In der Nähe der Bezirk **Chaoyang**, das ist ein beliebter **Einkaufsort Für** Touristen, die hohe Qualität suchen Seidenprodukte, einschließlich **Schals**,**Kleidung**,**Schals**, Und **traditionelle chinesische Kleidungsstücke** wie **Qipaos Der** Markt bietet auch Schmuck,Taschen,Kunstwerke, Und **Souvenirs**.
  - **Was zu kaufen**:**Seidenkleidung**,**Schals**,**Stickerei**,**handgefertigter Schmuck**.
  - **Verhandlungstipp**: Scheuen Sie sich nicht, zu feilschen, denn die Verkäufer erwarten es.
- **Liulichang-Straße**: Diese historische Straße ist ein Paradies für traditionelle **chinesische Kunst** Und **Kunsthandwerk**, einschließlich **Kalligraphie**,**Porzellan**, Und **Holzschnitzereien**. Wenn Sie suchen traditionelle **Rollenbilder**,**antike Bücher**, oder **Chinesische Siegel**, dann sind Sie hier genau richtig.
  - **Was zu kaufen**:**Kalligraphie Pinsel**,**Chinesische Schriftrollen**,**Porzellanfiguren**,**antike Holzschnitzereien**.
  - **Tipp**: Perfekt für den Kauf einzigartiger Kunstwerke Und **antikes Kunsthandwerk**.

Shanghai – Yuyuan-Basar und Tianzifang

- **Yuyuan-Basar**: In der Nähe gelegen Yu-Garten, dieser geschäftige Marktplatz bietet eine Vielzahl von traditionelle **chinesische Waren**. Aus **Jade Schmuck** Zu **Teeservice** Und **handgefertigte Artikel**, dieser Markt hat alles.
  - **Was zu kaufen**:**Jadeschmuck**,**Teeservice**,**traditionelle chinesische Kleidung**,**Keramikwaren**.
  - **Atmosphäre**: Ideal für ein authentisches kulturelles **Erlebnis Mit** einem Hauch von modernem Flair.
- **Tianzifang**: Ein ehemaliges Industriegebiet wurde Künstlerdorf,Tianzifang Ist gefüllt mit Boutiquen,Kunstateliers, Und **Kunsthandwerksläden Verkauf** von handgefertigten Kunstwerke,Keramik, Und **lokale Textilien**.
  - **Was zu kaufen**:**Handgefertigte Keramik**,**Kunstdrucke**,**Kleidung Von** lokalen Designern,**traditionelles chinesisches Kunsthandwerk**.
  - **Tipp**: Ideal für diejenigen, die kaufen möchten**zeitgenössisch**Kunst und Kunsthandwerk mit lokalem Touch.

Xi'an – Muslimisches Viertel und Markt an der alten Stadtmauer

- **Muslimisches Viertel**: Bekannt für seine lebendige Streetfood-Szene Bietet dieser Markt auchKunsthandwerksständeVerkauf ethnische **Textilien,Teppiche,Metallarbeiten**, Und **handgefertigter Schmuck Von** lokalen Handwerkern.
    - **Was zu kaufen:Handgefertigter Silberschmuck,Stickerei,Teppiche,lokale Snacks**.
    - **Tipp**: Verpassen Sie es nicht, beim Einkaufen lokales Streetfood zu probieren!
- **Markt an der antiken Stadtmauer**: Wenn Sie entlang der Stadtmauer **von Xi'an Finden** Sie verschiedene KunsthandwerksständeVerkaufMiniatur-Terrakotta-Soldaten,lokale **Töpferei,Kalligraphie**, Und **handgefertigte Lederwaren**.
    - **Was zu kaufen:Miniatur-Terrakotta-Soldaten, Lokale Töpferei,Lederprodukte,Teeservice**.

2. Traditionelles chinesisches Kunsthandwerk

Kalligraphie- und Tinte Pinsel

Chinesische Kalligraphie ist eine alte Kunst, und die Werkzeuge, die in dieser Praxis verwendet werden –**Bürsten,Tintensteine,Reispapier**, und **Dichtungen**– sorgen für einzigartige Souvenirs.

- **Wo erhältlich sind:Liulichang-Straße In** Peking,Tianzifang In Shanghai und Antiquitätenmärkte In **Xi'an**.
- **Worauf Sie achten sollten**: Hochwertig Kalligraphiepinsel,Chinesische **Siegel,Schriftrollen Mit traditionelle Kunstwerk.**

Seidenprodukte

China ist bekannt für seine Seidenproduktion, insbesondere in Suzhou Und **Hangzhou**, wo Sie finden Seidenschals,Kleidung, Und **bestickte Artikel**.

- **Wo erhältlich:Seidenmarkt**in Peking,**Suzhou**(bekannt als Seiden hauptstadt von China).
- **Was zu kaufen:Seidenschals,handgestickte Artikel,traditionelle Seidenkleidung**.

Jade und Edelsteine

Jade ist ein Symbol für Reichtum Und **Wohlstand In** China seit über 5.000 Jahren. Es wird wegen seiner Schönheit und spirituellen Bedeutung hoch geschätzt.

- **Wo erhältlich sind:Shanghais Yuyuan-Basar,Pekings Perlenmarkt**, und **Xi'an**.
- **Was zu kaufen:Jade Schmuck,Anhänger,Armbänder,** Und **Schnitzereien**.

Chinesische Teeservices und Teezubehör

China ist berühmt für seine Teekultur und traditionelle **Teeservices** Und **Teezubehör** wie **Teekannen,Tassen**, Und **Tablets Machen** Sie wunderbare Geschenke und Erinnerungsstücke.

- **Wo erhältlich sind:Tianzifang** in Shanghai, **Hangzhou Teemuseum,Peking** (viele **Teehäuser** Und **Fachgeschäfte**).
- **Was zu kaufen:Teeservice aus Porzellan,Teedosen,handbemalte Tassen**.

3. Kunsthandwerkliche Fundstücke und Souvenirs

Porzellan und Keramik

Chinas Porzellan wird seit Jahrhunderten weltweit verehrt. Hier finden Sie exquisite handbemaltes **Porzellan** und **Keramikartikel** aus verschiedenen Regionen.

- **Wo erhältlich:Jingdezhen**(bekannt als Porzellan hauptstadt von China),**Peking,Shanghai**, Und **Xi'an**.
- **Was zu kaufen:Handbemaltes Porzellan Platten,Vasen,Figuren,** Und **Teetassen**.

Papierschnitte und Stickereien

Chinesischer Papierschnitt Ist eine komplizierte Volkskunst, die über Generationen weitergegeben wurde. Ebenso Chinesische **Stickerei**(vor allem aus Regionen wie Suzhou) ist bekannt für seine filigrane **Handwerkskunst**.

- **Wo erhältlich sind:Suzhou(berühmt** für Seidenstickerei),Peking, und **Shanghai**.
- **Was zu kaufen**:**Stickkunst** (besonders **Seide**),**Papierschnitte**,**Wandbehänge**, und **traditionelle Kleidung**.

Kunsthandwerk ethnischer Minderheiten

Chinas Ethnische **Minderheiten**, wie die**Tibetisch**,**Miao**, Und **Dong Menschen,** schaffen einzigartige Handwerkskunst, beeinflusst von ihren Kultur Und **Traditionen**.

- **Wo erhältlich**:**Guizhou**,**Yunnan**,**Xi'an**, Und **Lijiang Sind** großartige Orte zu finden handgefertigter **Schmuck**,**Textilien**, Und **Holzarbeiten**.
- **Was zu kaufen**:**Silberschmuck**,**ethnische Textilien**,**Holzschnitzereien**,**handgefertigte Taschen**.

4. So shoppen Sie wie ein Einheimischer

Verhandlungstipps

- **Verhandeln Ist** in den meisten chinesischen Märkten üblich, insbesondere in Orten wie dem Seidenmarkt In **Peking Oder die Muslimisches Viertel** In **Xi'an**. Beim Einkaufen in diesen Geschäften ist es üblich, mit einem niedrigeren Angebot zu beginnen und verhandeln mit dem Verkäufer.
  - **Tipp**: Beginnen Sie mit dem Angebot 40-50% **weniger als** der geforderte Preis und arbeite **dich nach oben**. Scheuen Sie sich nicht, wegzugehen, wenn der Preis nicht Ihren Erwartungen entspricht.

Bezahlen mit Bargeld und Mobile Payment

- **Kasse Ist** noch weit verbreitet, aber Mobile **Zahlungs-Apps** wie **WeChat Pay** Und **Sei glücklich sind** in vielen Märkten zur bevorzugten Zahlungsmethode geworden.
  - **Tipp**: Stellen Sie sicher, dass Ihr Mobiles **Bezahlen App** ist eingerichtet und verknüpft mit einem Chinesisches **Bankkonto Oder** internationale Kreditkarte.

Wie man heilige Stätten und lokale Traditionen respektiert

China ist ein Land mit einem tiefen kulturellen und spirituellen Erbe und Heimat zahlreicher heilige **Stätten**,**religiöse Praktiken**, Und **lokale Traditionen Die** seit Jahrhunderten erhalten sind. Ob Sie einen Tempel,Kloster, oder **ländliches Dorf Ist** es wichtig, diese Orte mit äußerster Sorgfalt zu betrachten respektieren Und **Bewusstsein Der** kulturellen und spirituellen Bedeutung, die sie für die Menschen vor Ort haben.

1. Verstehen Sie die Bedeutung heiliger Stätten

Heilige Tempel und Klöster

Viele der chinesischen Tempel Und **Klöster Sind** Orte tiefer**spirituelle Bedeutung Für** lokale Gemeinschaften. Dies sind keine Touristenattraktionen; sie sind Kultstätten wo Menschen ihre Religion Und **spirituelle Rituale**.

- **Beispiele**: Der **Himmelstempel In** Peking,**Shaolin Tempel In** Henan,Jokhang-Tempel In Tibet und Lama-Tempel(Yonghe-Tempel) in Peking sind nur einige Beispiele für heilige Stätten, an denen Besucher Achtsamkeit üben sollten.

Respektvolles Verhalten:

- **Beobachten Sie die Ruhe**: Heilige Stätten sind normalerweise Orte des Gebets und der Besinnung.**Schweigen bewahren oder** mit gedämpfter Stimme sprechen, insbesondere in Bereichen, in denen Menschen Beten Oder sich engagieren in Rituale.
- **Kleiden Sie sich bescheiden**: Beim Besuch von Tempeln oder Klöstern,Bescheidenheit Ist wichtig. Stellen Sie sicher, dass Ihre Kleidung Ihre Schultern,Waffen, Und **Beine**.
  - **Tipp**: Vermeiden Sie das Tragen Shorts,Röcke Die oberhalb des Knies liegen und freizügige **Oberteile**.

- **Vermeiden Sie den physischen Kontakt mit heiligen Gegenständen**: Nicht berühren, religiöse **Statuen,Altäre oder Angebote**, sofern dies nicht durch die örtlichen Richtlinien gestattet ist.
- **Fotografieren Sie mit Vorsicht**: An manchen heiligen Stätten ist das Fotografieren möglicherweise nicht gestattet, insbesondere nicht während Gebetszeiten oder bei**heilige Altäre**. Stets **um Erlaubnis bitten vor** dem Fotografieren und vermeiden Sie die Verwendung Blitz in religiösen Bereichen.

Wenn Sie in Klöstern sind:

- **Auf dem Boden sitzen**: In Klöstern,**im Schneidersitz sitzen auf** dem Boden, wenn Sie sich in den Hauptgebet Hallen befinden, und vermeiden Sie es, mit Ihrem Füße spitze gegenüber heiligen Bildern oder Statuen, da dies als respektlos gilt.
- **An Ritualen teilnehmen**: Wenn Sie eingeladen werden, an Ritualen teilzunehmen, wie Weihrauch **darbieten** oder **Kerzen anzünden**, gehen Sie mit Demut vor und folgen Sie den Handlungen der Einheimischen. Unterbrechen oder stören Sie andere nicht bei ihren Gebeten oder Meditationen.

2. Achten Sie auf lokale Traditionen

Lokale Feste und Rituale

China ist die Heimat einer Vielzahl von Feste Und **Rituale Wird** in verschiedenen Regionen gefeiert, jede mit ihren eigenen Bräuchen. Ob es die Chinesisches **Neujahr**, Die **Drachenbootfest Oder die Mittherbstfest Jedes** Fest hat eine kulturelle und spirituelle Bedeutung. Das Verständnis der lokalen Bräuche und die respektvolle Teilnahme können Ihr Erlebnis bereichern.

- **Beispiel**: Während der Chinesisches **Neujahr**(Frühlingsfest), Verwandte zu besuchen, Geschenke anzubieten und Rituale zu Ehren der Vorfahren durchzuführen, ist ein wesentlicher Bestandteil der Feierlichkeiten.Drachenbootrennen Während der Drachenbootfest haben auch historische und kulturelle Bedeutung.

Respektvolles Verhalten:

- **Angemessen teilnehmen**: Wenn Sie zur Teilnahme an einem Festival oder **Ritual**, folgen Sie den Richtlinien sorgfältig. Zum Beispiel während Chinesisches **Neujahr Feiern,** Angebote Rote **Umschläge (Hongbao)**Mit Geld gefüllt ist eine übliche Geste. Verstehen Sie, dass wie **viel Geld Zu** geben hängt von Ihrer Beziehung zum Empfänger ab, und nicht Geschenke **in ungerader Zahl geben**(außer der Nummer 8, was als Glücksbringer gilt).
- **Respektieren Sie stille Reflexion**: Während **traditionelle religiöse Feste**, manche Menschen entscheiden sich vielleicht dafür,**ruhig nachdenken** oder **meditieren**Es ist wichtig,**respektiere ihren Raum Und** vermeiden Sie Ablenkungen, auch wenn Sie Teil einer größeren Feier sind.
- **Unterbrechen Sie keine Zeremonien**: Wenn Sie Zeuge lokaler zeremonielle **Aktivitäten**, wie zum Beispiel **Hochzeiten,Bestattungsrituale**, oder **Tempel Zeremonien,** vermeiden **Fotografieren oder Unterbrechen**.**Beobachten**und aus der Ferne würdigen, ohne die Heiligkeit des Ereignisses zu stören.

Respekt vor der Ahnenverehrung

Viele Chinesen praktizieren Ahnenverehrung als Teil ihrer religiösen und kulturellen Überzeugungen. Beim Besuch von Häusern oder Friedhöfe(besonders während Festivals wie Qingming-Fest), seien Sie sich bewusst, dass Familien**Essen anbieten,Weihrauch**, oder **symbolische Geschenke Zu** ihren Vorfahren.

- **Tipp**:**Vermeiden Sie es, die Opfergaben zu stören** oder **berührend die** Ahnentafeln oder Älteres sei denn, Sie sind eingeladen. Bleiben Sie beim Besuch von Friedhöfen respektvoll und Respektlosigkeit **gegenüber den Gräbern**.

3. Respektieren Sie die natürlichen und heiligen Landschaften

China hat viele Naturstätten, die als heilig, insbesondere in Tibet,Sichuan, Und **Yunnan Diese** Gebiete haben für die örtlichen Gemeinden eine religiöse Bedeutung und Reisende sollten sich ihrer kulturellen Bedeutung bewusst sein.

Heilige Berge und Flüsse

- **Berg Wutai,Emei-Berg**, Und **Berg Kailash In** Tibet sind heilige Pilgerstätten für Buddhisten. Ebenso Heilige **Flüsse**wie die Jangtsekiang Und **Gelber Fluss Werden** als lebensspendende Wesen betrachtet.

Respektvolles Verhalten:

- **Bleiben Sie auf den ausgewiesenen Wegen**: In vielen heiligen Naturgebiete,wandern oder **Trekking Ist** erlaubt, aber es ist wichtig,**Bleiben Sie auf den gekennzeichneten Wegen** Und **Vermeiden Sie es, Wildtiere zu stören** oder **heilige Schreine Innerhalb** dieser Naturlandschaften.
- **Respekt zeigen**: Wenn Sie Orte besuchen wie Berg **Kailash**, wo manche Leute eine Umrundung **(Kora)**als Teil ihrer religiösen Praxis dürfen sie die Menschen bei ihren religiösen Ritualen nicht unterbrechen oder fotografieren.

Heilige Wasserwege und Quellen

Viele **heiße Quellen,Wasserfälle**, Und **Seen In** China gelten als heilig, wie zum Beispiel Jiuzhaigou-Tal Und **Tibetische Seen** wie **Namtso-See**.

- **Tipp**: Nehmen Sie nicht an Aktivitäten teil, die die natürliche Umwelt schädigen könnten, wie zum Beispiel Müll,Baden Im heiligen Seen oder Verschmutzung **der Gewässer**.

4. Allgemeine Tipps zum Respekt vor heiligen Stätten und Traditionen

Beachten Sie die lokale Etikette

- **Begrüßung und Verhalten**: In China,**andere grüßen respektvoll** ist wichtig. Im Umgang mit Älteren ist es üblich, eine leichte **Verbeugung Oder einnicken als** Zeichen des Respekts.
- **Fotografieren**: Fragen Sie immer nach Erlaubnis **vor dem Fotografieren Von** heiligen Stätten, religiösen Ritualen oder der einheimischen Bevölkerung, insbesondere wenn Sie intime oder persönliche Momente festhalten.
    - **Tipp**: Vermeiden Sie die Einnahme Flash-Fotos oder **für Bilder posieren in** Gotteshäusern oder während Zeremonien, da dies als respektlos angesehen werden kann.

Spenden Sie respektvoll

An vielen heiligen Stätten, insbesondere Tempel werden Sie möglicherweise dazu ermutigt, eine Spende oder kaufen Angebote wie zum Beispiel **Weihrauch**. Bieten Sie unbedingt Spenden an respektvoll und mit einem Verständnis für die kulturelle Bedeutung.

- **Tipp**: Drängen Sie die Einheimischen nicht, gemeinsam mit Ihnen Opfergaben oder Spenden zu machen. Wenn Sie sich beteiligen möchten, tun Sie dies auf eine Weise, die den örtlichen Gepflogenheiten entspricht.

FOTOGRAFIE & STORYTELLING

Die besten Ausblicke aus dem Zugfenster und wie man sie einfängt

China ist ein Land der abwechslungsreiche **Landschaften**, aus dem hoch **aufragenden Himalaya Zum Üppige Reisterrassen** Und **geschäftige moderne Städte**. Eine Zugreise durch China bietet die unglaubliche Gelegenheit, diese atemberaubenden Ausblicke bequem von Ihrem Sitzplatz aus zu genießen. Ob Sie mit dem berühmten Hochgeschwindigkeitszüge oder die Erkundung abgelegener Berggebiete, sind Ihnen einige wirklich atemberaubende Ausblicke garantiert.

1. Die besten Zugstrecken für malerische Aussichten

1.1. Peking → Shanghai (Hochgeschwindigkeitszug)

- **Überblick**: Der **Von Peking nach Shanghai Hochgeschwindigkeitszug** ist einer der komfortabel Und **effizient Möglichkeiten,** durch China zu reisen. Während der Zug durch das Herz des Landes rast, erhalten Sie einen Einblick in Stadtlandschaften,Ackerland Und die**Huanghuai-Ebene**, mit Blick auf die Gelber **Fluss**.
- **Beste Aussichten**:
  - **Ländliche Landschaften**: Während der Zug durch die Wohnung fährt Ebenen, sehen Sie weite Strecken von Reisfelder,Reisfelder Und kleine Dörfer.
  - **Flüsse und Seen**: Halten Sie Ausschau nach Ausblicken auf die Gelber **Fluss,Taihu-See**, und andere Gewässer, durch die Sie hindurchfahren.
- **So erfassen Sie die Ansichten**:
  - **Morgen oder Sonnenuntergang**: Das sanfte Licht während der am **frühen Morgen** oder **später Nachmittag Verstärkt** die Farben und Schatten, perfekt zum Einfangen der Landschaft.
  - **Schnelle Bewegung**: Verwenden Sie eine kurze **Verschlusszeit** (um **1/1000 Sekunde**), um Unschärfe zu vermeiden, insbesondere wenn der Zug schnell fährt. Sie können auch**Schwenken Sie die Kamera**um bewegten Objekten wie Feldern oder Flüssen folgen.
  - **Komposition Tipp:** Gestalten Sie Ihre Aufnahmen mit natürlichen Elementen wie Bäume oder **Dorfhäuser Um** Tiefe hinzuzufügen.

1.2. Chengdu → Lhasa (Tibet-Eisenbahn)

- **Überblick**: Diese ikonische Zugstrecke ist eine der höchsten Eisenbahn in der Welt, aufsteigend in die Tibetisches **Plateau**. Unterwegs passieren Sie die Qinghai-Tibet-Plateau Mit Panoramablick auf schneebedeckte **Berge,Grasland**, Und **trostlose Schönheit**.
- **Beste Aussichten**:
  - **Tibetisches Plateau**: Der **weite, offene Landschaften der Tibetisches Plateau Bieten** weite, beeindruckende Ausblicke auf Gebirge,unberührte **Flüsse**, Und **Grasland Übersät** mit Yaks Und **Nomadenzelte**.
  - **Bergpässe**: Du wirst durchqueren hochgelegenes **Gelände Und** kann atemberaubende Ansichten von schneebedeckte **Gipfel**.
- **So erfassen Sie die Ansichten**:
  - **Verwenden Sie einen Polarisationsfilter**: Dies wird dazu beitragen, die blauer **Himmel Und** reduzieren Blendung durch schneebedeckte **Landschaften** oder **Flüsse**.
  - **Weitwinkelaufnahmen**: Die offene Fläche des Plateaus ist ideal für WeitwinkelAufnahmen. Verwenden Sie eine Objektiv **zwischen 16mm und 35mm um** die weiten Landschaften einzufangen.
  - **Goldene Stunde**: Der **frühes Morgenlicht** oder **später Nachmittag Verleiht** den Bergen einen goldenen Farbton und betont die Beschaffenheit des Plateaus.

1.3. Xi'an → Chengdu (Hochgeschwindigkeitszug)

- **Überblick**: Diese Route führt Sie durch die malerischen Regionen vonSichuan und die**Lössplateau**Es bietet Ausblicke auf die Berglandschaften,Terrassenfelder Und der berühmte Sichuan-Becken.
- **Beste Aussichten**:
  - **Lössplateau**: Während der Zug in Richtung Sichuan, Sie werden durch hügeliges **Gelände** Und **gelbliche Erde Landschaften** charakteristisch für die Lössplateau.
  - **Schluchten und Flüsse**: Der Zug bietet auch Ausblicke auf Flüsse Und **Schluchten**, mit **Brücke Durchqueren** Sie dramatische Landschaften.

- **So erfassen Sie die Ansichten**:
  - **Fokus auf Kontrast**: Die robuste Berghänge Und **Flusstäler Kann** für dramatische Bilder sorgen, insbesondere während Sonnenuntergang wenn die**Lichtkontraste**mit dem dunklen Gelände.
  - **Verschlusszeit**: Verwende **längere Verschlusszeiten** (um **1/250 Sekunde**), um die Bewegungsunschärfe von vorbeiziehenden Objekten, wie zum Beispiel Bahngleise oder **Bäume**.
  - **Rahmen Sie die Komposition ein**: Beim Aufnehmen des Fluss **oder TeilAnsichten,** stellen Sie sicher, dass Sie Natürliche **Rahmenelemente**, wie **Bäume** oder **Zugfenster**, um Tiefe hinzuzufügen.

1.4. Guilin → Yangshuo (Panoramazug)

- **Überblick**: Die Zugfahrt von Guilin Zu **Yangshuo Bietet** einige der**malerische Aussichten In** China. Die Gegend ist berühmt für ihre Karstkalk steingipfel Und **fließende Flüsse**.
- **Beste Aussichten**:
  - **Karst sollte**: Halten Sie Ausschau nach dem ikonischen Karstgebirge die stark ansteigen von der Li-Fluss. Diese **hoch aufragende Gipfel Sind** einzigartig in der Region und sorgen für atemberaubende **Fotografien.**
  - **Li-Fluss**: Der Zug fährt über atemberaubende **Aussicht auf den Fluss**, Wo **Boote** Und **Fischer Kann** entdeckt werden.
- **So erfassen Sie die Ansichten**:
  - **Morgenlicht**: Das Licht am frühen Morgen oder späten Nachmittag hilft Ihnen Die **sanften Farbtöne einfangen**der**Karst sollte** Und **Fluss Reflexionen.**
  - **Zoomobjektiv**: Für **Fernschüsse verwenden** Sie ein Zoomobjektiv **(70-200 mm), um die** Spitzen ohne Verzerrung zu erfassen.
  - **Reflexionen verwenden**: Wenn der Zug in der Nähe des Li-Flusses, suchen Sie nach Reflexionen der Karstgebirge auf dem Wasser für atemberaubende Symmetrie.

1.5. Peking → Harbin (Winterzug)

- **Überblick: Von Peking nach Harbin Die** Zugstrecke bietet in den Wintermonaten wunderschöne Ausblicke, insbesondere wenn Sie nach Harbin, bekannt für seine Eis- **und Schneefestivals.**
- **Beste Aussichten**:
  - **Schneebedeckte Dörfer**: Der Zug fährt durch verschneite **Ebenen** und **gefrorene Flüsse**, und malerische Winterlandschaften im **Nordosten.**
  - **Eisskulpturen**: Während die**Eisfestival**selbst ist möglicherweise nicht direkt vom Zug aus sichtbar, die Umgebung Winterlandschaft bietet einen Einblick in die eisige **Schönheit** von **Harbin.**
- **So erfassen Sie die Ansichten**:
  - **Kontrast erfassen**: Der **weißer Schnee** Und **frost bedeckte Bäume Bieten** einen hohen Kontrast. Verwenden Einstellungen **für hohen Kontrast** Zu **Betonen Sie die Details Von** schneebedeckten Landschaften.
  - **Nachtaufnahmen**: Wenn Sie abends reisen, verwenden Sie eine hohe **ISO zur** Erfassung derStraßenlaternen reflektiert von der**Schnee** oder **gefrorene Flüsse**.
  - **Weitwinkelobjektive:Weitwinkelobjektive**(18 mm bis 35 mm) eignen sich gut, um die riesigen schneebedeckten Flächen einzufangen.

2. Tipps zum Aufnehmen von Zugfenster Ansichten

2.1. An Bewegung anpassen

Züge können schnell fahren, daher ist es wichtig, Ihre**Kameraeinstellungen**zu vermeiden unscharfe **Bilder Verwenden** Sie eine schnellere **Verschlusszeit**(1/500 bis 1/1000 Sekunde), um Bewegungen einzufrieren, insbesondere bei der Aufnahme von Landschaften mit hoher Geschwindigkeit.

2.2. Verwenden Sie das richtige Objektiv

- Für **weite Landschaften**(wie Berge und Flüsse) verwenden Sie ein Weitwinkelobjektiv(16 mm – 35 mm), um weite Ansichten einzufangen.
- Für **ferne Landschaften**(wie z. B. weit entfernte Gipfel oder Täler), verwenden Sie ein Telezoomobjektiv(70 mm – 200 mm) bis die **Szene komprimieren und** isolieren Sie bestimmte Funktionen.

2.3. Reflexionen vermeiden

Windows erstellt oft Reflexionen Das kann Ihre Aufnahme verderben. So reduzieren Sie Reflexionen:

- Reinigen Sie die Fenster so gut wie möglich.
- **Bewegen Sie sich nah an das Glas Um** Reflexionen zu minimieren.
- Versuchen Sie es mit einem Gegenlichtblende oder **Polarisationsfilter Um** Reflexionen zu reduzieren.

2.4. Die Bewegung annehmen

Streben Sie nicht immer nach vollkommen **unbewegte Aufnahmen Verwenden** Sie die Bewegung **des Zuges Um** einzigartige Perspektiven einzufangen:

- **Schwenks:Verfolgen eines sich bewegenden Motivs**(wie ein**Fluss,Bahnstrecke**, oder **vorbeifahrender Baum**), um das Geschwindigkeitsgefühl.
- **Lange Exposition**: Für **Zeitlupe Szenen** (wie Flüsse oder **Felder**), verwenden Sie eine längere **Belichtung**(1/60 Sekunde oder länger), um ein glatter, **fließender Effekt**.

2.5. Das Licht einfangen

Die Lichtqualität kann die Stimmung Ihrer Fotos dramatisch verändern:

- **Morgen** Und **Abendlicht Wird bereitstellen goldene Stunde Effekte,** die die Texturen von Landschaften hervorheben.
- **Bewölkte Tage Bieten Weiches, diffuses Licht**, perfekt für die Aufnahme dramatischer Bergszenen.

Foto-Spots in jeder Stadt

Chinas Städte bieten eine schöne **Mischung** von **moderne Architektur,alte Traditionen**, Und **Naturlandschaften**, was sie zu fantastischen Zielen für die Fotografie macht. Egal, ob Sie Atemberaubende **Skylines,historische Wahrzeichen**, oder **lebendige Straßenszenen**, jede Stadt hat etwas Einzigartiges zu bieten für beide**Amateur** Und **professionelle Fotografen**.

1. Peking: Das Herz der chinesischen Geschichte

Die Verbotene Stadt

- **Warum man es unbedingt sehen muss**: Als eines der bekanntesten Wahrzeichen Chinas ist das Verbotene **Stadt**(Imperial Palace) bietet atemberaubende **architektonische Details**, weitläufige Innenhöfe und komplexe Dächer Und **Tore Dies** ist der perfekte Ort zum Aufnehmen Königliche **Architektur** Und **alte chinesische Kunst**.
- **Bester Schuss**:**Das Meridian-Tour Bei** Sonnenaufgang, mit dem Dächer gebadet in goldenes **Licht**.

Himmelstempel

- **Warum man es unbedingt sehen muss**: Der **Himmelstempel Ist** ein hervorragendes Beispiel für Ming-Dynastie Architektur. Die**Runder Hügelaltar** Und **Gebetshalle für gute Ernten**bieten malerische Perspektiven mit blauer **Himmel** Und **symmetrische Strukturen**.
- **Bester Schuss**: Erfassen Sie die perfekte **Symmetrie**der**Gebetshalle**mit dem Spiegelbild **des Tempels Auf** die Umgebung Wasser.

Die Chinesische Mauer

- **Warum man es unbedingt sehen muss**: Der **Große Mauer Ist** einer der fotogensten Orte der Welt, mit gewundenen Wänden, die durch Gebirgszüge Und **Wälder**.
- **Bester Schuss**:**Simatai** oder **Mutianyu**Abschnitte, Angebot Weniger Menschenmassen Und dramatische Ausblicke.Sonnenuntergangs Aufnahmen An der Wand sorgen für ein goldener Glanz Gegen die Bergkulisse.

798 Kunstviertel

- **Warum man es unbedingt sehen muss:Pekings zeitgenössische Kunstszene Präsentiert** sich in der 798 **Kunstviertel**, ein ehemaliger Industriekomplex gefüllt mit Kunstgalerien,Straßenkunst, Und **innovative Anlagen**.
- **Bester Schuss**: Erfassen Sie die Gegenüberstellung von Industriearchitektur mit **modern art**, insbesondere in der Gasse oder neben**mit Graffiti bedeckte Wände**.

2. Shanghai: Die Verschmelzung von Tradition und Moderne

Der Bund

- **Warum man es unbedingt sehen muss**: Der **Bund Bietet** eine der**ikonische Ansicht Von Shanghais Skyline,** mit historischen Gebäude **aus der Kolonialzeit Auf** der einen Seite und die moderne Skyline **von Pudong Auf** der anderen Seite.
- **Bester Schuss:Sonnenuntergangs- oder Nachtaufnahmen Mit** dem**leuchtende Lichterder Wolkenkratzer von Pudong Spiegelt** sich in der**Huangpu-Fluss**.

Yu-Garten

- **Warum man es unbedingt sehen muss:Yu-Garten Ist ein klassischer chinesischer Garten**, mit **traditionelle Architektur,Seerosenteiche**, Und **schöne Steingärten**.
- **Bester Schuss**: Der **Mondtor**mit dem**Spiegelung**im Teich oder im lebendigen Garten eingerahmt von traditionelle **Pagoden**.

Shanghai-Turm

- **Warum man es unbedingt sehen muss**: Als Chinas höchstes Gebäude ist das Shanghai-Turm Bietet unvergleichliche Ausblicke von seinem Aussichtsplattform.
- **Bester Schuss**: Nehmen Sie einWeitwinkelaufnahme aus dem Aussichtsplattform, die Erfassung der Stadtbild und die ineinander **verschlungene Autobahnen** unten.

Tianzifang

- **Warum man es unbedingt sehen muss**: Das **Künstlerviertel Ist** gefüllt mit schmale **Gassen,Boutiquen**, Und **alte Häuser**, bietet lebendige **Straßenszenen** Und **traditioneller Charme**.
- **Bester Schuss:Aussenaufnahmen** mit **traditionelle Architektur Kombiniert** mit moderner Kunst oder Straßenhändler.

3. Xi'an: Das Tor zum alten China

Terrakotta-Armee

- **Warum man es unbedingt sehen muss**: Der **Terrakotta-Krieger Sind** eine archäologische Wunder, mit Tausenden lebensgroßen Statuen, die das Grab des ersten Kaisers Chinas, Qin Shi Huang, bewachen.
- **Bester Schuss**: Erfassen Sie die Reihen **von Soldaten** aus **über**, zeigt die Unermesslichkeit **der Site Oder** konzentrieren Sie sich auf ein einzelner **Krieger Mit** komplizierten Details.

Antike Stadtmauer

- **Warum man es unbedingt sehen muss**: Der **Stadtmauer von Xi'an Ist** eine der vollständigsten und am besten erhaltenen antiken Stadtmauern in China und bietet Ausblicke sowohl auf die antike Stadt als auch auf die modernen umliegenden Gebiete.
- **Bester Schuss**: Sonnenuntergang Aufnahmen mit dem Sonnenuntergang **über der Mauer**, insbesondere von einem der Wachtürme.

Große Wildganspagode

- **Warum man es unbedingt sehen muss**: Der **Große Wildganspagode Ist eine historische buddhistische Stätte Und** bietet einen ruhigen Ort für Kultur fotografie Und **Architekturaufnahmen**.
- **Bester Schuss**: Der **Pagode vor einem dramatischen Himmel** oder **während der goldenen Stunde Mit dem umliegende Gärten** Und **Tempel**.

4. Guilin: Eine Landschaft aus Karst Gipfeln

Li-Fluss

- **Warum man es unbedingt sehen muss**: Der **Li-Fluss Ist** einer der landschaftlich reizvollsten Orte in China, mit**Karstgebirge**Es erhebt sich steil aus dem Wasser und schafft eine dramatische Landschaft.
- **Bester Schuss:Morgennebel** oder **Nebel Auf** dem River mit Fischer **auf Bambusflöten.** Erfassen **Reflexionen Im** stillen Wasser bei Dämmerung für eine magische Aufnahme.

Elefantenrüsselberg

- **Warum man es unbedingt sehen muss**: Das **Kalkstein Hügel Sieht** aus wie ein Elefant **trinkt aus dem Fluss Und** es ist eines der bekanntesten Wahrzeichen von Guilin.
- **Bester Schuss**: Der **Elefantenrüsselberg Eingerahmt von Bäumen** oder **im Wasser spiegeln** während **Sonnenuntergang**.

Yangshuo

- **Warum man es unbedingt sehen muss**: Der **kleine Stadt Yangshuo Ist** umgeben von atemberaubenden Karst Gipfel,Reisfelder, Und **friedliche Flüsse**. Es ist ein Paradies für Landschaftsfotografen.
- **Bester Schuss:Sonnenuntergang Über** die**Felder** oder **Karst sollte eingerahmt** von Bambus Und **Flussszenen**.

5. Chengdu: Land der Pandas und der Teekultur

Chengdu Forschungsstation für die Zucht von Großen Pandas

- **Warum man es unbedingt sehen muss:Chengdu Ist die heimder Großer Panda Und** den Besuch dieses Panda-Basis Ermöglicht Ihnen, diesen nahe zu kommen**entzückende Kreaturen In** einer natürlichen Umgebung.
- **Bester Schuss**: Erfassen Sie die Pandas **essen Bambus Oder** spielen in der Grün. Bei Besuchen am frühen Morgen ist das Licht oft am besten.

Wuhou-Schrein

- **Warum man es unbedingt sehen muss**: Der **Wuhou-Schrein**ist ein**historische Stätte Gewidmet** dem berühmten General Zhuge **Liangs** ist ein friedlicher Ort voller alte **Bäume,Steinstatuen**, Und **traditionelle Architektur**.
- **Bester Schuss**: Der **Schreinkomplex Eingerahmt** von der hohe **Bäume** oder **mit der umgebenden roten Architektur** Und **Statuen Im** Fokus.

Alte Straße Jinli

- **Warum man es unbedingt sehen muss:Jinli-Straße Bietet** einen Einblick in traditionelle **chinesische Kultur**, mit **Teehäuser,Straßenessen**, Und **lokale Handwerker**.
- **Bester Schuss:Nachtaufnahmen Der beleuchteten Laternen,** geschäftiges**Marktszenen**und die traditionelle **Architektur**.

6. Hongkong: Die Verschmelzung von Ost und West

Victoria Peak

- **Warum man es unbedingt sehen muss**:**Victoria Peak Bietet ein atemberaubender Panoramablick** von **HongkongS Hafen,Wolkenkratzer**, Und **umliegende Inseln**.
- **Bester Schuss**: Sonnenuntergang oder**Nachtaufnahmen**aus dem Gipfel, die Erfassung der Lichter **der Stadt Gegen die Hafen** Und **Victoria Hafen**.

Tsim Sha Tsui Promenade

- **Warum man es unbedingt sehen muss**: Liegt entlang Victoria **Hafen**bietet diese Promenade Ausblicke auf die Skyline **von Hongkong Und** ist ein großartiger Ort für ikonische Fotos der Star **Ferry**.
- **Bester Schuss**: Der **Hafenblick Mit** dem**Skyline** Und **berühmte Gebäude Wie die Internationales Handelszentrum** Und **Bank of China Tower Im** Hintergrund.

7. Tipps für tolle Fotos auf Ihrer Reise

- **Goldene Stunde**: Die beste Beleuchtung entsteht während der goldene **Stunde**– am frühen Morgen und am späten Nachmittag – wenn die Licht **ist weich**, Und **Schatten Fügen** Sie Ihren Fotos Textur hinzu.
- **Verwenden Sie einen Polarisationsfilter**: A **Polarisationsfilter Wird** dazu beitragen, Blendung durch Wasser und verbessern blauer **Himmel**.
- **Stativ für Stabilität**: Verwenden Sie ein Stativ für Aufnahmen mit längerer Belichtungszeit, insbesondere in schwaches **Licht**Bedingungen oder beim Aufnehmen Nachtaufnahmen.
- **Weitwinkelobjektiv**: A **Weitwinkelobjektiv**(16mm-35mm) ist perfekt für Landschaftsaufnahmen, insbesondere beim Aufnehmen Weite Naturlandschaft Wie die**Li-Fluss** oder **Große Mauer**.
- **Zusammensetzung**: Verwenden Sie die**Drittelregel** und **Führungslinien** (wie **Bahngleise**,**Straßen**, oder **Flüsse**), um dynamische Kompositionen in Ihren Fotos zu erstellen.

Tipps zur ethischen Reisefotografie

Mit der Reisefotografie können Sie die Wesen der Orte, die Sie besuchen, die Lebendigkeit verschiedener Kulturen und die Schönheit von Naturlandschaften. Es ist jedoch wichtig, Ihre Fotografie mit Empfindlichkeit Und **respektieren für** die lokalen Gemeinschaften, Umgebungen und Traditionen.

1. Respektieren Sie lokale Kulturen und Traditionen

Bitten Sie um Erlaubnis, bevor Sie Fotos machen

- In vielen Teilen der Welt, darunter China,Indien, Und **Afrika Kann** die Fotografie als aufdringlich oder **respektlos**, insbesondere in religiös oder **heilig Leerzeichen.**
  - **Tipp**: Stets **um Erlaubnis bitten vor** dem Fotografieren von Menschen, insbesondere in ländliche **Gebiete** oder **indigenen Gemeinschaften Wenn** die Person nein sagt,**respektiere ihre Wünsche Ohne** Frage.

Respektieren Sie religiöse Stätten und Rituale

- Beim Besuch Tempel,Moscheen, oder **Kirchen**, achten Sie auf die örtlichen Traditionen Und **Praktiken Einige** heilige Stätten erlauben nicht Fotografie, während andere von Ihnen verlangen, dass Sie Ihre Schuhe oder decken Sie Ihre Schultern Und **Beine**.
  - **Tipp**: Unterbrechen Sie niemals ein Gebet,Ritual, oder **religiöse Zeremonie Für** ein Foto. Wenn Sie unsicher sind, fragen Sie die Einheimischen, ob es erlaubt ist, während der Aktivität Fotos zu machen.

Seien Sie in sensiblen Situationen achtsam

- Fotografieren Sensible **Ereignisse** wie **Beerdigungen**,**Armut**, oder **politische Proteste Kann** als ausbeuterisch angesehen werden.
  - **Tipp**: Seien Sie beim Fotografieren diskret sensible **Situationen**. Bedenken Sie immer, wie das Bild Auswirkungen die Beteiligten und ob das Foto negative Stereotypen oder Schaden verursachen.

2. Beschäftige dich vor der Aufnahme mit dem Motiv

Bauen Sie eine Beziehung zu Ihren Motiven auf

- Die besten Fotos stammen oft von gegenseitigem **Vertrauen** Und **Verständnis Zwischen** dem Fotografen und dem Motiv. Wenn Sie sich einen Moment Zeit nehmen, um mit der Person, die Sie fotografieren, in Kontakt zu treten, kann dies zu einem echten **Verbindung Und** verbessern Sie die Qualität der Aufnahme.
  - **Tipp**: Nehmen Sie sich Zeit, mit Einheimischen zu sprechen, bevor Sie sie fotografieren. Fragen Sie nach ihrem Leben,Kultur, Und **Traditionen Und** erklären Sie, was Sie tun. Dies wird ihnen nicht nur mehr Komfort bieten, sondern Ihnen auch ermöglichen, mehr authentische **Momente**.

Bieten Sie an, Ihre Fotos zu teilen

- Wenn Sie ein Foto machen von**Einheimische**, bieten Sie an, das Bild mit ihnen zu teilen, insbesondere wenn Sie sich in einem Fernbedienung oder **ländliche Gemeinde Diese** Geste trägt dazu bei, das Erlebnis Für **beide Seiten vorteilhaft**.
  - **Tipp**: Sie können anbieten,E-Mail Ihnen eine Kopie des Fotos oder drucke eine kleine Version als Zeichen **der Wertschätzung**.

3. Vermeiden Sie Stereotypen und Ausbeutung

Hinterfragen Sie stereotype Bilder

- Viele Reisende versuchen,**romantisiert** oder **exotisch**Darstellungen einer Kultur, die negative oder enge Stereotypen verstärken können. Es ist wichtig, die volle **Komplexität Der** Menschen, des Landes und ihrer Erfahrungen.
  - **Tipp**: Anstatt sich ausschließlich auf die dramatisch oder **veraltete Aspekte Einer** Kultur, versuchen Sie auch, die Alltag der Menschen, wie zum Beispiel ihre arbeiten,Familienleben, Und **moderner Einfluss**.

Beute gefährdete Bevölkerungsgruppen nicht aus

- Das Fotografieren gefährdeter Personen, wie z. B.**Straßenkinder,Bettler**, oder **Menschen in Krisen**, kann gesehen werden als ausbeuterisch. Es ist wichtig, mit zu fotografieren Empfindlichkeit Und **respektieren und** nicht um zu schockieren oder Sensationslust zu haben.
  - **Tipp**:**Holen Sie sich Erlaubnis Von** Menschen in gefährdeten Situationen, bevor sie fotografiert werden. Wenn sie nein sagen,**respektiere ihre Wünsche**und versuchen Sie nicht, sie heimlich einzufangen.

Kontext berücksichtigen und Würde respektieren

- Beim Fotografieren von lokalen Straßenszenen,Familien, oder **Gemeinschaften**, stellen Sie sicher, dass der Kontext des Fotos nicht die Würde der beteiligten Personen darstellt.
  - **Tipp**: Vermeiden Sie es, auf eine Weise zu fotografieren, die**objektiviert**Menschen oder nimmt von ihnen Menschheit Konzentrieren Sie sich auf Momente, die ihre Stärke,Schönheit, Und **Widerstandsfähigkeit**.

4. Achten Sie auf die Umweltauswirkungen

Respektieren Sie Natur und Tierwelt

- Wenn Sie fotografieren Tierwelt,Naturlandschaften, oder **geschützte Umgebungen**, achten Sie stets auf Ihre Auswirkungen auf die Umwelt. Vermeiden Sie es, Wildtiere zu stören oder empfindliche Ökosysteme zu schädigen.
  - **Tipp**: Bleiben Sie bei etablierten Wanderwege und vermeiden Sie es, empfindliche Bereiche zu betreten. Verwenden Sie beim Fotografieren nicht den Blitz Ihrer Kamera Tierwelt da es sie stören kann, insbesondere nachts.

Minimieren Sie Abfall und Umweltverschmutzung

- Beim Schießen in natürliche **Einstellungen**, nehmen Sie unbedingt Ihren Müll mit Ihnen und vermeiden Sie, dass Sie irgendwelche Umweltauswirkungen hinterlassen.
  - **Tipp**: Tragen Sie immer einen wiederverwendbare **Wasserflasche**, und vermeiden Sie Einweg Plastik auf Reisen. Hinterlassen Sie in den Naturräumen, die Sie besuchen, keine Spuren Ihrer Anwesenheit.

5. Beachten Sie die örtlichen Fotografie Vorschriften

Überprüfen Sie die Fotografie Beschränkungen

- Viele Länder und Städte haben spezifische **Regeln Über** die Fotografie in öffentliche **Orte,Regierungsgebäude**, oder **Militärzonen Überprüfen** Sie immer Schilder **mit Fotografierverbot Oder** fragen Sie die Einheimischen, ob es Bereiche gibt, in denen das Fotografieren verboten ist.
  - **Tipp**: Respektieren **Sicherheitsbestimmungen.Militärische Zonen,Botschaften Und** sogar bestimmte öffentliche **Bereiche**möglicherweise**strenge Regeln Über** das Fotografieren Regierungsgebäude oder **offizielles Personal**.

Fotogenehmigungen

- Einige Kulturdenkmäler, wie zum Beispiel Tempel,Museen, oder **historische Stätten**, kann eine erlauben für professionelle Fotografie. Erkundigen Sie sich unbedingt nach der Berechtigungen vor der Aufnahme erforderlich, insbesondere wenn Sie Stative oder **Drohnen**.
    - **Tipp**:**Um Erlaubnis bitten** für **kommerzielle Fotografie Oder** wenn Sie vorhaben, professionelle Fotos aufzunehmen, die Sie verkaufen oder veröffentlichen möchten.

6. Üben Sie Demut und Sensibilität

Achten Sie auf den persönlichen Raum

- Verschiedene Kulturen haben unterschiedliche Vorstellungen über persönlicher **Bereich** Und **Verhalten in der Öffentlichkeit**. An manchen Orten, insbesondere in ländliche **Gebiete**, bevorzugen die Menschen möglicherweise eine gewisse Distanz während Sie fotografiert werden.
    - **Tipp**: Immer sein sanft Und **bescheiden Wenn** Sie sich Menschen für Fotos nähern. Drängen Sie sie nicht und sorgen Sie dafür, dass sie sich durch Ihre Anwesenheit unwohl fühlen. Manche Menschen scheuen sich vielleicht, fotografiert zu werden. Seien Sie also geduldig Und **Verständnis**.

Kulturelle Sensibilität

- Beachten Sie die kulturelle **Bedeutung Des** Ortes und vermeiden Sie das Fotografieren während sensible **Ereignisse Oder** wenn Menschen sich in einer gefährdeten Lage befinden.
    - **Tipp**: Wenn Sie sich nicht sicher sind, ob es angebracht ist, ein Foto aufzunehmen,**höflich fragen und** seien Sie bereit, wegzugehen, wenn die Antwort Nein lautet.

LETZTE KAPITEL
Gedanken zu Ihrem chinesischen Eisenbahnabenteuer

Eine Zugreise durch China ist mehr als nur eine Reise von einem Ort zum anderen – es ist eine Gelegenheit, in die große **Vielfalt Der** Landschaften, Kulturen und Traditionen des Landes. Von der**geschäftige Städte Des** Ostens bis zum schroffe **Berge**des Westens, der Hochgeschwindigkeitszüge,Panorama-Bahnstrecken, Und **historische Eisenbahnen Bieten** eine einzigartige Möglichkeit, die Schönheit und Komplexität Chinas zu erleben.

Wenn Sie über Ihre Chinesisches **Eisenbahnabenteuer**, Sie werden sich zweifellos an die faszinierende **Aussichten**, Die **freundliche Interaktionen Und** die Möglichkeit, ein Land zu erleben, das sich verbindet alte **Geschichte** mit **moderne Innovation**.

1. Die Schönheit der chinesischen Landschaften: Ein visuelles Fest

Einer der Höhepunkte jeder Zugreise in China ist die atemberaubende **Landschaft Die** sich von Ihrem Fenster aus entfalten. Von der hoch **aufragende Karstberge** von **Guilinzum Schneebedeckte Gipfel**der**Tibetisches Plateau Chinas** Landschaft ist ebenso vielfältig wie dramatisch.

- **Panoramarouten**: Die Route von Von **Peking nach Lhasa Ist** besonders eindrucksvoll, da es Sie über die Qinghai-Tibet-Plateau, mit weitem Blick auf Grasland,schneebedeckte **Berge**, Und **hochgelegenen Seen**. Ebenso Guilin **nach Yangshuo Reise** bietet einige der**ikonischste**Ansichten vonKarstkalk steingipfel Und **ruhige Flüsse**, was zu einem Der **Traum eines jeden Fotografen**.
- **Landschaften im Wandel**: Von der Zersiedelung von **Shanghai Zum Rollen Reisfelder** von **Sichuan**, Die **Kontrast Zwischen** Chinas Städten und ländlichen Gebieten ist atemberaubend. Der Zug bietet eine perfekte Möglichkeit, diesen Übergang zu erleben und die Weite des Landes Landformen.

2. Kulturelle Einblicke entlang der Gleise

Reisen mit der Bahn bietet einen seltenen Einblick in die modernes **Gesicht Und die traditionelles Herz Von** China. Es ist eine Erfahrung, die Sie näher an die Alltags seiner Menschen, wenn Sie durch abgelegene **Dörfer,Industriezentren**, Und **geschäftige Bahnhöfe**.

- **Bahnhöfe**: Jede Station, die Sie passieren, erzählt ihre eigene Geschichte Die belebten Stationen in Shanghai Und **Peking Kontrast** zu den ruhigeren, kleineren Stationen in Yunnan oder **Guizhou**, Wo **lokale Kulturen Sind** ausgeprägter. Diese Momente bieten kulturelle **Einblicke Die** über das hinausgehen, was man in einem Reiseführer lesen kann.
- **Leute beobachten**: Im Zug ist man umgeben von einer Mischung aus**Einheimische** Und **Mitreisende**. Sie könnten neben einem sitzen Geschäftsmann In **Peking**, A **Tourist aus Europa Auf** dem Weg nach Xi'an oder einFamilie Reisen zu Verwandten in der Landschaft.Gespräche, auch wenn sie kurz sind, können wertvolle Perspektiven auf das Leben in China bieten.

3. Verbindung zur Geschichte: Chinas Eisenbahner

Chinas Eisenbahnsystem ist nicht nur das Rückgratseiner moderne Transportmittel Sondern auch ein Beweis für die Geschichte Und **industrielle Entwicklung**. Der **erste Eisenbahnen Wurden** in den späten 19. **Jahrhundert Und** seitdem haben sie maßgeblich zur Gestaltung des wirtschaftlichen und sozialen Gefüges des Landes beigetragen.

- **Historische Züge**: Reiten auf dem Qinhuangdao **nach Shenyang Route** oder die**Peking-Kowloon-Eisenbahn**führt Sie durch historische Städte, die einst von zentraler Bedeutung für die Opiumkriege Und **Chinesische Kaisergeschichte**.
- **Moderne Infrastruktur**: Die Entwicklung der HochgeschwindigkeitszugNetzwerk ist eine bemerkenswerte **Leistung Der** modernen Technik. Chinas Magnetschwebebahnen Und **Hochgeschwindigkeitszüge Gehören** zu den schnellsten der Welt und bieten ein elegantes und effizientes Erlebnis, das im Gegensatz zu den antikes **Erbe**.

4. Langsames Reisen: Die Kunst des Reisens

Einer der einzigartigsten Aspekte des Reisens mit dem Zug ist die langsameres **Tempo Im** Vergleich zum Fliegen. In einer Welt, die von der Hektik geprägt ist, von einem Ort zum anderen zu gelangen, bietet die Bahnfahrt eine willkommene Gelegenheit, langsamer zu werden, sich zu entspannen und die Welt um sich herum zu beobachten.

- **Die Reise genießen**: Im Zug scheint die Zeit Ausstrecken. Im Gegensatz zum schnellen Tempo des modernen Lebens können Sie mit der Bahn Std.oder sogar**Tage**Blick auf die Landschaft oder Gespräche mit Mitreisende Die Zugfahrt selbst wird Teil der Erfahrung, nicht nur ein Mittel, um ein Ziel zu erreichen.
- **Leben im Zugabteil**: Ob Sie eine Tasse genießen grüner **Tee Auf** Ihrem Platz, beim Lesen eines Buches oder einfach beim Anschauen Vorbeiziehende **Landschaft Das** Leben im Zug verläuft in seinem eigenen Rhythmus.Schlafkabinen Bieten eine friedliche Flucht aus dem Trubel, wo Sie eine gute Nachtruhe bekommen und mit einem neuen Satz von Ansichten täglich.

5. Die Freuden des Zulassens: Kulinarische Entdeckungen

Während chinesische Züge vielleicht nicht den gleichen Ruf für Gourmet-Mahlzeiten haben wie andere Zugsysteme wie die Indische **Eisenbahnen**, Die **Essen In** chinesischen Zügen kann immer noch ein Abenteuer für sich sein.

- **Bento-Boxen**: Auf Fernstrecken bietet das Zugpersonal oft Bento-Box Gefüllt mit einer Vielzahl von Chinesische **Gerichte**– Reis, Gemüse und Fleisch – serviert in praktischen Behältern. Es ist ein**beruhigende Mahlzeit Während** Ihrer Reise.
- **Snackverkäufer**: Im mehr**szenisch**Bereiche, Verkäufer werden durch die Gänge gehen und alles verkaufen von gedämpfte **Brötchen** Zu **würzige Snacks**. Diese kleinen Häppchen bieten eine großartige Möglichkeit,**lokale Aromen Während** Sie reisen.
- **Tee an Bord**: Die meisten Züge fahren grüner **Tee**(vor allem in den Hochgeschwindigkeitszügen), und Sie können eine heiße **Tasse Tee Während** Sie die vorbeiziehende Landschaft beobachten.

6. Die Bedeutung von Geduld: Das Unerwartete annehmen

Zugreisen in China, insbesondere auf langen Strecken, können manchmal unvorhersehbar sein. Verspätungen, überfüllte Waggons oder unbequeme Schlafgelegenheiten können Teil des Abenteuers sein. Doch diese Momente zu genießen, kann auch ein lohnender Teil des Erlebnisses sein.

- **Anpassungsfähigkeit**: Sie werden vielleicht feststellen, dass Zeitpläneändern oder unerwartete Stopps Auftreten. Diese Momente ermutigen Sie, flexibler zu sein, die Reise anzunehmen und zu genießen Unberechenbarkeit die das Reisen in China mit sich bringt.
- **Zug Gespräche:** Passagiere in China können einige der am **freundlichsten** Und **gesprächig Menschen,** die Sie treffen werden, besonders wenn Sie versuchen, sich auf einige einzulassen Grundkenntnisse **in Mandarin**Auch wenn Sie die Sprache nicht fließend sprechen, ist der Zug oft der perfekte Ort, um Leute kennenzulernen und neue Freundschaften aus allen Gesellschaftsschichten zu schließen.

7. Nachhaltigkeit und Umweltfreundlichkeit von Bahnreisen

Im Gegensatz zum Fliegen sind Züge im Allgemeinen Umweltfreundlich, insbesondere in China, wo das Hochgeschwindigkeitsbahnsystem so konzipiert ist,**energieeffizient**. Die Wahl des Zuges gegenüber anderen Verkehrsmitteln reduziert Ihren CO2-Fußabdruck Während Sie Beitrag **zum nachhaltigen Tourismus**.

- **Emissionsreduzierung**: Chinas Eisenbahnsystem, insbesondere die Hochgeschwindigkeitszüge, ist konzipiert mit Energieeffizienz im Hinterkopf, was es zu einem der**grünste**Reisearten. Die Abhängigkeit **von Elektrizität Denn** diese Züge sind eine saubere Alternative zu Flugzeugen und Autos.

@Die Reise fortsetzen: Wohin geht es als Nächstes?

Nach Abschluss Ihrer Chinesisches **Eisenbahnabenteuer sind** Sie wahrscheinlich von Ehrfurcht und Staunen erfüllt angesichts der Weite und Vielfalt des Landes, das Sie gerade erlebt haben. Doch die Schönheit von China endet nicht mit seinen Eisenbahnstrecken. Mit seiner reichen Kultur, Geschichte und Landschaft bietet China unzählige Möglichkeiten,**die Reise fortsetzen und** erkunden Sie neue Regionen, Städte und sogar Nachbarländer.

1. Mehr von China erkunden

Chinas weite Landschaft bietet endlose Möglichkeiten zur Erkundung. Je nachdem, was Sie auf Ihrer Bahnreise erlebt haben, gibt es viele Regionen, die neue **Erfahrungen,unglaubliche Landschaften**, und **kulturelle Entdeckungen**.

1.1. Provinz Yunnan: Das Herz der chinesischen Vielfalt

- **Warum gehen**: Yunnan ist einer der wichtigsten**ethnisch vielfältig Provinzen,** mit 25 **Minderheitengruppen**nennen es Zuhause. Es ist ein kultureller **Schmelztiegel**, bekannt für seine atemberaubende Berglandschaften,Reisterrassen,antike **Städte**, Und **schönes Wetter**.
- **Highlights**:
    - **Lijiang**: Wandern Sie durch die UNESCO-geschützte **Altstadt Und** genießen Sie die Aussicht auf Jadedrachen-Schneeberg.
    - **Leichtigkeit**: Eine wunderschöne Stadt am See mit einem entspannte **Atmosphäre**, perfekt zum Erkunden Traditionelle **Architektur** Und **ethnische Dörfer**.
    - **Shangri-La**: Eingebettet in die Himalaya bietet diese Stadt atemberaubende Tibetische **Kultur** Und **malerische Klöster**.
- **Nächste Zugfahrt**: Der **Kunming nach Dali** oder **Dali nach Lijiang Die** Route bietet atemberaubende Ausblicke auf Landschaft Und **Gebirgszüge**.

1.2. Provinz Sichuan: Land der Pandas und des scharfen Essens

- **Warum gehen**: Sichuan ist berühmt für seine Pandas, Würzige **Küche**, Und **wunderschöne Bergkette Es** ist der perfekte Ort für Naturliebhaber,Feinschmecker Und diejenigen, die erkunden möchten traditionelle **tibetische Kultur**.
- **Highlights**:
    - **Chengdu**: Heimat der Panda-Basis **in Chengdu**, wo Sie die weltberühmte Große Pandas Verpassen Sie nicht die Sichuan-Eintopf Und die Stadt Teehäuser.
    - **Jiuzhaigou-Tal**: A **UNESCO-Weltkulturerbe**, berühmt für seine türkisfarbene **Seen,schneebedeckte Berge**, Und **unberührte Natur**.
    - **Emei-Berg**: Einer von Chinas Vier **heilige buddhistische Berge Mit** einem atemberaubenden Klosteroben und unglaubliches **Wandern Wanderwege.**
- **Nächste Zugfahrt**: Aus **Chengdu**, nehmen Sie die Hochgeschwindigkeitszug Zu **Jiuzhaigou** oder **Leshan Für** eine malerische Zugfahrt durch die Bergregionen.

1.3. Tibet: Das Dach der Welt

- **Warum gehen**: Tibet bietet Schönheit **in großer Höhe,spiritueller Reichtum Und** eine Chance zu erkunden Tibetischer **Buddhismus In** seiner reinsten Form. Mit Buddhistische **Klöster,schneebedeckt sollte und** ein einzigartiges kulturelles **Erbe**, Tibet verspricht eine Reise wie keine andere.
- **Highlights**:
    - **Lhasa**: Der **Hauptstadt Von** Tibet, der Heimat der Potala-Palast,Jokhang-Tempel, Und **Barkhor-Straße**.
    - **Berg Kailash**: A **heiliger Berg Für** Hindus, Buddhisten und Jains, wo Sie an einem Wallfahrt um die Basis herum.
    - **Namtso-See**: Eine hoch gelegene See mit atemberaubenden klares **Wasser** Und **schneebedeckte Gipfel**.
- **Nächste Zugfahrt**: Nehmen Sie die Lhasa-Eisenbahn aus **Xining** oder **Peking**, das eine unglaubliche malerische **Reise Durch die Tibetisches Plateau**.

1.4. Innere Mongolei: Steppe und Traditionen

- **Warum gehen**: Für ein völlig anderes Erlebnis gehen Sie zu**Innere Mongolei**, wo riesige**Grasland,Nomadenkulturen**, Und **einzigartige Bräuche Erwarten** Sie. Es ist eine perfekte Fluchtmöglichkeit aus den überfüllten Städten.
- **Highlights**:
    - **Hohhot**: Die Hauptstadt, reich an Mongolische **Kultur**, mit **Tempel,Museen**, Und **lokale Märkte**.
    - **Hinggan-Gebirge:** Für **wandern,Reiten Und** erleben die traditioneller **mongolischer Lebensstil**.
    - **Grasland von Xilingol**: Erleben Sie das Leben im Mongolische **Steppe**mit Möglichkeiten für Camping,Reiten Und lernen über nomadischen **Traditionen**.
- **Nächste Zugfahrt**: Aus **Peking Können** Sie mit dem Zug nach Hohhot und erkunden Sie die vielleicht **Steppe Der** Inneren Mongolei.

2. Vorstoß in die Nachbarländer

Wenn Sie auf der Suche nach Erweitern **Sie Ihre Reise Außerhalb** Chinas ist das Land von mehreren faszinierende **Reiseziele**. Hier sind einige Top-Optionen für die Fortsetzung Ihres Abenteuers in Asien.

2.1. Mongolei: Die endlose Steppe

- **Warum gehen**: Nördlich der Inneren Mongolei,Mongolei Angebote weite **Landschaften,nomadischen Traditionen**, Und **einzigartige kulturelle Erlebnisse**.
- **Highlights**:
  - **Ulan Bator**: Die Hauptstadt, wo Sie erkunden können Gandan-Kloster, Die **Nationalmuseum der Mongolei**, Und **Sukhbaatar-Platz**.
  - **Wüste Gobi**: Erleben Sie die Weite der Wüste **Gobi Mit seinen Sanddünen,Kamelreiten,** Und **antike Ruinen**.
  - **Khovsgolsee:** Bekannt als Blaue **Perle**, ist es eine der atemberaubendsten Naturstätten der Mongolei.
- **Nächster Schritt:Bahnreisen**: Es gibt eine berühmte Zugstrecke von Peking Zu **Ulan Bator**, das bietet spektakuläre **Aussichten der Steppe** Und **Wüstenlandschaften**.

2.2. Vietnam: Vom Roten Fluss zur Halong-Bucht

- **Warum gehen:Vietnam Bietet** eine schöne mischung von **Geschichte,Kultur**, Und **natürliche Schönheit**. Mit **atemberaubende Landschaften,reiche Kultur**, Und **leckeres Essen**, es ist eine perfekte Erweiterung Ihrer Asiatische **Reise**.
- **Highlights**:
  - **Hanoi**: Erkunden **Altstadt,Hoan-Kiem-See Und die Tempel der Literatur**.
  - **Halong-Bucht**: Berühmt für seine Kalksteininseln Und **malerische Kreuzfahrten**.
  - **Hoi An**: A **UNESCO-Welterbe Website** mit charmante **Straßen,traditionelle Häuser**, Und **lebendige Märkte**.
- **Nächster Schritt**: Der **Zug von Kunming** Zu **Hanoi Bietet** eine malerische Route, die durch die Gebirge Und **Wälder** von **Südwestchina**.

2.3. Nepal: Das Tor zum Himalaya

- **Warum gehen:Nepal Ist** die Heimat der Himalaya, einschließlich **Mount Everest**und bietet Möglichkeiten für Trekking,Spiritualität Und atemberaubend Bergblick.
- **Highlights**:
  - **Kathmandu**: Besuchen **Swayambhunath Stupa (Affentempel),Durbar-Platz**, und **Pashupatinath-Tempel**.
  - **in Pokhara**: Bekannt für Phewa-See Und seine Ansichten über die Annapurna-Gebirge.
  - **Mount Everest Basislager**: Für die ultimatives **Trekking-Erlebnis**, wandern Sie nach Everest-Basislager.
- **Nächster Schritt**: Aus **Lhasa**, können Sie fangen einen Zug **nach Kathmandu Oder** setzen Sie Ihre Reise fort durch die Tibetisches **Plateau Nach** Nepal.

Nützliche Sätze auf Mandarin (mit Aussprache)

Das Erlernen einiger grundlegender**Mandarin-Sätze**kann Ihr Reiseerlebnis in China wesentlich angenehmer machen und Ihnen ermöglichen, auf sinnvollere Weise mit den Einheimischen in Kontakt zu treten.

1. Grundlegende Begrüßungen

- **Hallo**
  - Mandarin: Hallo
  - Aussprache:**nein wie**
- **Guten Morgen**
  - Guten Morgen
  - Aussprache:**Dzow Shang wie**
- **Guten Abend**
  - Guten Abend
  - Aussprache:**wahn shang how**
- **Auf Wiedersehen**
  - Mandarin: Auf Wiedersehen
  - Aussprache:**gestern**
- **Danke**
  - Mandarin: Danke (Xièxiè)
  - Aussprache:sieh **sieh**
- **Gern geschehen**
  - Mandarin: Gern geschehen
  - Aussprache:**Buuh, Kuh, Chee**

- **Entschuldigung**
  - Mandarin: Es tut mir leid
  - Aussprache:**Dway Boo Chee**
- **Verzeihung**
  - Mandarin: Es tut mir leid (Duìbuqǐ) oder Entschuldigen Sie (Láojià)
  - Aussprache:**Dway Boo Chee** oder **aber jya**

2. Höfliche Phrasen

- **Bitte**
  - Mandarin: bitte
  - Aussprache:**ching**
- **Ja**
  - Mandarin: Ja (Shì de)
  - Aussprache:sehr **duh**
- **NEIN**
  - Mandarin: nicht
  - Aussprache:**buuh, schr**
- **Wie viel kostet das?**
  - Mandarin: Wie viel kostet das?
  - Aussprache:**juh juh, weiß Shadow?**
- **Sprechen Sie Englisch?**
  - Mandarin: Sprechen Sie Englisch?
  - Aussprache: Wie **geht das, Mama?**

3. Nach dem Weg fragen

- **Wo ist…?**
  - Mandarin: Wo ist…?
  - Aussprache:**...zai nah lee?**
- **Wie komme ich nach…?**
  - Mandarin: …wie komme ich dorthin?
  - Aussprache:**...was ist los?**
- **Ist es weit?**
  - Mandarin: Ist es weit?
  - Aussprache:Als **du-ahnst, Mama?**
- **Links**
  - Mandarin: links (Zuǒbiān)
  - Aussprache:**Tschüss**
- **Rechts**
  - Mandarin: rechte Seite (Yòubiān)
  - Aussprache:**es geht ihnen gut**

4. Im Restaurant

- **Die Speisekarte, bitte**
  - Mandarin: Bitte geben Sie mir das Menü
  - Aussprache:**Ching Gay Woh Tsai und**
- **Ich möchte…**
  - Mandarin: Ich möchte
  - Aussprache:**wuh sh yang yao**
- **Wasser**
  - Mandarin: 水 (Shuǐ)
  - Aussprache:**shway**
- **Tee**
  - Mandarin: 茶 (Tee)
  - Aussprache:**chah**
- **Ist das scharf?**

- Mandarin: Ist das scharf?
- Aussprache: Juh, **guh, ist es?**

- **Ich bin Vegetarier**
  - Mandarin: Ich bin Vegetarier
  - Aussprache:**Wuh shr soo shir juh**

5. Im Hotel

- **Ich habe eine Reservierung**
  - Mandarin: Ich habe eine Reservierung
  - Aussprache:**wuh yo yoo dee-ng**
- **Wie viel kostet das Zimmer?**
  - Mandarin: Wie viel kostet das Zimmer?
  - Aussprache:**Wie verdient man seinen Lebensunterhalt?**
- **Ich brauche Hilfe**
  - Mandarin: Ich brauche Hilfe
  - Aussprache:**wuh shoo yow bahng joo**
- **Haben Sie WLAN?**
  - Mandarin: Haben Sie WLAN?
  - Aussprache:**Haben Sie WLAN?**

6. Einkaufen und Verhandeln

- **Wie viel kostet das?**
  - Mandarin: Wie viel kostet das?
  - Aussprache:**juh juh, weiß Shadow?**
- **Zu teuer**
  - Mandarin: zu teuer
  - Aussprache:**keine Tränen binden**
- **Können Sie es billiger machen?**
  - Mandarin: Geht es billiger?
  - Aussprache:nung **pyan, ist es da?**
- **Ich nehme es**
  - Mandarin: Ich habe es gekauft
  - Aussprache:**wuh, mein Luh**

7. Notfälle

- **Helfen!**
  - Mandarin: Hilfe!
  - Aussprache:yao **ming!**
- **Ich bin verloren**
  - Mandarin: Ich bin verloren
  - Aussprache:**wuh, ich loo luh**
- **Rufen Sie die Polizei**
  - Mandarin: Rufen Sie die Polizei
  - Aussprache:**dah dee-an hwah gay jeeng chah**
- **Ich bin krank**
  - Mandarin: Ich bin krank
  - Aussprache:wu **shuang bing luh**

8. Zahlen und einfaches Zählen

- **Eins**
  - Mandarin: 一(Yī)
  - Aussprache:**Ja**
- **Zwei**
  - Mandarin: 二 (Er)

    - Aussprache:**mit**
- **Drei**
    - Mandarin: drei (Sān)
    - Aussprache:**Bühne**
- **Zehn**
    - Mandarin: 十 (Shí)
    - Aussprache:**shr**
- **Hundert**
    - Mandarin: 百 (Bǎi)
    - Aussprache:**Tschüss**
- **Tausend**
    - Mandarin: Tausend (Qiān)
    - Aussprache:**Hund**

9. Nützliche Sätze für Reisende

- **Ich verstehe nicht**
    - Mandarin: Ich verstehe nicht
    - Aussprache:**wuh boo dong**
- **Können Sie mir helfen?**
    - Mandarin: Können Sie mir helfen?
    - Aussprache: Ist **das normal, oder?**
- **Wo ist die Toilette?**
    - Mandarin: Wo ist die Toilette?
    - Aussprache:**Wie soll ich Jyan Dzai Nah Lee machen?**

Printed in Poland
by Amazon Fulfillment
Poland Sp. z o.o., Wrocław

53858209R00098